宁波大学胡岚优秀博士基金奖励成果

宁波文化研究工程·历史名人研究 MR16.201301

从犯罪学先驱到民主斗士
——严景耀研究

陈策 著

ZHEJIANG UNIVERSITY PRESS
浙江大学出版社

目　录

导　言

严景耀（1905—1976），浙江余姚人，是中国近现代著名的犯罪学家、社会学家。其夫人为全国人大常委会原副委员长、著名社会学家、法学家、社会活动家雷洁琼女士。后人有评价："尽管夫妻俩都是教授，但如果单纯就知名度来说，严景耀的名气绝对比不上他的夫人雷洁琼，完全是隐而不显的学问中人了。"①严景耀先生是一名脚踏实地的学者，却又不仅仅是苦守书斋的学者，他一生的经历和思想，紧紧地与近现代中国的社会变迁联系在一起。

1905 年，严景耀出生于浙江省绍兴府余姚县农村的一户普通人家，青少年时期，他凭借自己的聪明才智和刻苦努力，于 1924 年以优异的成绩考上燕京大学社会学系。当时中国社会动荡不安、犯罪现象层出不穷，学界对犯罪问题的关注不够，研究滞后。有感于这些现状，严景耀在大学期间即十分关注犯罪现象和犯罪原因，并立志于中国社会的犯罪问题研究。为解决研究所需的资料问题，他利用暑假休息的时间，亲尝铁窗滋味，到京师第一监狱当一名志愿犯人，这在当时被视为惊世骇俗之举。经过 3 个月的监狱调查和研究，严景耀对犯人有了更加全面的了解，并获得了大量的第一手研究资料。

1928 年燕京大学毕业后，严景耀留校读研究生并兼任助教，继续研究

---

① 陈夏红：《为学当如严景耀》，《政法往事：你可能不知道的人与事》，北京大学出版社 2011 年版，第 168 页。

犯罪学。他将调研的视野扩大到全国20多个城市的监狱,对当时全国的监狱问题和犯罪状况有了较系统的掌握和思考,并发表了一系列关于犯罪学和监狱问题的学术论文。研究生毕业后,受聘赴中央研究院社会学所任职,并作为中国的代表参加国际监狱学术会议。为进一步做好中国犯罪问题的研究工作,之后他漂洋过海来到美国攻读博士学位,于1934年以《中国的犯罪问题与社会变迁的关系》这一篇博士论文,获得芝加哥大学犯罪学博士学位。该博士论文集中体现了严景耀先生犯罪学领域研究的最高成就,是近代中国第一部论述犯罪问题和社会变迁的著作,先生也因此被视为近代中国犯罪学研究领域的开拓者。

1935年回国以后,严景耀起初在母校燕京大学社会学系任教,结识了志同道合的同系女教师雷洁琼,从相识到相知并成为终身伴侣,夫妇俩风雨同舟,携手共济,以民族的使命为己任,积极参加谋求国家进步的社会活动。一二·九运动后,严景耀积极鼓励和支持学生参加抗日救亡爱国运动。然而,在当局的逼迫下,他被迫离开大学讲台,转移到上海工作。因其出色的犯罪学造诣,被聘为上海公共租界工部局西牢助理典狱长,成为中国第一个在西牢监狱管理系统中职位最高的人。随着抗日救亡高潮的来临,严景耀在上海除了做好助理典狱长工作外,十分关注时局的发展变化,牵挂中华民族的存亡安危,毅然以手中的笔杆作为战斗的武器,发表了一系列以抗日救亡为主题的政论文,积极宣传并踊跃投身抗日救亡运动。

1945年抗战胜利后,严景耀、雷洁琼夫妇与马叙伦等进步人士共同倡议并顺利成立了中国民主促进会,成为中国民主促进会的创会人之一,并在其中积极工作。作为一名民主斗士,严景耀大声呼吁民主政治,积极参加反独裁的民主运动。这一时期,这位战斗的学者写下了一系列民主主义思想的政论文,产生了十分强烈的社会反响,为反内战争取民主运动,作出了不可磨灭的贡献。1947年,严景耀重返燕京大学任社会学系教授,兼任校务委员会委员和辅导委员会副主任,主要讲授"犯罪学""社会学概论""社会变迁"等课程。在此期间,和雷洁琼一起欣然接受中共中央的盛情邀请,参观华北解放区,并受到毛泽东等中央领导人的亲切接见,1949年9月夫妇俩应邀出席中国人民政治协商会议第一届全体会议。

1949年新中国成立后,严景耀始终保持一名学者的本色,活跃在大学的讲坛上,并积极参加教育管理工作,相继担任燕京大学政治系主任、代理法学院院长,兼任北京大学法学院法律学系教授。1952年参与筹办北京政法学院(即现在的中国政法大学前身),学院成立后任该院国家法教研室主任,兼任校务委员会委员,讲授"苏联国家法""资产阶级国家法""中华人民共和国宪法"和"世界概论"等课程。在此期间,他十分关心新中国的宪政建设问题,撰写了一系列宪政主题的学术论文。并以全国人大代表的身份,到上海视察提篮桥监狱(前身为其任职过的上海公共租界工部局西牢),调研新中国的犯罪问题,深入思考新中国如何改造犯人的问题。1973年严景耀调任北京大学国际政治系教授,研究国际问题,直到1976年因脑溢血不幸与世长辞。

综观严景耀先生的一生,从研究犯罪学起步,成长为卓越的民主斗士,是近现代中国社会急剧变迁的历史环境下,不少进步学者人生路径真实而鲜明的写照。但先生的更可贵之处在于其历经社会变迁,却始终保持学者本色:在象牙塔内,他注重调查研究,潜心学术研究;在象牙塔外,他积极奔走呼吁,努力实践自己的学术思想。他的学术思想来源于社会实践,他的学术研究应用于社会实践。在时代的主题下,他的思想从学术走向政治,上升为伟大的民主主义思想。他的人生经历、学术思想以及民主主义思想做到了完美的结合,这不能不令人由衷赞叹。此外,在严景耀先生身上,我们可以提炼出在今天看来仍不过时,且应倍加推崇的学人品质:勇于探索、忧国忧民、敢于批判、献身教育、关心国事。因此,严景耀先生是值得高度关注和研究的人物。

关于严景耀先生的研究,从20世纪80年代开始,逐渐受到国内外一些学者的关注,陆续出现了一些相关的研究成果,主要有:严景耀本人在芝加哥大学完成的博士论文《中国的犯罪问题与社会变迁的关系》,经吴桢教授翻译,于1986年由北京大学出版社出版;1995年开明出版社出版了《严景耀论文集》。这两本书为研究严景耀提供了较丰富的文献基础。此后,关于研究严景耀的文章相继出现,主要有:孔小红的《社会变迁与社会衡平的失落——读〈中国的犯罪问题与社会变迁的关系〉》(《读书》1988年第2期),龚烈沸的《严景耀:中国现代犯罪学的开拓者》(《纵横》1998年第6期),褚银的《中国犯罪学研究的先驱严景耀》(《中华儿女》2000年第1期),徐家俊的《远东第一监狱的首位华籍典狱长》(《世纪》2000年第5期),许嘉璐的《缅怀严景耀先生》(《民主》2005年第2期),阎明的《严景耀早期犯罪学研究片段》(《中国社会导刊》2008年第2期)。其中龚烈沸的论文被收入王永杰等编的《文化群星——近现代宁波籍文化精英》(中国文史出版社

1998年版)一书中,该文和褚银的论文(《新华文摘》全文刊登)都对严景耀一生作出考察,在现有成果中属比较详尽,但由于受篇幅的限制,这两篇论文均未能展开深入论述。

总的来看,国内关于严景耀研究的成果,大多停留在回忆性或纪念性的文章,或是人物素描式的介绍性文章,在研究的层次上有待进一步深入。相比较国内的研究,国外关于严景耀的研究就更少了,较有代表性的成果是,日本学者平野正在1987年出版的《中国的知识分子与民主主义思想》一书中关于严景耀思想的专题性研究,即第三章《严景耀的民主主义理论》。作者通过研究发现,在抗日战争刚刚结束的这段时间里,把民主主义这一问题追求从理论上加以探讨的个人论文,唯一可以举出来的就是严景耀的论文。作者分析了抗日战争胜利后不久的民主派知识分子的民主主义理论,以严景耀作为典型,指出这种民主主义理论将国家与人民视为一体,具有放弃个人自由、放弃个人解放的特点。

总之,自20世纪80年代以来,关于严景耀的研究已经取得一定的成绩,为本项研究的进一步深入展开打下了一定的基础。但前期研究的状况与严景耀的学术地位和社会活动应当引起关注的程度是不相称的,同时前期的研究成果中,也存在一些值得注意的问题和薄弱之处。只有在克服了这些问题之后,学界对严景耀的研究才能更上一个层次。

鉴于上述情况,笔者经过多年的积累和认真研究,拟以著作的形式对严景耀先生展开比较详尽的研究。本书以严景耀一生的活动经历以及他的学术思想、民主思想为主要线索,以社会变迁及时代赋予的特定历史使命为线上的转折点,通过点线结合的方式,全面系统地探究严景耀从犯罪学先驱,历经抗日救亡运动,再到民主斗士,最后重返教坛,投身新中国法学建设的历程。在进行活动经历梳理的同时,着重对他的学术思想、民主思想进行述评。因而,本书在结构上,根据严景耀先生人生的三个主要阶段进行安排:第一阶段主要阐述严先生的犯罪学研究的实践与成就,即本书的第一、二、三章;第二阶段主要阐述严先生在抗日救亡和民主建国时期的实践与思想,即本书的第四、五、六章;第三阶段主要阐述严先生在新中国成立后投身法学建设及所作的贡献,即本书的第七章。

第一章　立志犯罪学研究

第一节　时代背景及早期求学生涯

1905 年 7 月 24 日，严景耀出生在有着深厚文化底蕴的浙江省绍兴府余姚县（现为余姚市，隶属浙江省宁波市管辖）。1905 年为清光绪三十一年，当时清朝正赶上中国传统社会几千年来亘古未有之变局。在内外交困的局面下，清政府早在严景耀出生的 4 年前，即 1901 年（光绪二十七年）就开始实施新政。

清政府推行"新政"的一个重要内容就是废科举，办学堂，派留学。1901 年 9 月 4 日，清政府命令各省城书院改成大学堂，各府及直隶州改设中学堂，各县改设小学堂，并多设蒙养学堂。12 月 5 日，颁布学堂科举奖励章程，规定学堂毕业生考试后可得进士、举人、贡生等出身。1902 年 2 月 13 日公布推广学堂办法。8 月 15 日颁布《钦定学堂章程》。1904 年 1 月 13 日又颁布《重订学堂章程》，详细规定了各级学堂章程及管理体制，以法令形式要求在全国推行。与普通学堂并行的还有专业教育，包括师范学堂及各类实业学堂，在学制上自成系统，一套完整的学校制度随之建立。1905 年 9 月 2 日，光绪皇帝诏准袁世凯、张之洞奏请"停止科举，兴办学堂"的折子，下令"立停科举以广学校"，使在中国历史上延续了 1300 多年的科举制度被最终废除，科举取士与学校教育实现了彻底的脱钩。这一新政的举措直接影响了中国知识分子的前途和命运。恰好出生在科举制度彻底废除这一年的严景耀赶上了传统社会向现代社会变迁的时代,他的人生主题也紧紧与社会变迁联系在了一起。

严景耀是一个普通的农家孩子,出生在低塘湖姆严家村,父辈祖辈也都是一般普通的人家,并没有什么显赫的名声或者丰厚的家资。然而严家的先祖确是一位十分了不起的人物,他就是中国历史上久负盛名的严子陵。

严子陵,名严光,字子陵,生卒年不详,东汉著名高士(隐士),浙江会稽余姚人。严少年时就很有才气,与刘秀(后来的汉光武帝)是同学好友。刘后来登基做了皇帝,回忆起少年时期的往事,想起严子陵,便多次征召其为谏议大臣,严子陵婉拒之并隐居富春江一带,终老于林泉间;其因此被时人及后世传颂为不慕权贵追求自适的榜样。在离低塘湖姆严家村不远的客星山脚下,竖立着一座为纪念东汉名士严子陵,题名为"高风千古"的石牌坊。据考证,这牌坊本身也具有悠久的历史,其立碑之时在明代万历年间,足以证明严氏世代居住在此,家族传承源远流长。

严景耀便是严子陵的嫡传后裔,孩提时期的严景耀常常听到大人们津津有味地谈起严子陵的故事,自己也常到这座石牌坊旁嬉戏玩耍,有时也会立足瞻仰这座气势非凡、足见其先人风骨精神的石牌坊。这样,自小开始先祖的风骨和精神便深深地印在了严景耀的脑海里。① 然而严子陵与严景耀毕竟是处于完全不同时代的人物。对严景耀来说,先祖严子陵是十分久远的历史人物了,除了先祖给予的精神遗产外,严景耀的人生道路完全要靠自己的努力才能取得成功。

严景耀生活的年代正是社会发生急剧变革的时代,无论是经济、政治还是文化、社会领域里都发生着日新月异的变化。他后来在其博士论文中也对这一社会变迁作过一番表述:"在中国,最近二十年的变化较之前一个世纪的变化异常显著。一个国家,长期在生活的各个方面都受着传统的统治,突然在工业化、商业化的过程中急剧地失去了它的社会控制力。欧洲社会变化的进程,从文艺复兴到争取民主与社会主义的斗争经历了数百年,而在中国要用很短的时间去完成它。"② 严景耀的人生轨迹正是与他所

---

① 褚银:《中国犯罪学研究的先驱严景耀》,《新华文摘》2000 年第 5 期。

② 严景耀:《中国的犯罪问题与社会变迁的关系》,北京大学出版社 1986 年版,第 213 页。

生活的社会时代相互契合在一起,作为中国犯罪学的开拓者,他主要致力于中国犯罪问题与社会变迁的关系的研究,同时作为一名杰出的民主斗士,他也是从抗日救亡以及之后的争取民主自由的斗争中历练出来的。

面对社会出现大变局的时代,作为农家孩子的严景耀要从严家村走出去,首先要靠他自己的勤奋好学和对事业的孜孜以求。严景耀的少年时代正是中国新旧学交替的年代,他出生的那年清政府宣布废除了科举制度,虽然传统的私塾教育依然存在,但新式学校也如雨后春笋破土而出。因此,严景耀接受了几年的传统私塾教育,但更多的则是在新学的环境下学习成长。

严景耀7岁入私塾读书,受到了3年左右传统的蒙学教育,这对他人生中确立以中国问题为主要研究对象乃至为之不懈奋斗,有着一定的影响。10岁那年,严景耀跟随父亲到上海,转入湖州旅沪公学读小学,从该校毕业后升入上海民主中学。中学期间,严景耀非常好学,学习成绩十分优异。然而1924年中学毕业之时,家里经济状况开始窘迫,已经无力继续供他念书。能否报考大学进一步接受高等教育成了一个严峻的问题,严景耀的人生道路上面临着辍学的危机。在举家犯难之际,一向关注严景耀成长的姑母伸出了援助之手,姑母家境还不错,见侄儿志向远大,聪明好学,便主动承担起他的上学费用。

经济上的后顾之忧解除后,带着家人的殷切期望和自己对人生理想的追求,严景耀着手大学的报考准备。他首先想报考的是清华大学,但清华大学那年暂停招生,只好另作选择。恰好此时一个美国传教士来到上海民主中学向考生们推荐了燕京大学。燕京大学是一所教会主办的著名大学,在当时的历史条件下,特别是在20世纪20年代以后,教会大学在中国教育近代化过程中起着某种程度的示范与导向作用。因为它在体制、机构、计划、课程、方法乃至规章制度诸多方面,更为直接地引进西方近代教育模式,从而在教育界和社会上产生颇为深刻的影响。因而,能够在燕京大学接受高等教育自然也是很不错的选择。报考目标确定下来后,经过精心备考,1924年,严景耀以优异的成绩考入了当时中国的名校燕京大学,主修社会学,这是严景耀人生道路上十分关键的一个转折点。从此,严景耀与燕京大学结下了不解之缘,无论是学习工作,还是恋爱婚姻,都与燕京大学有着密不可分的关系。

第二节　立志犯罪学研究

考入燕京大学社会学系后,严景耀在学习的过程中逐渐对犯罪学和刑罚学产生了浓厚的兴趣。这一兴趣是从 1927 年夏天选修《犯罪学和刑罚学》这门课程开始的。严景耀后来自己曾谈及这一兴趣的由来:"那年的夏季,我选修了《犯罪学和刑罚学》的课,这门课介绍给我有关犯罪和感化教育犯人的问题。在图书馆里有 20 多本西方国家的犯罪学书籍,只有一本中国的刑罚学的小书,在这本小书里介绍了与犯人如何接触的问题。我对阅读美国的犯罪学书籍很感兴趣,但是我对中国的犯罪和犯人的情况却毫无概念。读完这门课后,我打算研究犯罪。"①对犯罪学充满兴趣,使严景耀比较早地确立了在大学的学习和研究的方向,为他以后的学术研究和实践打下了良好的基础。

犯罪社会学是研究犯罪社会因素的一门社会学分支学科,又称社会犯罪学或刑事社会学。它主要研究犯罪现象及其与社会的相互关系,分析犯罪的社会因素,探索治理犯罪的对策,研究人的心理状态同犯罪的关系。当时犯罪社会学在世界上还是一门新兴的学科,中国的犯罪学更是处于草创阶段。虽然此后中国的大学教育中开办过犯罪社会学课程,但关于犯罪社会学的研究还处于萌芽状态,除了王元增的《监狱学》之外,有关犯罪学的著作十分缺乏,学术上的观点和理论基本上都是沿用西方的。

而在西方,犯罪社会学已经走过了一个多世纪的历程。对犯罪问题的系统研究,一般认为开始于意大利人贝卡利亚(1738—1794)在 1764 年出版的《论犯罪与刑罚》一书,该书是人类历史上第一部对犯罪和刑法原则进行系统阐述的著作,全书洋溢着伟大的人道主义气息。在书中,作者谴责了封建专制制度对人性的残酷压制,宗教神学统治的愚昧以及传统刑事法的恐怖、荒唐与不公,同时作者还对刑讯逼供和死刑进行了愤怒的声讨,号召刑法改革,倡导罪刑相适应的近代刑法原则。贝卡利亚的这部著作篇幅不大,但影响极为深远。而意大利人龙勃罗梭(1836—1909)在 1876 年发表的

---

① 严景耀:《中国的犯罪问题与社会变迁的关系》,北京大学出版社 1986 年版,第 209—210 页。

《犯罪人论》标志着犯罪学成为一门独立学科。关于犯罪学的研究，西方不仅起步早，研究也较为深入。早在19世纪30年代，比利时统计学家凯特莱首先运用统计学方法，研究资本主义社会的犯罪现象与犯罪的年龄、性别、种族、职业及其所在社会的经济、地理位置和季节、气候等条件的关系，指出犯罪的发生和消灭、增加和减少以及犯罪的类型均受社会环境的影响，提出犯罪的社会原因说。他认为，社会本身孕育着犯罪的胚胎，任何社会都必然会产生一定数量的犯罪行为。受这种观点影响，一批持犯罪社会原因说的学者，如德国刑法学家冯·李斯特、意大利犯罪学家费里等，于19世纪末20世纪初形成了在刑法思想史上占有重要地位的刑事社会学派，创立和发展了犯罪社会学。1884年费里出版了《犯罪社会学》一书，标志着犯罪社会学的形成。[①] 20世纪以来，犯罪社会学有了进一步发展，在这一过程中，普通社会学理论、侵犯行为的社会心理学以及婚姻家庭社会学等分支学科的理论均起了重要作用。犯罪社会学成为综合犯罪学、社会学、心理学、生物学等多种学科知识的一个活跃的跨学科研究领域。

1939年严景耀为孙雄的《犯罪学研究》作序时，也提到中国犯罪学研究的落后："欧美各国与苏联，不独在大学设立犯罪学课程，并有独立犯罪学研究所，聚集各种专门人才，研究此错综复杂之社会问题。故犯罪学已为社会科学中重要科学之一种。我国学术界对于犯罪学之研究，向少注意，所有关于犯罪学书籍，大都译自欧美著作。此种译著，以作研究之参考，固极重要。欲因之以求我国犯罪问题之了解，则非有赖于我国有志学者，杆头猛进，从事切实之调查与研究不可。"[②]有感于在犯罪社会学领域中国与西方的差距，尤其是针对当时学界犯罪研究与西方比较相差很大的情况下，严景耀遂萌生了致力于犯罪学研究的念头。这一念头并非一时心血来潮，而是经过了一番认真系统的思考。严景耀在《北京犯罪之社会分析》一文中曾谈到这一兴趣的来由："我承王文豹指导，研究犯罪学与监狱学，除了王元增先生著的一本《监狱学》以外，其余的书籍都是舶来品，讲犯罪的现象是欧美的犯罪现象，谈犯罪的原因是欧美人犯罪的原因，讨论救济与预防的方法，也是为欧美各国社会病所开的药方，绝对谈不到中国的问题。我因为好奇的冲动，便想分析中国的犯罪现象，切实搜索中国人的犯罪原

---

① 王永杰等编：《文化群星——近现代宁波籍文化精英》，中国文史出版社1998年版。

② 孙雄：《犯罪学研究》，北京大学出版社2008年版，严序。

因。"①也正是针对当时中国犯罪学研究这一薄弱的现状,严景耀下决心为中国的犯罪学开拓新领域,建立、完善我国自己的犯罪学学科理论和体系。

然而要开创中国特色的犯罪学研究,首先遇到的问题是要获取犯罪现象的信息,掌握大量的第一手资料。不言而喻,第一手资料对于犯罪学的研究是不可或缺的,离开实证的资料谈研究,这对于和社会有着密切关系的犯罪学研究来说,无疑是缘木求鱼。但在当时,相关的可供研究中国犯罪问题所需的资料是少之又少,民国北京政府司法部的官方统计数据让严景耀感到十分失望。因为在严景耀看来,作为当时司法部唯一的官方文件《刑事统计表》有许多不完备的地方,一些数据在可信度问题上值得质疑,不足以作为研究立论的基础。用严景耀的原话来说:"但想收集材料,简直不可能。司法部的《刑事统计表》,算是中国唯一的官场文件,但是里面的统计,有许多不完备的地方,于是不得不另想方法。"②于是严景耀决定亲自动手去获取第一手的研究资料。

正是在"不得不另想方法"的思路下,严景耀作出了惊世骇俗的决定:亲自下监狱——亲尝铁窗滋味,掌握第一手犯罪资料。严景耀的这个决定在当时无疑是一个爆炸性的新闻,这一决定开始在燕京大学传开时,很多人认为他在"犯傻",不理解的声音从四面八方传来,包围着严景耀。严景耀后来谈到对来自各方的反应时,说道:"这个主意不仅对我自己,而且对我的家属、亲戚和许多朋友都是一个笑话。许多人劝我不如到外交部或其他受人尊重的部门去工作,不要去做狱吏。但我的教授们却很鼓励我,他们相信我能在这方面开辟一个新的研究园地。"③有了燕京大学教授的支持和鼓励,周围这些质疑的声音不但没有动摇严景耀,而且更加使他坚定决心,并暗自鼓励,中国的犯罪学一定要开创出自己的一片天地。那时他仅是个20岁出头的青年后生,能有如此的宏图大志,并迎难而上接受挑战,实是难得。

而且,严景耀还旗帜鲜明地打出了"下狱"的口号:"要和民众接近,为他们服务,先要有相互的了解,我们要了解他们,非到民间去不可。要医中国社会犯罪的病象和改良监狱的生活,先要明白目前实情;要调查实情,非

---

① 严景耀:《北京犯罪之社会分析》,《严景耀论文集》,开明出版社1995年版,第2页。
② 严景耀:《北京犯罪之社会分析》,《严景耀论文集》,开明出版社1995年版,第2页。
③ 严景耀:《中国的犯罪问题与社会变迁的关系》,北京大学出版社1986年版,第210页。

到监狱去不可。"①然而到监狱一线去调研在当时并非想去就能做到的,监狱毕竟不同于寻常地方,而是专门关押犯人的地方,不是常人随便可以进出的。怎样才能将这一计划变成现实,顺利地成为一名"犯人"呢? 这中间有一个关键人物要提及一下,这个人叫王文豹。严景耀能够进入监狱进行一线调研靠的是王文豹教授的牵线搭桥,王文豹教授当时是燕京大学社会学系主任,同时也是司法部监狱司司长、监狱改进委员会主任。他对学生严景耀的入狱计划十分支持。从 1927 年燕京大学放暑假那天开始,王文豹教授通过司法部将严景耀送进了京师第一监狱。有了司法部监狱司司长王文豹教授的介绍,监狱典狱长对严景耀的到来表示热烈欢迎和支持。从此,严景耀成了监狱里的一名特殊"犯人",他一共在监狱里住了 3 个多月(其中有半月在北京感化学校调查儿童犯)。当年秋季开学以后,严景耀仍坚持一个星期去两天。

顺利"入狱"后,严景耀开始了自己的监狱调研生活。他主动地融入监狱的生活中去,在监狱里和罪犯同吃、同住、同劳动,和犯人保持近距离的接触。早在入狱前,严景耀就做了一番比较充分的准备工作,他编印了《与犯人谈话问题表》。白天按照问题表,用个案方法,与犯人任意谈话,去探求他们的犯罪原因。晚上对监狱内的材料做统计,总结和分析各类犯罪的现象和原因。严景耀后来在自己的博士论文中也简单记述了他这一段经历:"在那时,我对怎样研究犯罪学毫无准备,只有我自己草拟的一份详细的问卷。当我在狱中当'犯人'时,我没有机会研究犯人,只有机会去认识他们。3 个星期以后,狱中人发现我是个假犯人,因为狱长对我无微不至的照顾使他们怀疑和发现了我。当我不再是犯人时,我变成监狱的客人。我可以随时到什么地方去,也可随便找人谈话。"②那时,监狱的纪律是要求犯人保持安静。而人的通常心理是:越不让他说话,他就越想说。因此,在监狱里禁止说话的管理制度下,犯人们觉得和严景耀聊天也是一种享受。有了这样一个前提,通过聊天再加上记录整理,严景耀的监狱调研开展得十分顺利且富有成效。

由此我们可以看出,严景耀关于犯罪信息资料的获取主要通过两种方式:一是通过问卷调查;二是通过和犯人谈话。这两种方法用现在的研究

---

① 严景耀:《北京犯罪之社会分析》,《严景耀论文集》,开明出版社 1995 年版,第 2 页。

② 严景耀:《中国的犯罪问题与社会变迁的关系》,北京大学出版社 1986 年版,第 210 页。

方法来讲,都是属于实证研究的方法。从这里我们也可以感受到严景耀先生的治学精神和治学方法,这也是他后来开创中国犯罪社会学研究的基本方法之一。通过日积月累的问卷和谈话,严景耀认识的犯人越来越多,后期他主要以个案调查作为获取信息的方式。在调研的过程中,严景耀发现,犯罪的研究牵涉许多其他的社会问题。于是,严景耀开始认识到犯罪与社会环境的有机关系。同时,严景耀对于监狱管理的许多情况也作了比较深入的了解。监狱的看守和警察以为严景耀将来要做狱官,因此对他也特别客气,想到什么都对他说,使他得以全面地了解情况。由于监狱管理人手少,严景耀有时也帮他们当看守,非常主动地融入监狱的管理。

　　3 个多月的铁窗生涯,使严景耀的调研活动取得了巨大的进展。他全面了解犯人的历史、家庭情况、社会背景以及走上犯罪的全过程,他和犯人个别谈话,推心置腹,促膝谈心,广交朋友。他的实事求是精神,以及对犯人诚挚、热情的态度,使犯人们受到极大的感动和教育,他很快赢得了犯人的尊敬和信任。凡是与他谈过话的犯人都同他建立了非常友好的关系,他的人格魅力使得犯人们敢于和他谈心里话,有的甚至把埋在心里很久的、从未向法庭供认过的、讲出来会加重处分的情况都毫不隐瞒地向他吐露。犯人们都热情地称他为先生、兄弟、大哥。他还为犯人传递家信和口头嘱托,借以到犯人家中去了解情况。① 严景耀后来还记述了他和犯人们的这段"交情":"我和犯人很熟识,他们也都信任我。如果他们的家靠近北京,我常为他们向家里捎信,有时还去调查他们的家庭情况和社会背景。他们告诉我的事实与官方的记录、其他犯人和看守们的反应都相吻合。犯人知道我和他们的谈话并不影响对他们的判刑,所以他们把有些足以加重他们的罪行的事,都无隐讳地告诉我了。许多犯人为了帮助我的研究,详细地告诉我他们的犯罪经验以报答我带信息给他家里人和朋友。……有时我为被释放的犯人找工作,有时我为他们的家庭不睦和其他的事出力帮忙。因为这些关系,我充分赢得了他们的信任和合作。"②

　　3 个多月辛苦的"牢狱"生活给严景耀的犯罪研究带来了丰硕的收获,他掌握整理了大量的第一手资料,开始建立起关于中国犯罪问题研究的资料库。而且,铁窗生活也使严景耀头脑中萌发了一系列的问题:中国的犯

---

　①　褚银:《中国犯罪学研究的先驱严景耀》,《新华文摘》2000 年第 5 期。

　②　严景耀:《中国的犯罪问题与社会变迁的关系》,北京大学出版社 1986 年版,第 211 页。

罪问题与社会现状有着怎样的关系？如何改造犯人？如何改革监狱的管理制度？优良的监狱管理人才该具备哪些必要条件和素质？这些问题都切中当时中国犯罪问题和监狱管理制度的核心所在。

带着这些问题，通过对监狱内收集的第一手真实可靠资料的利用，"出狱"后，严景耀先生在当时《社会学杂志》等著名学术期刊上发表了《北京犯罪之社会分析》《中国监狱问题》《北平监狱教诲与教育》等多篇学术论文。不仅如此，1934年他在美国芝加哥大学完成的博士论文《中国的犯罪问题与社会变迁的关系》中，也充分运用了这段铁窗生活所积累的调查资料。

第三节　研究生与留学生涯

严景耀经历了"下狱"的生活后，收获可谓硕果累累，不仅仅在于收集和掌握了大量的难得的第一手实证资料，而且也使得他对当时中国的犯罪和监狱问题有了更深刻的认识，也进一步推动着他对中国犯罪问题的思考和探索。1928年，严景耀以优异的成绩结束了燕京大学社会学系本科学习，并顺利地获得学士学位。但他并没有选择离开校园走上社会工作岗位，而是留在燕京大学继续攻读研究生，继续展开对犯罪学的深入研究。这一步对于严景耀的学术道路来说非常关键，他的犯罪学研究自此进入了一个新的高度。

然而，继续求学的生活费用又一次困扰着严景耀，一直承担他上学费用的姑母这时也没有能力再继续资助他求学。如果到社会上参加工作，不仅自己可以衣食无忧，而且还可以贴补家用。严景耀却毅然选择了清苦的研究生生活，这也体现出了他对学术生活的坚定信念。好在天无绝人之路，燕京大学了解情况之后，向他伸出了援助之手，给他提供了助教的岗位。考虑到严景耀的研究专长和他已经取得的被公认的研究成果，学校特意安排了他讲授犯罪学这门课程。对此，严景耀万分喜悦，能讲授自己的研究志趣并能从中取得报酬，实属人生一大乐事。当然，严景耀的研究生生活不仅仅是停留在当一名助教，为继续从事他的犯罪学研究计划，他做了一番合理的规划，拿出自己三分之一的时间担任本校社会学系的助教。就这样，他走上了边教书边研究的求学道路，开始了自己的研究生学习生涯。由于教学和研究都围绕犯罪学这个主题，严景耀在燕京大学的研究生生活是非常充实的,他也切切实实尝到了教学相长的甜头。

研究生期间,严景耀关于犯罪学的研究并没有停留在课堂上和书斋里。除了整理在京师第一监狱获取的调研资料外,他也在掌握更多的第一手资料。恰好在此期间,中央研究院社会科学研究所和燕京大学社会学系有一项合作,内容就是深入到全国监狱做社会调查。有着丰富监狱调查经验的严景耀就成了最合适的人选。于是,他利用暑假休息的时间,率领燕京大学的学生先后到河北、山西、河南、湖北、江西、安徽、江苏、浙江等省所属的 20 多个城市的监狱,主要调查犯人以及监狱的管理情况。他与学生一起收集各种犯罪类型的个案资料,绘制统计表,积累了 300 余件个案的资料和大量图表,并抄录了我国 12 个省监狱的有关资料。严景耀通过实地调查,广泛深入各地走访犯人,阅读了大量的中外文献,对当时中国的社会问题和犯罪现象有了更加深刻的认识和了解。[①] 他脚踏实地、实事求是的调研作风,加上收集的令人信服的大量第一手实证资料,再加上他勤于思考和善于思考的学术精神,为他以后的众多精辟研究成果的问世打下了坚实的基础。

在燕京大学社会学系一边做助教一边做研究的学习生活是充实的,而充实的生活往往在不经意间就匆匆过去了,严景耀用了不到一年的时间就读完了研究生的全部课程。1929 年,严景耀即以优异的成绩圆满地完成了研究生阶段的学业,并顺利地获得社会学硕士学位。

从燕京大学社会学系研究生毕业后,首先面临的就是到哪里工作的问题。农家孩子出身的严景耀没有显赫的家庭背景,也没有优越的社会关系,找工作完全要靠他自己。好在命运总是垂青有准备的人,1930 年年初,严景耀就收到中央研究院社会科学研究所的聘任函,聘请他担任中央研究院社会科学研究所研究助理。这在当时是一份令人羡慕的工作,能够获得这份工作也不能简单地归因于严景耀的运气好,而是有一番前后因缘的:笔者在前文曾经提到,在 1928—1930 年间,中央研究院社会科学研究所与燕大社会学系合作,委派严景耀等到全国各地 20 个城市的监狱进行调查。显然,对于严景耀到全国各地的调查成果,中央研究院社会科学研究所是满意的。因此,严景耀研究生毕业后,就及时地收到了聘任函。

中央研究院在当时是中国最高的学术研究机构,汇集了全国一流的各

---

① 褚银:《中国犯罪学研究的先驱严景耀》,《新华文摘》2000 年第 5 期。

个领域的专家学者。而严景耀以刚从燕京大学硕士毕业不久的学生这一身份,能够受到中央研究院的青睐,进入中央研究院社会科学研究所工作,一方面表明他的犯罪学研究得到了国内学界的高度肯定,另一方面也为他在该领域内继续深造提供了更高的平台。因此,严景耀也十分珍惜这来之不易的机会,从北京到南京后,他更加刻苦努力地工作。

严景耀先生在中央研究院社会科学研究所工作几个月后,由于出色的工作业绩,以及他在监狱研究问题上较高的学术造诣,在 1930 年夏天的时候,中央研究院总干事杨杏佛推荐他代表中国出席第十次国际监狱会议,会议召开的地点在东欧的捷克斯洛伐克。巧合的是,也正在此时严景耀获得了母校燕京大学颁发的赴美国深造的奖学金。这样,在参加第十次国际监狱会议后,就可以直接从欧洲经大西洋去往美国深造。

在捷克斯洛伐克的国际监狱会议上,严景耀是全体参会代表中比较年轻的一位,他与世界上研究犯罪学和监狱管理学问题的同行们一道互相切磋,广泛而深入地交流自己关于监狱问题的调研活动和研究心得;同时认真聆听了世界上这一领域一流专家学者的报告,使自己的视野更加开阔,思考问题更加深邃成熟。

值得一提的是,严景耀在参加会议的途中,取道当时世界上新生的社会主义国家苏联。利用这一难得的机会,严景耀对苏联这个新生的社会主义国家作了比较深入的考察,考察的成果在他于 20 世纪 40 年代撰写的系列民主思想方面的政论文中得到了集中体现。本书在后面关于严景耀民主思想方面的内容里也作了专门的介绍和研究。此外,国际监狱会议结束后,在赴美国留学的途中,严景耀还顺道对法国和英国作了访问。通过对这些国家的考察比较,社会主义制度与资本主义制度这两种性质截然不同的社会制度在他脑中留下了深刻的印象,这段实地考察的亲身经历对他的犯罪学学术思想以及日后形成的民主主义思想都产生了十分重要的影响。

1930 年 8 月,严景耀坐轮船穿越大西洋,来到了深造的目的地美国。他先进入纽约社会服务学院学习,逐渐适应在美国的学习和生活。半年后,他顺利进入芝加哥大学攻读博士学位。在专业上,他依然选择自己钟爱的犯罪学作为主修的专业,但主要研究对象并非西方社会流行的犯罪学理论模式,而是以中国的犯罪问题为出发点和归宿,力求理论与实践相结合,会通中西,为中国社会的犯罪问题寻求妥善解决的最佳路径。

在不断加强专业学习的同时,严景耀此时开始了人生中的第二个主题,即走出书斋,积极参加社会活动,为中国的民族独立、民主自由和个人解放奔走呼号。在异国他乡的特殊年代,他的民主主义思想也开始萌芽和生长。

芝加哥这所城市有着光荣的工人运动历史,也是五一国际劳动节的发源地,当时在这里也建立起了中国共产党的组织。在芝加哥大学学习期间,严景耀认识了中国共产党在美国芝加哥的两位负责人徐永英和冀朝鼎,并很快与他们成为好友。在这两位中国共产党党员的影响下,严景耀白天在芝加哥大学学习专业知识,晚上在工人夜校学习马克思主义和俄文,同时他还参加了美国芝加哥市的反帝大同盟的活动。可见,在芝加哥大学攻读博士学位的 3 年多时间里,严景耀不仅在专业的学习上,而且在思想上,都得到了深刻的发展和巨大的提升。他的民主主义思想,以及抗战后坚定拥护中国共产党的领导,除了日后受妻子雷洁琼影响外,也是与芝加哥大学留学期间的思想认识以及所参加的社会活动分不开的。

1934 年,严景耀在远离祖国的大洋彼岸,收获了自己付出辛勤汗水的学习成果。他以优异的成绩获得了美国芝加哥大学犯罪学博士学位,博士学位论文的题目是《中国的犯罪问题与社会变迁的关系》。这篇学位论文也使他成为中国近现代历史上第一个涉足犯罪学领域的博士。关于他的博士论文,学界评价很高:"论文材料之翔实、内容之丰富、观点之新颖、逻辑之严密,不但当时国内没有可与之相比的,即使在当时全世界的犯罪学研究领域中,也是出类拔萃之作。"①冰冻三尺,非一日之寒。这是和严景耀对犯罪学产生兴趣以来多年的积累和潜心努力分不开的。而博士论文的问世,使严景耀进一步开拓了中国犯罪学问题研究的领域,为中国犯罪问题的解决开创了新的路径。

在芝加哥大学获得博士学位后,严景耀没有选择在美国留下来,因为他所关心的是当时中国的千疮百孔的社会问题,而不是为了追求个人的待遇和生活。但严景耀也没有一毕业就立即回中国,而是先去了英国,在伦敦经济和社会科学学院学习了半年,后来又到苏联,应聘到莫斯科外国语学院教英语。1935 年年初,严景耀又转入莫斯科中国问题研究所,结合自己所学的知识,在苏联从事中国问题的研究工作,时间大约为 5 个月。此后,考虑到中国社会犯罪问题以及对犯罪学进行研究的迫切需要,严景耀

---

① 龚烈沸:《严景耀:中国现代犯罪学的开拓者》,《纵横》1998 年第 6 期。

毅然谢绝苏联方面的盛情挽留,返回离别5年之久的中国,回到母校燕京大学社会学系执教。当时严景耀作出这一选择是难能可贵的,一边是有着良好研究环境和研究条件的社会主义国家苏联,一边是社会动荡不安、满目疮痍而急需救治的中国。面对选择,何去何从,严景耀以实际行动向祖国作了回答,彰显出20世纪30年代中国一名海外学子的拳拳报国之心。

第二章　早期的犯罪学研究成果

第一节　北京犯罪之社会分析

严景耀以身试"狱"的研究精神和艰苦的实证探索,最早的一项研究成果就是《北京犯罪之社会分析》一文的问世。该文于 1928 年春发表在当时中国社会学领域最著名的学术杂志《社会学杂志》上,在严景耀一生的著述当中,这篇论文是他公开发表的第一篇论文,可以称之为严景耀学术生涯的处女作,这也是他在犯罪学领域内初露锋芒的作品。尽管论文发表之际严景耀仅 20 岁出头,但是论文的布局和行文非常合理规范,丝毫看不出其稚嫩的地方。无论是在提出问题还是在解决问题上,那种成熟练达之风颇为明显,这不仅仅归因于他对中国犯罪问题的深思熟虑和高瞻远瞩,而且建立在他坚持不懈,亲尝铁窗滋味,致力于中国犯罪学研究的坚定信念上。因此,有必要对这一篇文章进行深入的解读。

一、关于犯罪的定义

在该文的绪论中,严景耀首先提出了一个独特而具有社会学意义的观点,认为犯罪问题是社会病理学中的一个大问题,即犯罪问题是社会的一大弊病。严景耀进一步分析认为:"社会的变迁是靠着社会力的运用,倘若有益于人群的思想与事业,日益发展,毫无窒碍,社会进步自然不生问题;

倘若对于人群有妨碍的，或者甚至于有害的社会力，在那里活动，不加阻止，则社会进步必受影响。然而，犯罪是扰乱社会安宁的行为，取缔犯罪是保持社会的安宁，亦即是加速社会的进步。"①由此我们可以看出，严景耀关于犯罪问题的社会分析思路，而不是单纯以法律的眼光来看待犯罪。这一思维进路与近代著名犯罪学家意大利人贝卡利亚关于犯罪的观点是相契合的，贝卡利亚在其《论犯罪与刑罚》一书中写道："我们已经看到，什么是衡量犯罪的真正标尺，即犯罪对社会的危害。"②

在严景耀看来，犯罪最简明的定义——犯罪就是破坏法律。他认为这个定义包括两点：一是犯法律禁止之事；二是不为法律上应尽之义务。即所谓"不应为而为；应为而不为"的意思。然而这仅仅是法律上的定义，与严景耀对犯罪问题作社会学上分析的思路相比，显得范围较小。正如严景耀自己在文中所言："不过这仅仅是法律上的定义，是狭义的，不能包括一切。我们上面已经说过，犯罪是扰乱社会安宁，阻碍社会进步的行为，那么我们观察这个问题，决不能专从在法律上驻足，而丢弃社会学的观点。"③从中我们可以更加清楚地看到，严景耀的中国犯罪问题的社会学分析路径，正如贝卡利亚所言："一切犯罪，包括对私人的犯罪都是在侵犯社会，然而它们并非试图直接地毁灭社会。"④

严景耀在上述基础上，提出了他的犯罪社会分析的总思路——犯罪不仅仅是法律上的事情，同时大部分是社会上的事情，因为犯罪行为是一种反社会的行为。据此，严景耀从社会学的角度给犯罪下了一个定义："犯罪是一个团体的人群信以为对于社会有害的行为，而且该团体有能力去实行所信的而制裁之。"⑤这个定义包含两个要点：一是对于一种行为是有害于社会的；二是一个团体有权以惩罚的方法去实行其所信的。因为人群觉得某种举动有害于社会，于是制定了法律而制裁之，所以制法治人，是应人群的需要，保障人群的安全而发生的，并不是为了少数人的利益和安全。

---

① 严景耀：《北京犯罪之社会分析》，《严景耀论文集》，开明出版社 1995 年版，第 1 页。
② ［意］贝卡利亚：《论犯罪与刑罚》，黄风译，中国大百科全书出版社 1993 年版，第 67 页。
③ 严景耀：《北京犯罪之社会分析》，《严景耀论文集》，开明出版社 1995 年版，第 1 页。
④ ［意］贝卡利亚：《论犯罪与刑罚》，黄风译，中国大百科全书出版社 1993 年版，第 71 页。
⑤ 严景耀：《北京犯罪之社会分析》，《严景耀论文集》，开明出版社 1995 年版，第 1—2 页。

二、关于犯人

严景耀作出犯罪的社会学定义之后,接着对什么是犯人以及为何会成为犯人这两个问题展开了探讨。他认为:所谓犯人,就是破坏法律的人。在今天看来,这样的看法似乎有失偏颇,因为破坏法律的人还需满足"达到应受刑法惩处的程度"这个条件,否则,即使破坏了法律,没有达到刑法处罚的标准,仍然称不上是犯人。但是在严景耀写作该文的那个年代,社会动荡不安,治理社会迫切需要法律,在当时刑法学不太发达的情况,他作出这样的定义也是无关大碍而成立的。西方法谚曾云:"没有人天生就是坏蛋。"中国古语也有:"仓廪实则知礼节,衣食足则知荣辱。"①严景耀进一步指出了犯人之所以会走上犯罪道路的总原因,即犯人是不能适合现存的社会环境的人,所以他的举动是不符合社会公认标准的。"其故常因现在社会制度与组织的变更,使人不能适应,也因犯人有时有心理上和生理上的缺点,以至发生冲突的。"②这一论断与意大利著名犯罪学家菲利的观点颇为一致,菲利说:"人之所以成为罪犯,并不是因为要犯罪,而是由于他处于一定的自然和社会条件之下,罪恶的种子得以在这种条件下发芽、生长。"③由此可以看出,严景耀对于犯罪问题与社会变迁的关系是十分关注的。论述犯罪问题和社会变迁的关系必然少不了社会的实证资料,需要广泛和深入的调研基础,严景耀在铁窗生活中所积累的调查资料正好可以派上用场。

三、关于犯罪人数

在《北京犯罪之社会分析》一文中,严景耀先从犯罪的人数调查入手,对犯罪人数的问题进行了一个系统的统计,然后在这些简单数字的背后再进行深入的思考分析。

---

① 《管子·牧民》。

② 严景耀:《北京犯罪之社会分析》,《严景耀论文集》,开明出版社 1995 年版,第 2 页。

③ [意]菲利:《实证派犯罪学》,郭建安译,中国人民公安大学出版社 2004 年版,第 172 页。

表 1-1　1920—1926 年北京犯罪人数分布

年份	犯人数目		
	男犯	女犯	共计
民国 9 年	975	137	1112
民国 10 年	1095	176	1271
民国 11 年	1313	100	1413
民国 12 年	1707	147	1854
民国 13 年	1383	105	1488
民国 14 年	2519	143	2662
民国 15 年	2304	174	2478

　　严景耀经过调查并对其调查的数据作了整理。从表 1-1 的统计数据中,严景耀发现,从民国 9 年到民国 15 年,也就是从 1920 年到 1926 年共 7 年的时间里,监狱资料显示的北京犯罪的人数从 1112 人增加到 2478 人,增加了 123％。而在这 7 年中,恰是兵灾连年的岁月,北京的人口总数并无显著增加,约在 100 万～120 万的范围内,犯罪增长率大约在 5％～20％之间,然而事实上北京人口绝不能在 7 年间增加 20％。[①]　人口增长的持续稳定和犯罪人数的翻倍激增,如此"惊心动魄的怪状"引起了严景耀的高度关注。

　　经过仔细观察和分析,严景耀得出了这样的调查结论:男犯增加的百分数在 136％以上,而女犯在 7 年中的人数时增时减,保持平稳——这 7 年中增加的犯罪人数基本上全是男性。短短的 7 年时间,男犯的数目为什么会增加得如此之快,原因何在? 严景耀继续追问并给予了解答。通过进一步的调查研究发现,北京这几年来男犯增加这么快的主要原因就是经济类犯罪增加在"作怪",经济类犯罪的数量急剧攀升,尤其是盗窃罪的人数增长的幅度突飞猛进,这是严景耀对为什么北京地区男犯数量大量增加的解释。同时,严景耀解答了"在这 7 年北京的犯罪总人数中,男犯占 92％,女犯仅占 8％,为何差异如此之大"的悬疑。严景耀认为其原因有四点:一是因为那个时代中国女子的生活大都依靠男子的供给,她们住在家里,不像男子常在外面与社会有直接的关系,由于和外界接触的机会少,所以犯罪的机会就自然较少。我们把严景耀的这种解释称为"机会犯罪"。根据他

---

①　严景耀:《北京犯罪之社会分析》,《严景耀论文集》,开明出版社 1995 年版,第 4—5 页。

的解释,与外界接触的频率或者机会以及密切程度在很大水平上影响着犯罪的比率,这不仅仅针对女子犯罪,而且也同样适用于男子犯罪。二是因为生理的关系,女子不能犯强奸等罪,又因体质的关系,在 7 年中没有一个女子犯强盗罪。三是在法律上对女子的处置也比较宽松,如犯四等以下有期徒刑或拘役之宣告,有相当条件以后或可缓刑,这种机会女子比男子多,并且妇女犯轻罪的,依司法部特别处理通饬,其受刑罚宣告在五等有期徒刑以下的,酌于改易罚金。所以入监的女子因此又要减少。四是女子犯的罪通常比较隐蔽,所以收集证据较为困难,而因无确实和显明的证据而宣告无罪的机会也格外多。① 由此,我们可以清楚地看到,男子犯罪比例远高于女子犯罪比例,根本点除在于男女自身的特殊性外,还与接触社会的程度以及法律对男女犯罪的惩罚态度差异和犯罪的复杂程度或隐蔽性息息相关。

此外,严景耀还对 1925 年北京犯罪人数最多的原因作了深入的探析,认为当年民国北京政府的大赦就是其中一个重要原因。大赦以后原犯有盗窃罪的犯人一下子全都出狱了,他们大多无家可归,不能很快找到工作、自食其力,为了能够活下去,结果还是选择继续去犯罪。因此,很多人又因为犯盗窃罪,回到了监狱。② 于是严景耀得出了如下结论:犯罪人数的增加,大赦未必不是重要原因,尤其是经济犯罪,如果社会不从根本上为他们解决生计问题,使他们能安居乐业,是决不能让他们改过自新的,因为他们在生存问题都不能解决的境遇之下,必然会重蹈犯罪的覆辙。

四、关于犯罪种类

严景耀经过调研统计后发现,当时北京犯罪的种类众多,但特点明显。为了说明这个问题,他还列出了大量的示意图和数据统计表格对犯罪进行了分类。他通过比较发现经济犯罪的人数最多,无论是对于男犯来说,还是对于女犯来讲,经济是他们犯罪最大的动机。但是相比较当时欧洲各国的犯罪现象,则与北京存在很大的差别,"欧洲各国犯罪的现象与北京完全不同,欧洲各国以仇害罪——尤其侵害生命罪为多,其实美国亦然,一谈到犯罪,即以杀人犯为题,而北京犯罪问题几乎完全偏重在经济方面了"③。

① 严景耀:《北京犯罪之社会分析》,《严景耀论文集》,开明出版社 1995 年版,第 7—8 页。
② 严景耀:《北京犯罪之社会分析》,《严景耀论文集》,开明出版社 1995 年版,第 7—8 页。
③ 严景耀:《北京犯罪之社会分析》,《严景耀论文集》,开明出版社 1995 年版,第 18 页。

由此，我们可以认知到北京的主要犯罪类型与国外犯罪类型是大不相同的。原因在哪里？严景耀并没有考察，但是，从严景耀的研究背景和研究方向来看，我们也不难理解这背后的原因——当时中国的社会特点与外国是有很大差异的。

值得一提的是，在犯罪的分类中，严景耀对政治犯进行了深入的思考。他认为，政治犯与普通犯不同：前者目的大多为公，希望有益于社会；而后者目的则专在于私利，及为个人有关系的少数人的私利，是反社会的行为。① 尽管在严景耀调查的这 7 年中北京没有出现过政治犯，然而，发生在1927 年的中国共产党人李大钊事件引起了他的高度关注，并在文中得到体现。"民国十六年自从李大钊的所谓共产党的案件发生，当时因内乱罪就死了二十个，执行徒刑的十二个，以后便继续有明死的有暗死的不知死了多少。至于被捕的又屡载报章，还有报纸上不便发表的，又不知其数。我们从社会学观点上看，这是冲突的表现，是政府与人民发生激烈冲突的表现（其实这种现象，不仅北京如此）。以前也有全年不息的内乱和纷扰，不过那时内乱和纷扰的结果，仅是军阀个人地盘之变迁，与一般政客势位之得失而已，与全体国民，可说是不关痛痒。而十六年方见出民众对于国家发生深刻的注意与激烈的冲突，这种冲突是社会变迁与社会进步的要素。"② 在严景耀看来，李大钊事件不能用简单的法律条文来评判，更不能跟一般的犯罪扯在一起，而是社会变迁和社会进步的突出表现。在当时政治高压、共产党遭到残酷镇压的局势下，严景耀能作出这样的结论并公开发表自己的观点是非常难能可贵的，这不仅需要极大的勇气和无畏的精神，也体现出了严景耀洞悉社会变迁和社会进步的真知灼见。

五、关于累犯

意大利犯罪学家龙勃罗梭曾言："如果说存在着一种犯罪的必然性，如果说犯罪在很大程度上取决于某种机制、教育或者外部环境，如果说犯罪一旦发展起来就难以医治，就难以遏止，那么，那种认为监狱和教育是救治犯罪的灵丹妙药的观点就的确属于幻想。相反，我们所更接近的现实告诉我们：不管采用怎样的监狱制度，累犯现象都是恒常不变的；更重要的是，

---

① 严景耀：《北京犯罪之社会分析》，《严景耀论文集》，开明出版社 1995 年版，第 18 页。
② 严景耀：《北京犯罪之社会分析》，《严景耀论文集》，开明出版社 1995 年版，第 18 页。

所有的监狱制度都在为新的犯罪提供窝点。"①关于累犯,严景耀认为这是一个非常严重的社会问题。通过和监狱工作人员的谈话,严景耀获悉1925年大赦后,累犯增加的人数特别多。据他调研数据显示,那年1月大赦,6月监内人数即恢复了原状,而且进来的犯人中大多是大赦放出去的。而依据当时的规则,即《大理院判例要旨》规定"大赦前之犯罪已经免除不能为累犯之原因",这样一来,这些人犯就不能以累犯来定罪量刑了。严景耀对于大理院此项判例持异议态度,并认为累犯对于社会的危害性极大。他在文中写道:"这种犯人专以犯罪为生活,像普通人做事谋生一样,而且职业犯的本领非常高妙,决不能轻易被捕,他们比平常心理上及生理上有病的犯人更灵敏得多,他们犯罪的经验,比偶犯多得多,自然不容易发现。"②

严景耀还通过细致的观察,分析了犯人从偶犯发展成累犯的心理变化,引发了他对犯罪问题的深思。他在京师第一监狱曾亲眼目睹了两名犯人从偶犯沦为累犯的不正常现象:"我在监内看见有个新入监的再犯窃盗,面上显着得意的样子,好像回家一样,一切非常熟悉,在监的犯人见了,也大家谈笑。据说他们第一次入监的时候,有一个哭了几天,一个几天吃不下饭,这次他们是同案的共犯,入监的光景与感想,完全与以前不同了。"③还有一次严景耀听监狱工作人员向一名累犯陈说犯罪的利害关系,教导他要改过自新,说的理由非常充分,最后是让那名犯人谈谈教导后的感想。那名犯人却说:"老爷!你讲得实在有理,我现在都已明白了,以后当牢记在心,可是我出监后,肚子要饿,又找不着事情,不知老爷有什么法子可以救我。"④这名犯人的这一番"表白"固然是自甘堕落,但却反映了一个严重的社会问题,这类犯人本来就是因为没有生活能力铤而走险走上犯罪道路,在他们看来,入狱之后至少可以让自己活下去,不至于被饿死,因此他们把监狱当成自己救命的地方了,自然也就很乐意继续当犯人。针对这一反常现象,严景耀从社会现状入手,认为犯罪是与社会问题紧密相连的:北京这7年来不是旱荒,就是兵灾,火车常不通,物价昂贵,铜元价值低落。北京穷人以铜元为进款,所以他们的生活,自然日苦一日,要想他们安分守己,不犯法律,实际是不可能了,那么他们犯罪的责任恐怕不能叫他们完全

① [意]龙勃罗梭:《犯罪人论》,黄风译,中国法制出版社2005年版,第333页。
② 严景耀:《北京犯罪之社会分析》,《严景耀论文集》,开明出版社1995年版,第21页。
③ 严景耀:《北京犯罪之社会分析》,《严景耀论文集》,开明出版社1995年版,第21页。
④ 严景耀:《北京犯罪之社会分析》,《严景耀论文集》,开明出版社1995年版,第22页。

担负。① 从中我们可以看出,严景耀关注犯罪问题,并不是将之看成孤立的法律问题,而是一开始就将犯罪现象与社会存在的问题联系起来。正如严景耀在文中所指出:"因犯罪是这种社会病理的自然结果,并非人民生活的变态情形,那么在这种境况之下,专用刑罚,以制犯罪,可说是舍本逐末、隔靴搔痒了。我们借以知道犯罪问题,并不仅是一个犯罪问题,乃是带着缠绕中国人民的许多其他难题,欲去犯罪恶毒,当然先去这恶毒借以发源的其他恶毒。"②

六、关于犯人的年龄与性别

在对犯罪数量的统计中,严景耀特意注意到了犯罪者的年龄和性别问题。严景耀经过分析后得出这样的结论:(1)不同年龄的人犯罪的差异性明显。男犯的人数 16～24 岁增加得非常快,26～29 岁人数几乎没有什么减少,将近五分之二的人是在 20～29 岁中间,往下便骤然减少。而女犯的人数与年岁比例,则完全不同,女犯的数量慢慢地继续增加上去直到 44 岁为止,然后又慢慢地减少,其年龄分布的曲线十分有规可循。③ 由此,我们可以清楚地看到,在当时,男犯与女犯的年龄差异具有显著的差异,正如严景耀所言,男犯数量从 16 岁骤然剧增,一直持续到 24 岁,才开始缓慢下降,并且一直呈缓慢下降趋势;而女犯数量却大不同,女犯从 16 岁缓慢增加至 44 岁为止,然后缓慢下降,两者的主要犯罪年龄大不相同,犯罪数量的变化趋势也是差别较大的。虽然,这是严景耀对当时犯罪的分析,但是至今对我们预防青少年犯罪和女性犯罪都有很大的启发。(2)男女在犯罪年龄区间所犯罪的类型差异较大。据严景耀调查,男犯在 20～24 岁的犯罪区间里,盗窃与欺诈取财的犯罪为数最多,而 25～29 岁的犯罪区间里最显然的罪名是侵占、强盗以及伤害罪。由此,严景耀总结出男性在 20～29 岁的年龄阶段所犯的罪大多数属于经济犯罪和生命犯罪。严景耀经过和多数犯人交谈后才发现:许多少年很容易犯罪,是他们自己不能担负成年人的经济责任的缘故。那时他们父母都已衰老,谋生艰难,有许多父亲竟至于死亡,但是自己因缺乏知识,在这种工商业萧条,事少人多的社会里,自然没

① 严景耀:《北京犯罪之社会分析》,《严景耀论文集》,开明出版社 1995 年版,第 23 页。
② 严景耀:《北京犯罪之社会分析》,《严景耀论文集》,开明出版社 1995 年版,第 32 页。
③ 严景耀:《北京犯罪之社会分析》,《严景耀论文集》,开明出版社 1995 年版,第 23—24 页。

有立足之地,况且意志又不坚定,那么走上犯罪道路也是自然而然的事情。①

这里值得一提的是,严景耀在调研中注意到这样一个问题:犯略诱罪(就是现代刑法规定的拐卖妇女、儿童罪)的人数没有集中的趋向,很稳定地分布于 25～44 岁的几个犯罪区间里。严景耀经过分析得出,之所以会有如此之怪状,原因在于这种罪必须有相当的计划与预备,而且又往往是职业犯,由此决定了这类罪往往是成人所犯。

女性犯罪与男性犯罪差异较大,严景耀经过分析认为,几乎有 95% 的犯性欲罪的女人是在 34 岁以下,同时在同一岁组中犯略诱罪的仅占 20%,犯和诱罪的,不到 20%,初看犯经济罪的人数在这岁组中很少。这是很不容易解释的,特别是我们记得男子犯经济罪的都是少年。② 原因何在? 严景耀对这个问题作出了回答,他对收集的数据分析之后发现在 294 个略诱女犯中就有 119 个是无配偶的——几乎全是寡妇,因为她们丈夫亡故,家中衣食无人供给,而她们自己亦缺乏谋生的能力,于是不得已而出此下策。竟有 70% 以上的无配偶的女子,在 50 岁以上犯略诱罪的,而在 50 岁以上的有配偶的女子犯略诱罪的仅有五分之一。③ 对比看来差别如此之大,实在令人深思。这些数据也表明,犯罪问题与犯罪者的年龄、性别以及所存在的社会问题是紧密相连的。

同时,这里也要特别指出严景耀的另一个发现,那就是"旗人"(本是皇亲国戚,依旗饷生活的人)犯罪。严景耀在感化学校调查发现,旗人犯罪的数量高达十分之三,原因何在? 严景耀认为,他们本是皇亲国戚,依旗饷生活,但自从民国成立以后,所有的旗饷,一概取消,他们平时又是游手好闲,决想不到谋生问题,一旦失去供养的来源,几年下来坐吃山空,当然贫困起来。那么,他们的犯罪也是自然的一个结果。这也反映出辛亥革命后,社会的大变局所带来的社会问题。④

---

① 严景耀:《北京犯罪之社会分析》,《严景耀论文集》,开明出版社 1995 年版,第 24 页。

② 严景耀:《北京犯罪之社会分析》,《严景耀论文集》,开明出版社 1995 年版,第 25—27 页。

③ 严景耀:《北京犯罪之社会分析》,《严景耀论文集》,开明出版社 1995 年版,第 27—28 页。

④ 严景耀:《北京犯罪之社会分析》,《严景耀论文集》,开明出版社 1995 年版,第 29 页。

七、关于犯罪地点与犯人的住所

对于犯罪的地点与犯人的住所问题,严景耀也给予了一定的关注。他以盗窃罪为例展开了说明。据严景耀考察发现,盗窃罪在北京城里热闹的几块地方最为常见,原因在于这种地方引诱力比平常的地方强,同时因人多事繁,使想犯罪的人们易于下手,并又不难逃避,故犯罪的机会当然特多,欲搜查与防止犯罪,当然须特别注意这种热闹地方。[①] 到底这种人住在哪里呢? 严景耀调查发现,这些犯盗窃罪的人有 45% 住在城里。27% 住在城外,还有其余 28% 是没有固定住址的。在城里住的有五分之三住在外城,而大多数住在前门(当时北京的一个较为热闹的地方)外、天桥(也是北京当时一个热闹的地方)附近一带贫民窟里。在城外住的大多数在污浊不堪的朝阳门(也是北京热闹地之一)外及其附近各地。这是城外生活费较低的缘故。至于没有一定住址的人们,大多也住在天桥附近。冬天的时候他们无家可归,就每天设法花铜元六枚,挤在二三十人男女混杂的小店里,围着小煤球炉,或在凹字形炕上,以免沿街冻死;到夏天他们就省了店钱,四处露宿。[②]

八、关于犯罪原因

经过多年的辛苦努力,严景耀在林林总总的犯罪现象面前,通过条分缕析,系统化地梳理和解释了中国犯罪现象背后不为人知的原因。对于这个问题的总结,在当时犯罪学研究极为落后的时代无疑是具有开创性的,即使在今天看来,严景耀立足于社会学意义上的这些总结,虽然时代发生了巨大的变化,仍然具有较高的参考价值。可以说,这样的总结对于我们今天预防和治理犯罪来说也是十分宝贵的。归纳起来,犯罪的原因主要有气候原因、经济原因、政治原因、教育原因、监狱教诲原因以及个人性格原因等。

(一)气候的原因

严景耀认为气候的变更与犯罪有密切关系。统计结果表明,犯两性罪

---

① 严景耀:《北京犯罪之社会分析》,《严景耀论文集》,开明出版社 1995 年版,第 29 页。

② 严景耀:《北京犯罪之社会分析》,《严景耀论文集》,开明出版社 1995 年版,第 29—30 页。

和犯生命罪的夏季最多,而犯经济罪的则是冬季最多。为什么犯两性罪和生命罪夏季为多?严景耀对此原因作了说明,在夏天,由于人们在户外的时间较长而接触亦多,发生冲突的机会自然较多,所以容易犯杀伤罪,而两性罪亦因接触的机会较多而容易发生。① 同样,严景耀对冬季犯经济罪较多的原因也进行了解释,他解释道,在冬天,穷人非但要受饥饿的逼迫,还要受到寒冷的侵袭,而且很多工作如瓦匠、木匠、农民等因天寒歇业,此时失业的人数也特别多,这些因生存的需要遂构成了犯罪的动因。② 严景耀在初冬时节曾问及犯人是否愿意立刻出监狱,很多人都回答说不,理由是:"天已冷了,出去没有棉衣,又不能立刻寻着事情,家里一贫如洗,实在不容易过这严冬。"严景耀还举了一个老年人盗窃的例子:"前大理院推事郭闳畴教授,在刑法班上讲他的朋友某推事以前在东三省地方厅九月间审一个老年窃盗,判他徒刑六月,见老年人含笑下庭。推事觉其举止忠诚,于是叫他回来对他说:'看你非常忠厚,现在格外宽容,改判你三月徒刑,以后当猛力自新!'他没想到改判以后,见老人惊讶失色,转笑为悲,怪问其故,那老年人说:'不瞒大老爷说,我现在棉衣典当已尽,天渐冷了,又谋不着事情,所以犯法。方才听宣判六月,以为可以在监中安度严冬,正是我所盼望的,所以很放心。现在听见改判三月,那么出监的时候适逢最冷的时候,一定比坐监更苦了,所以忧愁。'"③这真是气候与犯罪关系的极好证明。在此,我们也较为具体地体会到了当时条件下犯罪与气候的关系。

(二)经济的原因

严景耀指出:近年来,因屡遭水旱灾,京地农民得不到什么收获,于是逃荒入城,另谋生计,以增加失业的数量。同时粮价飞涨,物价上升,贫民在这种境况之下,自然很容易跑到犯罪的途径上去。另外,有许多贫民因生活简陋,无法讲究卫生,一旦生病,不仅无钱医治,而且还不能出来工作,加上平日毫无储蓄,于是贫穷就成为犯罪的导火线。还有一些恶劣嗜好的,最普通者为吸鸦片、吗啡及赌博,这些人往往没有正当职业,缺少生活来源,很自然地犯经济罪以度日。④ 意大利犯罪学家菲利关于犯罪的经济

---

① 严景耀:《北京犯罪之社会分析》,《严景耀论文集》,开明出版社 1995 年版,第 34 页。
② 严景耀:《北京犯罪之社会分析》,《严景耀论文集》,开明出版社 1995 年版,第 34 页。
③ 严景耀:《北京犯罪之社会分析》,《严景耀论文集》,开明出版社 1995 年版,第 35 页。
④ 严景耀:《北京犯罪之社会分析》,《严景耀论文集》,开明出版社 1995 年版,第 35 页。

原因也有过经典的论述:"贫穷是人体及灵魂的最剧烈的毒药,是一切不人道和反社会情感产生的根源。哪里有贫穷,哪里就不可能有爱和友情。……经济上的贫穷对于犯罪显然具有不可否认的影响。……一个人由于不断加剧的贫穷而动摇其道德信念并有可能去侵犯财产或侵犯人身罪,是可以理解的。"[①]

(三)政治纷乱的原因

严景耀指出:政治纷乱是北京犯罪的重大原因,因为这一时期北京政局动荡,战争风声很紧,社会经济混乱,出现物价飞涨,铜元价值低落,市面萧条,失业增加,再加上苛捐杂税多如牛毛,一般普通百姓生计都成问题,很容易跑到犯罪的途径上去,犯罪似乎是他们暂时维持生命的唯一出路了。还有很多贫民,辛亥革命后无所供养,又缺乏谋生本领,自然日趋贫穷,而政府对此又不加在意,不为他们设法救济,这些都为他们走上犯罪道路埋下了隐患。许多败兵以及落伍的军人失业致使有枪械者结伙抢劫,没有枪械者凭所穿军装到处敲诈。然而,因缺乏工资而自身难保的搜查犯罪的警察对犯罪漠不关心,再加之,搜查犯罪的专门方法的训练和设备缺乏。[②] 所有这些政治上的纷乱,加剧了犯罪现象的频发。

(四)人口稠密的原因

严景耀指出,人口稠密也是导致犯罪的原因之一。原因在于,人口密度过大,人的生存竞争就会日益剧烈,同时由乡间初来城市的人大多过于朴实,往往不能适应城市欺诈生活,而生活因之艰难,再加之外界刺激引诱,走上犯罪道路的也是为数不少。

(五)家庭地位的原因

严景耀具体到北京的家庭认为,北京的家庭,许多是耗费过于收入,有的甚至于一家五六口人,专靠着一个人做工生活,负累过重,劳力不足以养家。另有时候因家庭不睦,各自分散,或家庭教育缺乏,使儿童不能适应社

---

① [意]菲利:《实证派犯罪学》,郭建安译,中国人民公安大学出版社 2004 年版,第 166、169 页。

② 严景耀:《北京犯罪之社会分析》,《严景耀论文集》,开明出版社 1995 年版,第 35—36 页。

会,或因家中重要人死亡,生计骤然发生艰难,或因无配偶而漂泊不定,得不着归宿的安慰,结果都有流落的最大可能性。① 由此,我们可以看出严景耀对于家庭因素在社会管理中尤其在犯罪问题上所起作用的重视。

(六)教育缺乏的原因

因为没有受到步入社会谋生需要的良好教育,尤其是职业教育的缺失,以致不能适应社会,于是因贫穷而走上犯罪的道路。严景耀在监内巡视各工场的时候,见一个犯人在饭后休息的时间,埋着头读平民千字课,就问他以前念过书没有,他很恭敬地对严景耀说:"我倘若以前识得字,有了做事的本领,决不至于弄到这步田地!"这引起了严景耀的同情,也使他强烈感受到,缺乏教育是社会犯罪的重要原因之一。

(七)社会制裁力薄弱的原因

严景耀强调指出,中国社会制裁力非常薄弱,尤其在城市里,几乎以"各人自扫门前雪,莫管他人瓦上霜"成为人们为人处世的哲学,对于社会事务,漠不关心,社会败类更加毫无拘束,使犯罪增加。②

(八)监狱处置不当的原因

这一原因是针对习惯犯与职业犯而言的。因为犯罪个体具有差异性,那么救治的办法也应具体问题具体分析。然而事实上,严景耀指出,犯人入狱后,都是受到一样的处置,即"一刀切"的教育,就是再犯三犯也不见得有特别与众不同的处理办法。监狱里的教诲师对于犯人,高兴了每星期也不过说几句不关痛痒的训话,决不深究他们犯罪的病根,更遑论根据病根寻求切实解决的办法。这种监狱处置不当的后果是,犯人在刑满释放以后,回到原来的环境,还是照常去犯罪,并且由于在监狱内结识了同道中人,相互讨论交流犯罪经验心得,形成习惯犯罪的恶性循环。③ 严景耀的分析对于治理犯罪无疑提出了一条个性化的教诲方式,他能够提出这样的意见,对于当时监狱制度的完善指导作用极大。

---

① 严景耀:《北京犯罪之社会分析》,《严景耀论文集》,开明出版社 1995 年版,第 37 页。
② 严景耀:《北京犯罪之社会分析》,《严景耀论文集》,开明出版社 1995 年版,第 37 页。
③ 严景耀:《北京犯罪之社会分析》,《严景耀论文集》,开明出版社 1995 年版,第 37 页。

（九）个体性格的原因

除了上述犯罪原因外，严景耀还注意到了犯人性格与犯罪的关系问题，认为犯人的性格是犯罪的一个重大原因。严景耀进一步指出，生存在竞争非常激烈的北京社会里，免不了有困难和失败的危机，倘若一遇困难便退却、一见失败便绝望，则社会上没有一个人不被淘汰。严景耀发现，有许多人犯法，实因对于自己没有深刻的信仰，缺少勇往直前、百折不回的精神，遇艰难即吁天怨命，立刻失望，甘心受环境支配，自然很容易流入歧途。[①] 严景耀还发现，犯人中有十分之九的人是信佛教的，严景耀曾问他们为什么信佛教，大多的回答是"因为家里信佛"，或"求老天爷保佑"，佛教并未给他们生活上、精神上多少帮助，他们的目的是"得过一日，且过一日"，无所谓希望，更无所谓理想，显示出一种"奴隶性"。他们并不是不会努力，犯罪以后，也并不是不会改悔，原因就在于，他们缺乏信心，他们没有热忱，不会继续不断地努力，改悔了以后，又缺少刚强的毅力，去永久保存着已改的态度。严景耀最后强调了对不同性格犯人的应对之策，我们应对天性狡猾而好作伪的，无赖而喜游惰的，或欲望过奢的，或专务虚荣的，或粗暴而易怒的，或残酷而阴险的，或疏狂放荡易生过失的，或热心功名有不以犯罪为意的种种性格给予高度关注，每一种性格皆为犯罪之重大原因。[②]

九、关于犯罪的责任与损失

（一）关于犯罪的责任

探讨了犯罪原因之后，严景耀又注意到了犯罪的责任与损失问题，即犯人走上犯罪的道路除了犯罪人自身负有一定责任之外，还有谁应为犯罪人犯罪负责呢？当然毫无疑问，犯罪肯定会有负面效应的，而这些负面效应所带来的损失又有哪些本质的体现呢？对此问题，严景耀认为，法律上以及一般人的观念认为，犯错者自然要受到法庭的裁判而被惩罚，因为"一人做事一人当"，犯人当完全自己负他们各自行为上的责任。但是严景耀对于这种一般人的看法提出了质疑，认为犯人犯罪并不是全部的归根于法

---

① 严景耀：《北京犯罪之社会分析》，《严景耀论文集》，开明出版社 1995 年版，第 38 页。

② 严景耀：《北京犯罪之社会分析》，《严景耀论文集》，开明出版社 1995 年版，第 38 页。

律是怎么规定,或者说犯人应该为法律负责,因为犯人之所以会以身试法,铤而走险,冒着生命可能被剥夺、自由可能被限制的危险去犯罪,还是与其所在的社会密切关联。严景耀指出:"我们就知道近几年来,北京有四分之三的人民是过着一无所有的穷人生活,天灾使食料的供给减少,兵祸使交通阻碍,营业萧条。贫民在这种差不多快饿死的艰难生活里,丝毫得不着一点保护和救济,但是纳税的责任是要负担的(其实这并不是只有北京如此),因为他们的唯一义务是纳税,他们唯一的权利也是纳税——纳他们梦想不到的各种苛税——而他们失业,贫穷,无教育,遭水旱灾及兵祸,是他们'命该如此',无人过问的。他们自己也是这样想、这样怨,对于这种'活该'的遭遇。"①由此,严景耀提出了"反社会行为"。其实在当时的法律体系下,就是被认为是犯罪,但严景耀认为,在这种环境下的所谓犯罪实际上就是一种反社会的行为。他们为什么会反社会?因为他们被逼得"走投无路"了。这里似乎有些"官逼民反"的味道。"至于他们为什么被挤到犯罪的道上去那可不容易明白了。是的,为保护社会安宁和利益起见,非用相当方法,处置他们不可,不过用铁面无私专治平民的,只管目前事实不顾事前成因的法律去惩罚这种变态社会中的牺牲者,以为制裁犯罪的方法,是否公平?而将这种'犯人'——社会恶毒的结晶品——视为社会的'败类'而幽禁起来,而让发生犯罪的渊源的社会因循如旧,不加改良,是否是根本办法?"②由此,我们也感受到了严景耀对于当时社会统治者的指责,这种看法何等的透彻,这种言告又是何等的尖锐。这体现了一位学者的良知,体现了一位学者的批判精神,这种精神对我们后辈学者也起到了很好的启迪勉励作用。

(二)关于犯罪的损失

犯罪的负面效应所带来的损失何在?严景耀把犯罪的损失总结为时间损失、经济损失、生命损失等三个方面:

第一,时间损失。根据严景耀的监狱调查,大多数囚犯正是浓郁朗朗、方兴未艾的少年,非但不能有用于社会,反而作为社会的败类,拘禁到监狱里,消磨宝贵的光阴。据他计算,每人平均在看守所候审以及在监狱里执

---

① 严景耀:《北京犯罪之社会分析》,《严景耀论文集》,开明出版社 1995 年版,第 39 页。

② 严景耀:《北京犯罪之社会分析》,《严景耀论文集》,开明出版社 1995 年版,第 39 页。

行徒刑,统计起来,约有一年零八个月,约计六百零六日。按照当年的少年犯罪人数合计起来,要损失一百五十多万日的工作。① 由此,我们可以看出当时犯罪给社会带来的负面效应如此之大,更何况,严景耀所处的那个时代,损失一百五十多万日的工作对于当时社会意味着什么,显然会直接影响到社会的向前发展。

第二,经济损失。严景耀感叹道,讲到经济损失,更是算不清楚的事情。据严景耀调查,北京的罪犯有 80% 以上是犯经济罪,而且每人被发觉之先,绝不是只犯一次罪。1916 年一年中有 1982 人以上犯经济罪的,那么被侵犯者的人数至少有 1982 人。可惜每人平均侵犯经济的价值没法估计,并且经济的估价,在被侵犯者的眼光看来,又往往与社会公共标准不同。倘若将被侵犯者所损失的财产,及其因受损失而生的恶果,一一统计起来,不知道如何去算。②

第三,生命损失。至于生命损失又不知道从何算起,严景耀感叹道。当犯人在监狱的时候,他们的家庭里所受的经济以及精神上的损失,不能去计算。当犯人出狱后,因为受过刑罚,社会对他们的评价也就大不一样了,他们会受到轻视和鄙弃,谋生自新的机会自然就少了。普通人在社会上谋事已经是很困难,更何况是一个曾披过"刑罚外衣"的人呢？结果是可想而知的了。

十、关于犯罪的救济与预防的方法

分析了犯罪的现象和原因之后,严景耀提出犯罪救济和预防的方法。

(一)关于犯罪的救济

1. 监内之处理。严景耀认为,犯罪就是社会的一大疾病,犯人就是社会的病者,而监狱当然就是社会的医院,对于已经犯罪的病者当然须极力设法医治,以免犯人出监的时候,遗毒尚未去尽,致有旧病复发,且广为传染的危险。因此,严景耀建议监狱内应当设社会服务部。社会服务部的职责就在于犯人入监以后,即用个案方法研究其犯罪的原因,观察其个人性格,探访其在社会上所处之环境等,最后按诊断而加以处理,补个人之不

---

① 严景耀:《北京犯罪之社会分析》,《严景耀论文集》,开明出版社 1995 年版,第 40 页。

② 严景耀:《北京犯罪之社会分析》,《严景耀论文集》,开明出版社 1995 年版,第 40 页。

足,利用监禁日期,极力训练补救。① 严景耀还认为,能够担当这种职责的人就是个案专家以及教诲师,并且二者缺一不可。同时,严景耀提出,要使犯人在监内生活养成公民精神,如自立、自治、互助、快乐等,培养其健康的人格、高尚的理想、自制的能力以及勤勉的习惯。而承担这些重任的就在于监狱管理员身上。

2. 出监后之保护。严景耀认为,犯人出监,多遭社会之轻视与反感,因而再谋职业显得非常困难,因此要专门设立机关加以保护与指导,根据出狱犯人的个人所长为其介绍工作,使其能够安居乐业。这样的话,出狱犯人一方面在监内既有受相当训练,培养健康的性格,另一方面出狱后又受正当保护,自然就不会受恶劣环境逼迫,那么沦为习惯犯和职业犯的几率就少得多。

3. 施行不定期刑。在严景耀看来,刑罚的目的在于感化与防卫,而施行刑罚的轻重,以犯人恶性之浅深为标准,但犯人究竟至何时期,能完全被感化及补足以前的缺憾,实不可预定。因此最妥善的办法,莫如以刑期之长短伸缩之权交给监狱,使其酌量处置。②

(二)关于犯罪的预防方法

关于预防犯罪的方法,严景耀总结出了十四条,涉及社会生活的方方面面,认为这些是杜绝犯罪的方法,使社会可以永远安宁。但他同时强调,这些方法不可能是一蹴而就的,需要全社会人民的共同努力和长时间的奋斗。具体的预防方法如下:

1. 发达实业,开辟富源,同时使实业贫民多有谋生之路。

2. 设职业介绍所,及贫民借本处,为日暮途穷无处投奔者设法。

3. 利用科学方法,发展农业,并借以避免水旱之灾。

4. 改良救贫事业,培植社会服务专家,且须组织精密,于适当时机,给贫民以必要之援助,排除以慈善为名的滥施衣食,杜绝养成惰民的机会。

5. 设立乡村信用合作社,提倡合作运动。

6. 发展平民教育、公民教育及职业教育,使人民有专门技能,易于适应环境。

---

① 严景耀:《北京犯罪之社会分析》,《严景耀论文集》,开明出版社 1995 年版,第 41 页。
② 严景耀:《北京犯罪之社会分析》,《严景耀论文集》,开明出版社 1995 年版,第 41—43 页。

7. 提倡医病储金、灾害保险、老废救护及贫儿保护。

8. 改良政治,停止战争,促进和平,减少苛税及发展交通。

9. 提倡卫生,改良贫民生活,减少疾病。

10. 加高工价,使与物价并增。

11. 提倡宗教生活,使人人获得精神上的修养,具高尚的理想、坚毅的信仰、深厚的热忱,及百折不回的勇气。一方面不致完全被恶劣环境支配而淘汰,使绝望而灰心,一方面借以制恶劣个性,培养坚健人格。

12. 发展儿童的社会化的人格,使心身发达,适应一生环境,而为有用的国民。

13. 组织精良警察,使充满忠诚的观念,富于自己牺牲的精神,能奋不顾身,搜查犯罪,且须有科学的专门训练,而无欠薪积弊,则人民虽有犯罪动机,亦不敢轻易尝试。

14. 养成民众健全的法律观念,使有尊重正义、除恶务尽的精神,不独使自知尊重国家法纪,即他人有干犯的,亦认为社会的痛苦,与己身有密切关系,立刻告诉告发,以迅速的手段协助警察。则不但犯人不敢在正义面前任意犯禁,并且使之无寸隙可乘,故其效力较警察及审判机关为更大。然此种为公的精神,亦我国国民性中特别缺乏的一点。①

在京师第一监狱的铁窗生活,使严景耀对北京犯罪的社会分析有了常人难以企及的独到见地,引起了社会广泛的关注,也奠定了严景耀在中国犯罪学领域研究的学术地位。可以说,《北京犯罪之社会分析》是严景耀关于犯罪问题研究的开山之作;它也是一面窗口,从中可以透视当时北京犯罪现象乃至中国社会问题的特点和本质。

第二节　关注中国监狱问题

1928 年,严景耀以优异的成绩从燕京大学社会学系本科毕业,获得社会学学士学位,并接着在研究院攻读硕士学位,继续犯罪社会学领域的研究。在犯罪社会学的问题研究上,严景耀没有因为发表《北京犯罪之社会

---

①　严景耀:《北京犯罪之社会分析》,《严景耀论文集》,开明出版社 1995 年版,第 43—44 页。

分析》而就此收手,他的铁窗生活的价值也没有止步于此。他以在京师第一监狱累积的大量素材为基础,开始专门关注中国的监狱问题,思考的视野由北京转向全国,目的是为当时中国监狱改良建言献策。同时,在京师第一监狱的调查也使严景耀认识到,光凭北京一个城市的监狱的调研成果,是难以说明中国整个社会的犯罪情况的,于是他萌生了采集不同城市的资料进行比较研究的想法。他说:"对不同城市的犯罪应作比较研究。这样的研究可达到两个目的:第一,它可以回答为什么同样性质的不同城市有不同的犯罪性质和不同的犯罪率的问题。例如,在南昌犯杀人及斗殴罪者最多,东北的土匪问题如此严重,山西的鸦片烟贩运案如此突出。什么原因?只有全面地、细致地调查各个不同城市与其社会环境的关系才能回答这一问题。第二,对不同城市犯罪问题的比较研究可以有助于中国犯罪的发展史的了解。"①这种比较研究的思路进一步开阔了严景耀的学术研究视野。

也正是在这个时候,中央研究院社会科学研究所与燕京大学社会学系合作,调查全国监狱的情况,因为有监狱调研的经验和基础,严景耀自然就成了该项工作的实际牵头人。于是从1928年暑假开始,严景耀率领燕京大学社会学系的学生先后到河北、山西、河南、湖北、江西、安徽、江苏、浙江等省20个城市的监狱,调查犯人及监狱管理情况,与学生一起收集各种犯罪类型个案资料,绘制统计图表。在深入各地监狱展开的广泛调研中,仅他自己一个人就积累了300余件个案资料和大量图表。通过各地调查,使他对当时中国的监狱管理和犯罪状况作了深入的考察,同时也使他对当时中国社会有了更深刻的认识和了解。这次调研的一个重要成果当数《中国监狱问题》一文。在这篇文章里,他对监狱问题的揭示以及对监狱治理的出谋划策无疑是开创性的,对于现今的监狱治理也具有一定的指导或启发意义。

一、监狱的功能

在关于监狱对犯人的功能认识上,严景耀首先罗列了社会上的普遍看法:"社会一般人民,对于犯罪都非常注意,而对于犯人的处置却漠不关心。

---

① 　严景耀:《中国的犯罪问题与社会变迁的关系》,北京大学出版社1986年版,第212—213页。

普通心理，以为只要犯人被捕，审判确定，送入监狱执行以后，问题便可解决，都以为这样可以铲除人群败类，使社会安宁。而犯人在监内幽禁着，很少人去看他们，监狱或许设在我们人群中间，而我们或许常过其门，但是入其门的机会却特别少，所以里面情形到底怎样，很少人能够了解，对于刑罚学处置的方法也很少人能够懂得。犯人入监以后，社会人群就会忘却他们，因为入了监，就看不见，也得不到一点消息，自然想不到了。何况普通人都以受刑是为社会报复，报复以后，便以为问题已经解决，当然漠不关心。所以要想公众注意监狱问题，实是一个很难的问题。"①针对这一认识，严景耀指出了社会上一般人们存在的观念偏差，因为关在监狱里的犯人，除了被判处死刑和无期徒刑以外，都是要走出监狱，回到社会中去生活的。这一类人在监狱如果没有得到很好的改造的话，回到社会还是祸患无穷。所以，犯人在监狱的改造也就显得特别重要。正如他所说的："社会应当注意到监狱究竟如何处置犯人，这种处置对于犯人的生活有何种影响，他到底在那里是学习如何做好国民？还是从同辈中学习犯罪？他出监的时候是想与社会合作，努力自新？还是欲反对社会？他到底受过公民的训练没有？是否能靠他在监里新学会的手艺去谋他忠实的生活？倘若能达到改化犯人的目的，社会自然获益匪浅。"②如此一来，对于犯人的改造小到能够实现改邪归正，大到关系社会安宁和发展。

　　然而，严景耀关注中国监狱问题的目的，不只是让社会大众认识监狱的功能，而是要突出调研当时中国监狱存在的问题，寻求解决问题的方法。他在《中国监狱问题》一文中写道："本文所讨论的和批评的，乃中国监狱制度，期能为中国监狱界进一言，以作改良监狱之参考。"在广泛调查的基础上，严景耀指出监狱在管理上存在的一些问题。他说，犯罪管理学——改造犯人的管理制度、措施和方法，是通过监狱管理改造犯人的思想，以促其转化的一门社会科学。监狱管理的对象，是作为社会消极因素和破坏因素的罪犯，较之其他管理部门具有更大的复杂性。严景耀认为，监狱是社会医院，犯罪是社会的疾病，犯人是社会的病者，对犯罪病人须对症医疗。然而目前监狱的管理官僚化严重，监狱管理人员把监狱视为官衙门，而不是社会医院，监狱对犯人施行刑罚主义、奴隶主义，对犯人施行划一的处理方

---

①　严景耀：《中国监狱问题》，《严景耀论文集》，开明出版社 1995 年版，第 45 页。

②　严景耀：《中国监狱问题》，《严景耀论文集》，开明出版社 1995 年版，第 45—46 页。

法是必须改革的。

二、监狱的问题

在直面监狱的问题上,严景耀又将之分为监狱的行政问题,监狱的作业问题,监狱的卫生、教诲及教育等问题。

(一)关于监狱的行政问题

代表监狱行政与犯人发生直接关系的是看守。看守本应由接受专门训练的人来充任,但是严景耀指出,现实的情况是由于监狱的待遇差,招不到专门的看守人才。严景耀在这里解释了为何招不到看守的原因。主要问题在于看守的待遇极差。报酬每月从 8 元到 14 元,这是民国元年即1912 年司法部规定的。虽然到现在已过了 17 年,在这 17 年中生活费已增加一倍以上,而看守的薪水却依旧,并且他们的薪水,不能每月发给,现在有的监狱已有 6 个月领不到薪水的。倘若他们告辞,或者被开除,他们的欠薪也因之一同告辞,或被开除,绝不再发。作者在京师监狱的时候,见一个被开除的看守的妻子,领了两个衣服很破的孩子,在监门啼哭着要求见一见典狱长,希望能领她丈夫 6 个月的欠薪。严景耀回忆道:当时我注意她的时候,她已在监门口立了 3 天了,但是仍旧见不着高高在上的典狱长。我对她十分同情,便回头和衙门的看守说:"无理地拒绝这位妇人的要求,让她在这里啼哭了 3 天,仍旧还见不着典狱长,这是多么无人道啊!"他很镇静地回答我说:"我们看守的妻子,当每月领不到薪水,无法购买生活上必需品的时候,也是一样地在那里啼哭,在这种境况之下,我们有什么法子呢?"自然,我们绝不能盼望有专门训练的看守,在只有普通佣工的而且常无把握的薪水之下,对监狱能尽他们应尽的责任而生活着。所以结果有专门才能的看守不愿在这样非人道的待遇之下过生活,而都另谋生计去了,所剩下的都是一无所知的,完全不会负责任的,而无处可去的人。有的连简短报告都写不清楚,有的写自己姓名都很费力,那么在这种情形之下,我们如何能盼望"看守为犯人的模范而实行纪律"去管理和改化犯人呢?① 因为没有得力的看守,于是监狱弊端百出。严景耀写道:

一九二七年夏天调查河北省监狱的时候,看见有一个监狱的工厂

---

① 严景耀:《中国监狱问题》,《严景耀论文集》,开明出版社 1995 年版,第 48—49 页。

里,有许多犯人上身不穿衣服,与平常在街上的工人们一样。陪我参观的,先从门洞里窥见了,便大嚷一声:"有参观!"我因被好奇心冲动,也决意由门洞窥看一下。虽然陪我的人想阻止我,结果我看见全工厂的犯人,都在那里忙着穿衣服,并且很不自然地装起做工的样子来。等到都装好了,管工厂的看守,才开门让我参观他们所装的样子。我当时觉得监狱的管理实在太不像话了,可是一九二八年暑假到各省调查的时候,才知道这是普遍的现象,并且还看见工厂中管理囚犯的看守们也有在勤务上脱下制服的,也有在勤务上坐在旁边睡的!①

面对弊端丛生的监狱管理现象,严景耀抓住了问题的症结所在,监狱管理的责任不在看守那里,问题就出现在典狱长的身上。用严景耀的话来说:"监狱办理得不善的责任,并不在看守肩上,那在于监狱长官。目前中国监狱界领袖人物,大多不懂得如何治狱,所懂得的就是如何做官。有的典狱长到每天下午四点以后,才到衙门里来,看看公事,或者派人将公事送到公馆里去看,他不到监房工场里去,对囚犯是始终无缘见面的,因为他治狱的目的,并不在犯人,而在司法长官,所以报告的呈文中,对于感化犯人的事情,却说得天花乱坠,好像他终日废寝忘食地为犯人计算,实在他'醉翁之意不在酒',所计算的是司法高级长官的心理,希望能常信托他,能使他地位稳固就是了。"②严景耀进一步指出,监狱长官们日夜所忧虑的大多是每月拿不到钱,极少顾及感化犯人的问题,因为犯人被感化与否,是无人过问的,出监以后的行为,也和自己没有多大关系。

严景耀提出,要提高监狱管理人才的综合素质,一方面要坚决除去监狱管理中的官僚化问题,另一方面监狱管理人员应当职业化。他认为,没有接受过专门训练的人,无论如何不能担任治狱的重任。同时,监狱管理中还要矫正监狱"刑罚主义"的观念。在严景耀的调研中,有这样一段记录:"中国改良监狱运动,已有近二十年的历史,新式的监狱,也已有七十多所了,可是对于监狱的观念,却还脱不了刑罚主义。有一天,我因为在监要想送一个期满的儿童再犯到感化学校去,商诸典狱长,并讨论到再犯问题,他对我说:'我主张一入监狱,应当让他们去苦,使他们知道到监狱是可怕

---

① 严景耀:《中国监狱问题》,《严景耀论文集》,开明出版社1995年版,第49页。

② 严景耀:《中国监狱问题》,《严景耀论文集》,开明出版社1995年版,第50页。

的,于是他们就不敢再犯罪了。'"①这就是当时中国监狱界主要管理人员的信仰和言论,好像用"刑罚"是监狱职员唯一的职责所在。

从这里我们可以看出,对于犯人的改造,应当破除监狱惩罚主义的观念,对在监狱的犯人要进行彻底的教育,使其改过自新,成为对社会有用的人,才是监狱应该发挥的功能。这也正是严景耀所主张的:监狱就是犯人的医院,而医院的责任就是把"病人"的病疾根除。

(二)关于监狱的作业问题

中国传统的旧式监狱,都是要求犯人呆坐在牢房里,整天无所事事。到了民国新式监狱成立以后,从监狱理论上来说,都是要求犯人工作。工作的好处有两点:一是可以通过苦役来整顿监狱的纪律;二是教犯人一定的工作技术,使其日后出监有谋生之技,不致再游手好闲,日后给社会留下祸患。这也是基于犯人的实际情况考虑:因为犯人们大多数来自底层社会,都是缺乏教育,没有相当的手艺。但是从监狱管理的成效方面来讲,目前监狱工作,有许多令人不满意的地方,监狱人犯差不多都能做工,不见得有不能适应的地方,与常人基本上没有什么分别,那么工作的成绩,从理论上来说,当然很可观的。② 然而,据严景耀在各省调查的数据显示,结果却是出乎人的意料:有的所谓"新式监狱",并没有与旧监狱有什么区别,囚犯依然上了手铐脚镣,幽禁在监房里,过着被强迫的懒怠生活,有的终日则被关在大杂居监里,甚至滋事生非,监狱方面压根儿没有为他们的工作打算。当被问起为何不通过办工厂训练犯人工作能力的理由,各省监狱的回应基本上都是一致的,即都以没钱作答。

透过监狱作业问题的各种现象,严景耀将中国监狱作业问题的原因归纳为以下几个方面:

第一,监狱作业失败最大的原因,是监狱的管理者和职员没有营业的专门知识,他们脱不了官僚的恶习,常摆着老爷的架子,不会跑到外面拉拢营业,不知道社会商业的心理。

第二,政府各机关不能合作,也使监狱工作减少,因为倘若政府各机关将所有的文件用具印刷品等等,都由监狱供给,则监狱有这样大的出路,工

---

① 严景耀:《中国监狱问题》,《严景耀论文集》,开明出版社 1995 年版,第 53 页。

② 严景耀:《中国监狱问题》,《严景耀论文集》,开明出版社 1995 年版,第 55 页。

作自然可以增加。可惜购买各机关需要品的人员，不愿意与监狱交易，因为在平常铺子里交易，可以有回扣，可以报虚账，这是普通常例，各铺子莫不乐从而保守秘密的。

第三，监狱不使人犯有选择工作的机会，并且也常不按他们的才能分配，专依管理员自由分配，使许多犯人因对工作没有兴趣而无良好效果，其出产数量自然减少。

第四，还有犯人工作，不能常有改进的机会，也是缺乏效果的原因之一。并且指导犯人工作的工师，常不尽指导的责任，有的工作老是没有人指导，只要能敷衍过去就行，所以犯人对于工作也就没有什么进步。

第五，监狱里对于作业没有充足的资本，而作业因之不能发展，并且常因没有经费，不能支持。①

工资问题，也是监狱作业中很难解决的一个问题。中国监狱内不存在犯人作业的工资制度，倘若犯人在监狱内工作勤勉，品行良善，可得作业赏金每月至多 3 元，但是能得到赏金的为数极少。严景耀认为，监狱对于所有能做工的囚犯应当给他们与工作业绩相当的工资。然而，根据中国当时的情形，要给犯人发工资而同时不增加国家的负担，是很难实现的，除非能够将监狱犯人的工作办理得有相当的成绩，通过创收的经费加以解决工资的支出。尽管监狱作业问题在现实中困难重重，严景耀仍然强调，要达到为犯人解决上进问题，监狱作业非设法早日实行不可。

中国监狱人犯入狱前的职业基本上都是以农业生活为主。这并不是说农民容易犯罪，因为中国传统社会是典型的农业社会，农民占人口的绝大多数。所以监狱应当特别注意在农业问题上解决犯人的作业问题，在监狱方面看来，正可利用农民人才，发展各种粮食蔬菜的生产，供给犯人消耗，农产品倘若有多余的话，可以供给社会。有的监狱所食蔬菜，皆犯人自种，觉得非常经济，倘若连粮食自备，一定更为经济。在犯人方面看来，他们本以农业为生，倘若能在监内仍继续操持旧业并能得农业指导员随时指导，获得相当农业知识，则可精益求精。他日出监，再回家种地，可因其农业知识增进而增加收入，这也是救济犯罪的一大良策。还有从犯人工作方面看，从事农业常在野外工作，从工作环境上来讲较工场手工业卫生许多，而且有的人的智力不能学习精巧的手工业技术，农业可为他们职业的训

① 严景耀：《中国监狱问题》，《严景耀论文集》，开明出版社 1995 年版，第 56—58 页。

练,而他们经过充分的农业技能的训练,他日出监后对于他们的谋生问题是很有帮助的。① 由此,我们可以看出严景耀实事求是的分析问题思路,即监狱作业应当从犯人们实际情况出发,即在当时的中国应当以农业生产为主。

(三)关于监狱的卫生、教诲及教育等问题

监狱的卫生问题关系重大,因当时各省监狱为应对法权调查委员会的检查,监狱的清洁工作都做得不错,严景耀调查发现也有同感。但严景耀没有仅仅停留在表面的卫生上,而是更加关注监狱的医疗卫生问题。他认为当时监狱普遍不重视医疗卫生,这是监狱在卫生问题上的一个根本缺点。在监内任医官的,很少具有新的科学医学知识,大多是自欺欺人的旧式中医,对于犯人的疾病多取敷衍的态度。还有最不幸的是监狱没有专门的钱用来为犯人买药治病,即使偶尔为犯人配药,也是配得很差的药,犯人看医生实际上是形同虚设。"倘若有贱一点的药,能够代替,就用较贱的药品;倘若没有代替的,就不给药品。所以犯人请求见大夫,他们有时只能见一见大夫为止。因为见了以后,依然无药医治。"②

监狱的教诲和教育问题,对于犯人改过自新起着非常重要的作用,而实际上,却难以物色到合格的教诲师。没有专业的人才对犯人进行教诲,监狱的教诲问题自然起不到应有的作用。正如严景耀所说的:"可是监内有施行教育的,实在很少,就是有了也不过拿着一本《千字文》敷衍过去,就算了事,其实监狱教诲与教育却是专门的学业。现在中国绝对没有这种专门训练的人才,凭你如何提倡,是无济于事的。"③由此我们可以看出,当时中国监狱存在的教诲教育问题着实令人担忧。

四、监狱改革

以上所述的三大问题都涉及中国监狱改良的根本性问题,严景耀在全国监狱展开的调研活动,实际上是为监狱问题把脉,然后对症下药,给当时监狱存在的这些问题开具良方,从而提出一系列的改良建议:

第一,国家应建立更多的新式监狱,取代落后陈旧的旧监狱。当时中

---

① 严景耀:《中国监狱问题》,《严景耀论文集》,开明出版社 1995 年版,第 60 页。
② 严景耀:《中国监狱问题》,《严景耀论文集》,开明出版社 1995 年版,第 63 页。
③ 严景耀:《中国监狱问题》,《严景耀论文集》,开明出版社 1995 年版,第 66 页。

国新旧监狱的数量对比上,旧式监狱的数量远远超过新式监狱。严景耀提出应当在最短时间内极力扩充新式监狱的数目,以期消灭数千年遗传下来惨无人道的旧式监狱。① 他进一步指出,新式监狱不能只停留在形式上对旧监狱的更新,而应从精神实质上焕然一新。监狱不能凭着主观好恶对犯人施行法外之刑,监狱对犯人的管理应着重感化教育而不是单纯的幽禁。犯人进入监狱后,没有外出的自由,就是对犯人的一种刑罚,监狱无权对犯人施行其他刑罚。例如犯人在劳动时,监狱方面给他脚上带着笨重的铁链作为刑罚,这是非法的,是违反人道主义的。但是,"目前新式监狱,仍脱不了旧时的报复主义与刑罚主义。监狱制度中有许多违背人道的与处置不当的地方,因为这二十来年的改良新式监狱的最大原动力,是要收回领事裁判权,造了新式监狱,给外人看的。所注意而能实行到的,仅在物质方面,稍有成效,并没有理会到对于人道主义的问题。在精神方面努力,更没有为中国犯罪的同胞们着想。"② 从中我们可以看出,在新旧监狱的问题上,严景耀的理念是,新监狱的扩充不仅仅单纯停留在数量上增加,同时更要注重监狱教育感化功能的发挥和人道主义的落实。

第二,新式监狱要设立社会服务部。监狱对犯人不能采用僵化单一的处理方法,而应代之以个案调查方法。犯人入监后,监狱管理者通过和犯人个别谈话,了解他们的思想、心理、身体,以及犯罪的原因和过程,同时要访问调查犯人的社会环境,犯人的家庭、邻居、工作单位及亲友等,根据这些调查材料分析研究其犯罪原因,给予相应的处理,即对症下药。要重视犯人在狱中的教育问题,利用教育的办法将犯人反社会的态度扭转过来。严景耀提出监狱生活的每一方面,都要含有教育的意义,都要设法为犯人出监适应社会的问题着想,不然,便不容易达到改化的目的。③ 监狱还要做好犯人出狱后的假释工作。犯人出狱后的假释书与医院医生对病人的诊断书以及学校对学生学习的证明书相同。犯人出狱时间不能事前作出定案,正如医生不能事先确定病人出院时间一样。许多人之所以犯罪是因遭受社会危机和个人危机,如内战、灾荒、失业、贫穷等,出狱后多遭受社会的歧视,监狱要安排他们就业,以免他们再走上犯罪道路。这些问题都需要

---

① 严景耀:《中国监狱问题》,《严景耀论文集》,开明出版社 1995 年版,第 76 页。

② 严景耀:《中国监狱问题》,《严景耀论文集》,开明出版社 1995 年版,第 76 页。

③ 严景耀:《北平监狱教诲与教育》,《严景耀论文集》,开明出版社 1995 年版,第 102—103 页。

新设立的社会服务部加以研究解决。

第三,新式监狱的管理者,尤其是典狱长要去除官僚主义作风,踏踏实实地安下心来将监狱办好管理好。严景耀一针见血地道出了当时中国监狱管理者令人担忧的问题:"新式监狱官员们,太官僚化,他们对于监狱的所有兴趣,是个人的地位,并非犯人的幸福与改化。他们视监狱为衙门,不是社会的医院,他们对于司法部颁布的监狱规则,能看过一遍的已不可多得了。对于犯人犯罪的原因一点不了解,处置犯人多用划一的方法,他们的责任就是犯人跑不了,不变死就算了事。他们目前的成绩就是幽禁,并非改化。所以目前所谓新式监狱,其实也都是犯罪学校。"①严景耀强调,监狱存在的官僚主义作风,非进行一番彻底的改革不可。

第四,改革监狱管理体制,培养高素质的监狱管理人才,使他们将监狱管理视为自己的终身职业,作为人生的事业来做。监狱不仅对犯人执行惩罚,还负有教育犯人、改造犯人思想品德的任务。犯罪管理学是一门涉及犯罪学、社会学、法学、心理学、伦理学及行政管理学的综合性学问。监狱的教育人员、管理人员对犯人应具有同情、热诚的感情。现在监狱管理人员缺乏专业训练,把监狱作为官僚进入司法界的晋身之阶。"他们缺乏专门的训练,极少对于监狱事业视为终身职业的,他们不懂得监狱到底要如何改良。自从近一二十年前日本输入一点监狱知识以来,直到目前,没有将别国的监狱最近学理与方法介绍进来,目前除几位受过专门训练以外,其余不是毫无知识的外行,便是仅有一点监狱管理经验的。在民国初年入过监狱学校及练习所的人们,他们所学的也不过是监狱管理而已,很少能自己专心深究学理,致有许多监狱界领袖们,虽极欲改良,无奈学识不足,力不从心。"②因此,严景耀认为,目前改良监狱,应当培养专门的监狱管理人才,加强他们的思想培训和业务训练,从而打破中国旧式监狱管理的传统思想,真正达到监狱改良的目的。

第五,改良监狱要和全社会联动起来。一方面,各省监狱要经常组织交流学习活动,互相借鉴优良的做法;另一方面,全国要成立监狱学会,作为监狱改良的统一组织联络部门,并刊出监狱杂志,给监狱改良作学术上的参考,同时唤起社会各界重视和支持国家的监狱改革运动。严景耀指

---

① 严景耀:《中国监狱问题》,《严景耀论文集》,开明出版社 1995 年版,第 76 页。
② 严景耀:《中国监狱问题》,《严景耀论文集》,开明出版社 1995 年版,第 76 页。

出："改良监狱果须专门人才，而社会对于监狱改良之信仰与援助，也极重要，否则孤掌难鸣，不易成功。且全国监狱，非联合办理，一致进行。目前中国各省监狱皆隶属于各省高等法院，全国无统一机关，以联络之，司法院对于各监狱不过传递公文而已。作者此次赴各省调查，各省监狱界，皆漠然不知邻省之监狱进行事务，即一省中偶有改良新计划，他省决无共同研究，借作参考之机会。故目前中国须组织全国监狱协会，将监狱界同志团结起来，群策群力，并与各国监狱协会联络，一致进行。且须刊印监狱杂志，借以输入各国监狱学识及进行方法，给目前中国监狱界学术上参考之机会。同时借杂志以唤起民众，打破传统的监狱观念，使对监狱发生信仰而予以热烈之援助，则监狱改良之成效，必既速且大。苟能努力进行，在监狱内部极力依世界最新之理想做去，以致有改化犯人之完美效果，在外面得社会之信仰与援助。则必有一日，监狱犯人出监之假释状，可与医生验病的证明书相同，可与职业学校的职业证书相并，可与大学所给的学位一样，因为监狱的工作，即是为国家将已不适合社会的人们，变为有用的人才。"①由此我们看到，推进监狱改良，实际上是一项需要全社会联动的系统工程，新式监狱的建设离不开社会各界的关心、支持与帮助。

第六，反对监狱对犯人进行刑讯逼供。严景耀在监狱进行调查中，了解到监狱对犯人实施"非刑种类，不胜枚举"。甚至有狱吏对犯人说："我们只有错办的，没有错放的，是铁也要把你磨亮了，何况你是皮肉作的。"针对这一落后的刑罚主义现象，严景耀提出了严厉的批评："我们在今天20世纪人道主义、证据主义的社会里，决不能允许如此残酷野蛮的制度有一点存在的余地。"刑讯逼供最直接的后果就是容易制造出大量的冤案错案，与司法的民主化和科学化背道而驰。严景耀反对刑讯逼供的观点，深刻地揭露了当时专横黑暗的司法制度，即使在今天看来，这一观点也是同样适用的，尤其是对一线办案人员来说是一个警世之钟，从而从根本上杜绝刑讯逼供的现象。

总的看来，在20世纪二三十年代之交的旧中国统治下，严景耀通过对监狱制度和监狱现状的深入调研，进而提出改革旧的监狱制度，实施新式的现代化监狱管理制度，这本身就是一件难能可贵而具非凡意义的事情。他对监狱问题的深刻洞察，以及所提出的改良监狱的对策，无论在当时还

---

① 严景耀:《中国监狱问题》,《严景耀论文集》,开明出版社1995年版,第76—77页。

是现如今看来,都具有远见卓识的眼光和高瞻远瞩的智慧。

第三节　监狱教诲与教育

现代社会,监狱不是将受刑人和社会隔离、加以惩罚的场所,而是陶冶受刑人心身,使他能够改过迁善,适于社会生活的学校和医院。[①] 在严景耀的监狱改革建议中,他尤其重视监狱的教诲、教育问题。我们从严景耀先生的相关著述来看,当时他对于监狱教诲与教育的现状表示出特别的担忧。因为一般来说,犯人并不会一辈子都幽禁在监狱里的,倘若刑期满了,必被释放而重入普通人群的社会。犯人经过改造能否改过自新? 能否成为社会有用的人? 如果答案是肯定的,那么,对于犯人在监狱里的教诲教育就显得极为关键。而且,这也是监狱应有的职能和应尽的职责。因为如果这个问题处理不好,不仅关系到监狱的失职,没有改造好的犯人出狱后,还会继续祸害社会,进一步影响社会的稳定。

一、教诲与教育的目的

什么是监狱教诲与教育呢? 两者之间又有什么区别呢? 严景耀认为,教诲与教育虽然只有一字之差,但它们在教养的要素系统里不但具有差异,而且联系紧密。因为,教化德性(即专重修养精神者),谓之教诲。启发理性(即专重训练智能者),谓之教育。智育德育为教养之要素,一日不能相离。从中我们可以看出,民国以来监狱教诲与教育的目的主要不外乎两个方面:一是如何做人,即培养犯人的道德情操;二是如何做事,要在监狱里学会谋生的技能,他日出狱后能成为社会有用的人。

二、教诲与教育的方法

要达到上述教诲与教育的目的,方法就显得特别重要。无论是教诲的方法,还是教育的方法,都是要建立在监狱负责教育的人才基础之上。严景耀指出,就目前监狱的注意点,还是在教诲师方面,虽然教诲师的工资比教师高出一倍以上,但是,教诲师与教师多没有受过专门训练,不知监狱中

---

① 　林纪东:《监狱学》,台湾三民书局 1977 年版,第 25 页。

应当如何教诲,如何教育,目前的责任,无非高兴了说几句不痛不痒的话。京师第一监狱的教诲师,每天上班至多来两个小时,来了也无非在教务所里谈天而已。京师第二监狱也是如此。① 由此,我们可以看出当时监狱治理人才的问题特别突出,监狱很难找到"使囹圄人犯皆能改过自新"的教诲师。严景耀还指出,监狱教诲并未有按照既定的时间来安排教诲,也就是监狱的教诲没有按照当时司法部的规定行事。

同时监狱的教材也是个问题。严景耀以京师第二监狱教材为例进行了说明。他认为,京师第二监狱以前呈司法部的底稿,大约是说"仁义道德"一类东西。但是目前教育教材,却是国民读本、新修身、千字课的东西,同时对于目前教育,监狱也从来没有注意到成效,也不会过问。一本平民千字课,教几个月的工夫,那是很自然的事了。严景耀还指出:"在第一监狱,教育方法有教育图说,是十六年编的,只有初级第一册第一编,以后就没有续编,内分十课,为孝亲,立志,敦品,知耻,改过,平和,诚实,正直,尚俭,借时等,每课有附图,不过用了不久便废去了。至于教诲用的讲稿,印得很多,分类别与集合两种,类别教诲是以犯同样罪者分类而教诲,集合是不分类别,集合大众人犯而教诲之。其类别教诲之讲稿题目,有《说仁》(诲杀人罪犯),《说义》(诲强盗罪),《说敬,说让,慎交游》(诲强盗罪),《因果浅说》(诲杀人罪)等。其讲义于教诲时分发于被教诲的人犯阅读,其实十有八九未曾读过书的,哪里能看得懂古文式的讲义。"②严景耀为了说明监狱教材的问题,引了一篇教诲教育强盗抢劫犯的《说义》篇,从中让我们也来直观感受一下当时所谓监狱教诲教育的材料。

说义(诲强盗罪)

韩文公曰:博爱之谓仁,行而宜之之谓义。故义者,宜也,无往而不不相宜者也。兄弟友爱谓之义,朋友互助谓之义,扶危济困谓之义,慷慨施与者谓之仗义疏财,代鸣不平者谓之仗义执言。义之为用至大,而其心至公,反之则为私为利。孔子曰:君子喻于义,小人喻于利。孟子曰:何必口利,亦有仁义而已。又告攘鸡者曰:如知其非义,斯速已矣。是明义与利之辨,而知义之不可不重,利之不可不审也。故孔子曰:见利思义。倘见利而忘

---

① 严景耀:《北平监狱教诲与教育》,《严景耀论文集》,开明出版社1995年版,第81页。
② 严景耀:《北平监狱教诲与教育》,《严景耀论文集》,开明出版社1995年版,第85页。

义,难免陷于罪戾。无论何种罪名,无非见利忘义所致。罪至于盗,盗曰强盗,是不义之其者矣。苟能思义,盗且不敢,况强盗乎? 凡人与人之关系,均有义也。家属、戚属、乡党、邻里,固当接之以义,即社会交际,亦无个当裁之以义,诚知义之不可忘,不但强盗杀伤之争不可为,即他人之一丝一粟,亦不能抢夺窃取而为伐有,或侵占诈骗而为我有,见人之儿女,我爱之不遑,何忍施诱拐之术,见人之妻女,我敬之不遑,何敢起淫邪之念? 故知有义,即知有礼,知有礼,则必不至于为非而人于罪恶。大凡罪恶之造成,都由于见利忘义,故不义之财,不可妄取。《礼记》有曰:临财者毋苟得,临难毋苟免。朱柏庐先生家训曰:莫贪意外之财。皆重义而轻利也。且利有尽而义无尽,因利而伤义,智不为也。能知义之足重,即知利之可轻,行一事以义度之,出一言以义权之,义可行则行,义可言则言,一切人与物文接之间,无不顾名思义,无不以义为制裁,自为人类所敬重,决不致再蹈法网。相传有义马、义犬、义猫等等,畜类尚知行义,岂可以人而不如畜类乎? 故人有舍生而取义者如忠孝节烈,皆是也。或曰:何以能知为义? 曰:义由仁而发,能知为仁之道,即可以知为义之道。大抵人情不甚相远,凡子吾之情有不适者,即非义,则适子人情为人情所甚愿者,即义也,所谓行而宜之之谓义也。[①]

从上面这段当时监狱教诲的材料来看,无疑是问题百出,最重要的一点就是,用晦涩难懂的封建礼义廉耻的说教来教育知识文化程度不高的犯人。正如严景耀指出,像这样的文章根本就不能拿来教育犯人的,却被专门呈司法部获批,登在《司法公报》,供各省监狱作教诲模范之用。因此,各监狱表现出来的实际情况是,教诲师在讲台上只不过读读两三分钟罢了,至于犯人是否理解其意,并不是他们所关心的问题。实际上这和监狱看守问题同一个道理,教诲师也都是图个安稳,拿点工资养家糊口罢了。由此我们可以看出,当时监狱的教诲教育问题是多么的令人担忧,然在实务界却无人直面和解决这些问题。

三、改良建议

对于当时监狱糟糕的教诲教育问题,严景耀在认清事实的基础上提出

---

① 严景耀:《北平监狱教诲与教育》,《严景耀论文集》,开明出版社 1995 年版,第 85—86 页。

了若干改良建议,为教育好犯人开出良方。

第一,"教诲"以增进囚犯德育为目的,是教育的一部分,目前专偏重"教诲",绝难收效,必与其他智育、体育共同发展乃可。已教诲之意,即含囚犯在德性方而必有缺憾而须受诲。严景耀认为,监狱的教诲不如并入教育,以去此武断,在教育内另辟德育一门,较为妥善。

第二,教育囚犯,先须用个案方法诊其智力个性程度以后,插入相当班级,其未在小学毕业,须必修与小学相当之课程,然后按其兴趣,授以各种职业训练。

第三,普通众人与反社会人们的分别,大多前者能看出他自己行为之社会意义与结果,而后者则不能。且无社会同情,专顾自己而不能为他人着想,故第一要义使之了解社会,了解他与社会的关系,使他理会对社会应尽的责任,使他看见对社会的意义,而愿意尽他应尽的责任。

第四,须注意犯人自由,讨论各种切实问题与道德观念。至于讨论的题目,当具体而确实,切不可高深渊博。

第五,各人智力不同,悟性各异,而年岁与背景之关系亦殊,尤要时刻注意。

第六,犯人是不能适应社会、缺乏公民训练的人们,所以在监的教育,当注意公民训练,并启发他求知的欲念,而使发生兴趣,勉力自进。

第七,教师应当有同情与热忱,且须有自制之能力,坚忍之信心,勿太严正,而犯人乐于与其为友。至于学识方面,对心理学、伦理学、社会学与教授法,及其所教的课程,须有充足的训练;而对于处事经验尤须丰富。不然。不足以了解犯人。教师当视监狱教育工作为终身事业,而非进身之阶。盖教育本非易事,监狱教育尤为困难。苟不如是,难以收效,目前之敷衍塞责、隔靴搔痒的教诲,不过自欺欺人罢了。

第八,倘若监内的教材不能满足囚犯智育的需要,当局应当为他们极力设法与监外专门学校或大学接洽,用函授方法,使研究所需要的专门学识。因为他们的自由虽已剥夺,而求知的机会,法律并未限制。故兴极力为之设法,以期有尽量发展而为有用公民之准备。

最后,严景耀对于监狱的教诲教育问题作了一个总结:他认为目前监狱教育的问题,差不多是一个"社会化"的问题。所谓的社会化就是一个将反社会的态度变为社会化的态度。如何转变态度,就是一个方法的问题——这就需要监狱教诲教育的功能。严景耀进一步强调教诲教育的方法,"变更态度的方法,厥惟使犯人多有接触,如读书写字,就是接触之一。但是专靠读书写字的教育是不够的,必要的有娱乐,演讲,讨论,讲道……等,以多其接触。故社会化的程序,是用课室,职业,训练,娱乐,宗教,图书,聚会,自治及作业……"①严景耀强调,监狱生活的每一个方面,都要有教育的意义,都要设法为因犯出监狱适应社会的问题着想,否则,就不会达到改造犯人的目的。②

第四节　关于《刑罚概论》与《犯罪概论》

一、批判刑罚功能的扭曲观念

刑罚是国家创制的、对犯罪分子适用的特殊制裁方法,是对犯罪分子某种利益的剥夺,并且表现出国家对犯罪分子及其行为的否定评价,并起到改造罪犯、保护社会和警醒世人的作用。刑罚与惩罚具有紧密不可分离的联系,这是一个众所周知的常识。在这个意义上说,惩罚是刑罚的题中应有之义。没有惩罚,就没有刑罚。刑罚的惩罚性,主要是通过对犯罪人的某种利益或者权利的剥夺而实现的。刑罚不仅是对犯罪人的一定权利和利益的剥夺,而且还表明国家对犯罪分子及其行为的否定的评价,并且从道义上谴责犯罪分子,这对于犯罪人以及其他人都寓有教育的意蕴。因此,教育也是刑罚的内在属性之一。教育作为刑罚的属性,在历史演变过程中,在各个时期的刑罚中所占的比重及其表现方式是有所不同的。在中国的蒙昧时代和西方的复仇时代,刑罚的惩罚性居于核心地位,刑罚的教育性是微乎其微的。

结合当时中国的犯罪情况,严景耀认为刑罚是违反法律所受到的最严厉的强制制裁,对于打击和预防犯罪是非常必要的,但是,刑罚也不是万能的,不能夸大刑罚的作用。他在《刑罚概论》中,首先针对刑罚的社会功能方面,指出了当时人们概念中存在的误区。

---

① 严景耀:《北平监狱教诲与教育》,《严景耀论文集》,开明出版社 1995 年版,第 102—103 页。

② 严景耀:《北平监狱教诲与教育》,《严景耀论文集》,开明出版社 1995 年版,第 89—90 页。

他指出,刑罚是对于破坏法律者的强制的制裁。在有组织的社会里,为了团体的生存与发展,社会制裁的确是不可少的工具。但普通民众对于刑罚的功能限定在报复的偏见中,认为刑罚的价值是很大的,可以制裁那些胡作非为、蔑视法律权威的犯罪分子。其实在普通民众心里,心理方面最大的目的,或许是对于犯罪者给以相当的报复。他们觉得犯人应当受社会所给他的相当的刑罚,因为他们反抗了社会的公约,便应当受相当的遭遇。但是社会常以制裁为目的,而不以为达到目的的方法,且常有过分的制裁,专为社会设想,而不顾及破坏社会秩序人们的利益,致因制裁过分而引起被制裁的反感,而拒绝社会的处置,或者甚至作更进一步的反社会的行为。①

严景耀进一步批判,一般人相信对于犯罪者所加的刑罚,可以威吓其他有犯罪可能性的人们,使之恐惧而不敢轻易尝试。"游街示众"或"枭首示众"的目的即在于此。于是刑罚趋严重,而对于受刑人的利益,更无暇顾及了。并且还有觉得处置犯法者之尊严,便可表示法律之尊严,而且在刑罚里可以表示社会对于犯人的仇恨。因为要合力攻击社会公敌——犯罪者,而社会的团结力与尊重法律的观念,便可借此发展。故刑罚在消极方面不但有威吓有犯罪可能性的人们,并且在积极方面,可以作为发展守法者的理想与态度。还有许多主张用刑罚的人们,以为刑罚可以变更犯人的行为。因为犯人受了刑罚,便觉得犯罪不上算,而发生恐惧,怕以后再受这样遭遇或者刑罚——特别是长期的监禁——可以破坏犯人已有的习惯,而不使再有表现的机会,期为社会合格分子,而收"改善"或"感化"的效果。②由此看来,刑罚的功能以及目的都是应当向社会宣传的,尤其是社会大众的一般观念需要矫正。

二、刑罚的消极性质

以上是严景耀列举并分析了当时社会上一般人关于刑罚功能的看法。而对于刑罚是否真的能够起到感化犯人和威吓犯人的作用,严景耀则持保留意见,相反,因刑罚带来的负面影响,却是不容忽视的。

严景耀认为,由刑罚所造成的许多流弊,已成为无可讳言的事实。刑罚往往使犯人怨恨社会,虽然受刑者的反响人各不同,但是犯人自己感觉

---

① 严景耀:《刑罚概论》,《严景耀论文集》,开明出版社 1995 年版,第 104 页。
② 严景耀:《刑罚概论》,《严景耀论文集》,开明出版社 1995 年版,第 104 页。

不仅国家的法官、警察、看守等仇恨他,而且社会一般人民也表示仇恨的态度,于是他也产生反感的情绪而怨恨社会。因为他受社会的排斥,他的人格便因之往往不能健全。而且因为他在社会难以恢复他相当的地位,于是不得不流落与习惯犯为伍,于是在受社会不齿的团体中讨生活,求安慰,而犯罪的知识因之增加,道德的观念因之薄弱,是非的标准便完全与普通社会不同了。有许多态度恶化的犯人,在同辈中感觉到以反抗社会的制裁为能。倘若他越闹得厉害,他的同辈越称赞他;倘若他越能忍受严重的刑罚,他的同辈越尊敬而颂扬他。这样刑罚的结果,如何能达到"感化"的目的?犯人们因为知道刑罚的严重,便想出种种逃避的方法,使犯了罪而不致受刑,于是他们便习为狡猾。目前社会所惩罚的人们,多是没有经验的犯人们,至于经验丰富的罪犯,早已预备着种种逃避的方法,不是使犯罪的暗藏,不易被发现与侦查,或者利用第三者以达到犯罪的目的,而感受不到社会为他们所预备的刑罚。①

在严景耀看来,刑罚是带有消极性质的,用刑罚来改造犯人不能够起到积极建设的效果。刑罚可使人恐惧,但要改造一个人的思想和人格,根本上不在于用恐惧的手段。社会处置犯罪所应起到的真正效果,不但要防止犯罪行为的再次发生,而且要使犯人不致自暴自弃,对社会产生反感从而脱离社会,甚至与社会为敌。要做到这些,光靠刑罚的作用是远远不及的。在这里我们通过严景耀的刑罚思想,也可以看出他对犯人改造的社会学思路。正如意大利犯罪学家菲利所言:"像惩罚这样一种单纯、千篇一律的措施,不足以治疗犯罪这种自然和社会的现象,因为犯罪本身有其自然和社会的原因。"②

三、谁为犯罪负责

一般认为,犯人应当为自己的犯罪行为承担全部的责任。而在严景耀看来,在当时的中国国情下,犯罪的原因也是一个重要的衡量因素,有些犯罪客观上是由社会因素造成的。所以严景耀对传统的"一人做事一人当"的观点提出异议。

这一异议也体现在他的《刑罚概论》一文中:"因为我们知道许多人民

---

① 严景耀:《刑罚概论》,《严景耀论文集》,开明出版社 1995 年版,第 105 页。

② 〔意〕菲利:《实证派犯罪学》,郭建安译,中国人民公安大学出版社 2004 年版,第206 页。

是过着一无所有的穷人生活,天灾使食料供给减少,兵祸使各地交通阻碍,营业萧条。贫民在这种差不多快饿死的艰难生活里,丝毫得不着一点保护和救济,但是纳税的责任是要负的,因为他们的唯一义务是纳税,他们的唯一权利也是纳税——纳他们梦想不到的各种苛税——而他们的心身缺憾,失业,贫穷,无教育,遭水旱灾及兵祸,是他们'命该如此'无人过问的。他们自己对于这种'活该'的遭遇,也是这样想,这样怨。他们犯罪是显而易见的反社会行为,至于他们为什么被挤到犯罪的道上去,那可不容易明白了。是的,为一时保护社会安宁和利益起见,非用相当方法处置他们不可,不过用铁面无私专治平民的,只管目前事实,不顾事前成因的法律去'惩罚'这种先天不足的及变态社会境况中的牺牲者,以为制裁犯罪的方法,是否公平?而将这种'犯人'——先天的摧残者,及社会恶毒的结晶品——视为社会的'败类'而幽禁起来,一方面让发生犯罪渊源的社会因循如旧,不加改良,心身缺憾的人们不加保护,是否是根本办法?这实是很值得注意和讨论的问题。"①

严景耀认为,以上这些原因引起的犯罪行为,国家应当负主要的责任。这是因为,造成犯罪的客观环境是国家造成的,作为国家应当对自己的国民负责,而犯人作为国家的一分子,不能因为其犯罪就弃之不顾。为此,国家也需要为犯罪行为担当相应的责任。既然国家要担当大部分的责任,就不能简单地用刑罚制裁犯人就算了事。因此,严景耀提出了对犯人要科学地个别处置思想:刑罚之目的本在于"感化与防卫",而施行刑罚的轻重,"以犯人恶性之浅深为标准",但是犯罪究竟至何时期,能完全被"感化"及补足以前的缺憾,绝不是幽禁一定时间即可解决的问题。平常病人在医院的时候,凭你是多大本领的大夫,绝不敢预定他出院的日期。现在犯罪是社会疾病,犯人是社会的病者,他入了监狱——社会的医院,国家应当负责为他治好病才对得起他。现在用一定的刑期,不管他生理心理的缺憾与环境的关系,只凭犯罪事实,用一律的方法决定他住监时间的长短,而监内又没有相当的救济,还高谈刑罚的感化效果,岂非笑话?我们不愿救济犯罪人则已,倘若愿意改化犯罪,应当将他们交给有专门学术的生理学家、心理学家、精神病学家及社会服务学家等分别共同研究,而加以个别处置。他们出监与否,当以专家之诊断,根据改化的程度为处理的依据,决不能用一

---

①　严景耀:《刑罚概论》,《严景耀论文集》,开明出版社 1995 年版,第 106—107 页。

定的刑期分别去留，贻误囚犯，危害社会。① 由此看来，改造犯罪者的最佳方式绝不仅仅是用监禁时间的长短，而应根据犯人的实际情况，真正做到对犯罪者进行人文关怀和社会关怀。正如福柯在《规训与惩罚》中所言："在肉体酷刑中，儆戒作用的基础是恐怖：有形的恐惧，令观众刻骨铭心的形象，如犯人脸上或胳膊上的烙印。现在，儆戒作用的基础是教训、话语、可理解的符号、公共道德的表象。维系惩罚仪式的不再是君主权威的可怕复辟，而是符码的活化，是集体对犯罪观念与惩罚观念之间联系的支持。"②

通过以上的讨论，严景耀关于犯罪责任的认定上的观点是：虽然犯人对于自己的行为要承担相当的责任，但是要考虑到犯罪的社会因素，要将犯人放在特定的环境中来审视，具体结合犯人及其犯罪行为的实际，采取科学的个别处置方法，代替单一刑罚的方法，并且使社会打破处理犯人单纯用的刑罚主义的旧思想，这才是从根本上解决犯罪问题的方法。然而，严景耀也深深地意识到中国是以刑罚为主的社会，要真正做到以新的个别处置方法来代替刑罚的方法，是很难实行的。要破解这一难题，法制和司法要现代化，人们的思想观念要不断进步。总之，犯罪问题的解决与社会各界长期的支持和努力是分不开的。

四、犯罪概论

和刑罚密切相关的就是犯罪，然而什么是犯罪，古今中外很难有一个确定的概念，即使在同一个国家，不同时期犯罪的内涵也不同。在《犯罪概论》中，严景耀总结了他研究犯罪学多年来的心得体会。《犯罪概论》着眼于犯罪的基本概念和基本问题，篇幅不长，提出的观点却简明精练，科学地揭示了民国时期人们对犯罪的认知水平。

在谈到犯罪问题对于社会发展的重要性时，严景耀认为犯罪问题是社会病理学中公认的一个大问题，社会变迁是靠着社会力的推动和运用不断地向前推进。积极进取的思想和事业必然会促进社会的进步发展，对于人群有害的思想和事业则会阻碍社会的向前发展，犯罪行为即是扰乱社会安宁的行为，与社会的前进方向背道而驰。因此，解决犯罪问题、保持社会的安宁对于社会进步起着举足轻重的作用。

---

① 严景耀：《刑罚概论》，《严景耀论文集》，开明出版社1995年版，第114页。
② ［法］福柯：《规训与惩罚》，刘北成、杨远婴译，生活·读书·新知三联书店2007年版，第123—124页。

在关于犯罪的定义上,严景耀提出了简明的定义和社会学上的定义,并分别加以阐述。最简明的犯罪定义就是"破坏法律就是犯罪"。这一定义包含了两层意思:一是犯了法律所禁止的事情;二是不尽法律上应尽的义务。即所谓"不应为而为,应为而不为"的意思。不过,在严景耀看来,这种关于犯罪的定义仅仅是法律上的定义,是狭义的。犯罪是扰乱社会安宁,阻碍社会进步的行为,所以犯罪不仅是法律上的事,而应还是社会上的事。因此,严景耀从社会学的角度给犯罪下了个定义:"犯罪是一个人群团体共信其为有害于社会,而去制裁之行为。"这个定义也包含两层意思:一是对于一种行为公认为有害社会的;二是该团体有权力能以惩罚的方法去实行其所信的。因为人群觉得某种举动有害于社会,于是制了法律而裁制之,所以制法治人是应人群的需要,保障人群的安全而发生的。正是从这个定义出发,关于犯罪的概念会因时因地发生变化,古今中外的犯罪现象也不一而同,不能将之一概而论。①

关于犯罪学研究的社会意义,严景耀认为,犯罪学根本就是对社会统治的研究,犯罪本身也是社会病理的一个现象,是社会生活的一个变态,研究变态不仅可明白变态本身,且常态亦因之益显。倘若不能将变态各方面看清楚,要想了解常态,是不可能的。所以研究犯人的行为,更能明白常态的人类行为。

严景耀十分强调了解犯罪原因的重要性。他说,要想解决问题先要对此问题有充分的了解。治病先须明白病的来源,然后对症下药,自然药到病除。犯罪是社会疾病,是社会进步的大阻碍,它与社会幸福是相对立的。严景耀反对将"幽禁"作为处理犯人的唯一解决方法,反对不问犯罪的原因只计犯罪的轻重,而采用"一报还一报"的复仇主义,来处置犯人的办法。呼吁社会首先应当深究犯罪原因,然后像医生治病救人一样,共同商榷如何处置和改造犯人的根本救治方法。

在犯罪学与其他学科的关系上,严景耀主张犯罪研究离不开其他相关学科的科学应用,研究犯罪需要各种科学方法综合并用。动物学、人类学、历史学、社会学可对于犯罪之描写、起源及演化有所贡献。气象学、人口学及其他社会科学,如社会、经济、政治等,对于分析犯罪之环境成因有所贡献。解剖学、生理学、心理学及精神病学用以研究犯人个人的特点及其形象,法律学、

---

① 严景耀:《犯罪概论》,《严景耀论文集》,开明出版社 1995 年版,第 125—126 页。

社会学、生理学、心理学等,可助研究刑罚制度及犯罪与犯人的处置。

最后,鉴于犯罪学是一个体系庞杂的学科,严景耀给犯罪学作出以下几种分类:分别是犯罪本质与演化的理论、犯罪社会学、犯罪心理学、犯罪人类学、刑法学、刑罚学(监狱学包含在内)等。这一分类根据各分支学科的性质和特点,是非常科学的,即使对于今天的犯罪学研究也具有直接的指导意义。

第三章　中国犯罪问题与社会变迁的关系研究

第一节　《中国的犯罪问题与社会变迁的关系》之概要

经过多年刻苦努力地对犯罪学的积累和研究,严景耀终于在 1934 获得美国芝加哥大学犯罪学博士学位,成为中国近现代史上第一个涉足犯罪学领域的博士。他的博士学位论文的题目是《中国的犯罪问题与社会变迁的关系》,该文用英语写成,内容多达 282 页,近 20 万字。尽管这篇论文是在美国芝加哥大学问世,却凝聚了严景耀入燕京大学以来学习和研究的全部心血,该文也充分体现了严景耀关于犯罪学研究的治学思想和治学方法。更值得一提的是,这篇博士论文曾在美国《社会学》杂志第 11 卷第 3 期上全文发表,显然,这是一项很高的学术荣誉。这也表明:严景耀的博士论文具有很高的学术价值和社会价值,他在犯罪学领域的研究得到了国际学术界的公认。

《中国的犯罪问题与社会变迁的关系》的主题是把犯罪问题看作是因社会急速变迁而产生的文化失调现象,是个人难以适应新的社会环境的表现,中国犯罪的源流问题应从急剧变化的社会问题中去寻求。在严景耀看来,中国古代几乎没有什么法律可言,社会秩序的维持主要靠的是家族与行会等社会基本组织所代表的传统势力。人们生活在传统社会较封闭的环境里,通过互相约束和监督,形成了强有力的社会控制体系,因此犯罪现象极少。然而,近代西方国家通过军事、政治、科技、文化等领域全面入侵中国,打破了中国传统原有的平衡系统,造成社会解体。中国政府为顺应这一变化,模仿西方的法律原则,编纂了大量的法律条文。这一外来的法律文化移植过来后,在许多方面加速了中国社会秩序的瓦解,犯罪便成为旧的传统社会难以适应新的社会变迁的表征现象。

《中国的犯罪问题与社会变迁的关系》在结构上共分十章:第一章和第十章分别为导论和结论,正文共八章,按顺序排列分别是:中国的犯罪统计、破坏家庭罪、侵犯财产罪、侵犯财产罪(续)、政治犯罪、杀人犯、吸鸦片犯、犯罪者的文化等。

在导论部分,严景耀谈到犯罪、罪犯与社会的关系,他开门见山地指出:犯罪一般被看成是"病态的"和行为的反常现象。而这种反常或变态行为是对约定俗成之社会固有模式的违反,属于"反模式"行为,犯罪对于固有社会模式的打破实际上也是对风俗和习惯的背离。然而,对这种反常和越轨行为的研究不仅对犯人是重要的,对正常的传统、习惯和道德观念的了解也是重要的。因为对反常和越轨行为不加研究,要认识和充分理解所谓"正常"的传统、习惯和道德观念,是不可能的。因此,研究犯罪,对正常习惯的研究是有很大帮助的。同时,严景耀在导论中明确指出,他的这篇博士论文试图以社会学观点研究犯罪形成的过程,通过对于罪犯的调查,观察他们的社会关系以及社会对于他们的行为的影响和关心等作为参考来研究中国的犯罪问题。故此,严景耀明确提出,犯罪不是对作为社会个人部分行为孤立地研究的,而是作为个人之间的社会的相互作用的结果而研究的。

严景耀十分强调犯罪与社会文化的关系,"犯罪与文化"和"犯罪者的文化"是论文的主题。严景耀指出:"犯罪不是别的,不过是文化的一个侧面,并且因文化的变化而发生异变。它是依据集体的一般文化而出现的,它既不是一个离体的脓疮,也不是一个寄生的肿瘤。它是一个有机体,是文化的产物。"[①]他接着指出:"如果不懂发生犯罪的文化背景,我们也不会懂得犯罪。换言之,犯罪问题只能以文化来充分解释。"[②]这也就是说,对犯罪的理解只能从产生犯罪的文化传统来考虑才能得到解释,同样的犯罪行

---

① 严景耀:《中国的犯罪问题与社会变迁的关系》,北京大学出版社 1986 年版,第 2 页。
② 严景耀:《中国的犯罪问题与社会变迁的关系》,北京大学出版社 1986 年版,第 3 页。

为在不同的文化中有不同的意义,在相同的文化中,而在不同时期又有不同的意义。从文化的角度来研究犯罪问题的目的是透过犯罪的表面现象探索犯罪者的冲动同环境的有效刺激之间的内在联系,并揭示犯罪者因社会条件的改变而产生的行为变化。为了了解犯罪,必须了解发生犯罪的文化,反之,犯罪的研究又能帮助人们了解文化。通过分析了犯罪与文化的密切关系后,严景耀提出,一方面,中国的犯罪只能以中国文化来解释;另一方面,中国犯罪问题的研究将对中国文化的理解有很大帮助。那么严景耀所指的文化又是什么呢? 他对文化涵义的理解是非常宽泛的,即文化包括知识、信仰、艺术、道德、法律和习俗等各个方面,也就是说包括精神生活和物质生活两个方面。

严景耀认为,对于犯罪的理解只能从产生犯罪的文化传统来考虑才能得到解释,所以同样的犯罪行为在不同的文化中就有了不同的意义。因而,可以这样认为,在不同的文化标准和阶段间,对犯罪就有不同的概念。

关于犯罪在具体文化环境中的定性问题,严景耀说,在有文字记载以前的社会里,犯罪与巫术、宗教结下了不解之缘,在这样一个社会里,人们所犯的罪通常是妖巫、乱伦和亵渎等,都是一些威胁到宗教或神灵尊严的行为。而现代人认为是凶杀、通奸和盗窃罪,在无文字的社会里却被认为不是犯罪。因为这些所谓的犯罪仅仅危害社会中的部分成员,因此可以通过私了不必付诸公共处理。但是随着社会的发展,社会交往的行动愈来愈复杂,并相互交织起来,于是更多的人认识到他们的集体安全问题超出了原有家庭和宗教的范围,个人的恶行引起了其他人的谴责。这是因为大家开始从原有的只在乎家庭或宗族个体私益开始转向了对公益的关心,于是,凶杀、通奸和盗窃等逐渐被认为不仅是对个人的重大侵犯,而且对公共福利、对社会也具有极大的危害,以致最后都被认为是犯罪。①

不仅在有文字前的社会和现代社会之间有差异,而且在现代国家之间甚至在一国之内,随着文化的发展进程也在不断发生变化,中国与西方国家之间的道德观念和是非概念有明显的差异。严景耀在论文中写道:"为什么在中国直至今日嫖妓和纳妾还未被法定为犯罪,而在西方早已法定重婚为犯罪了? 这个问题只能以文化不同来解释。"②显然,这是与中国还未

---

① 严景耀:《中国的犯罪问题与社会变迁的关系》,北京大学出版社 1986 年版,第 3 页。
② 严景耀:《中国的犯罪问题与社会变迁的关系》,北京大学出版社 1986 年版,第 9 页。

从传统的夫权社会走出来有着直接的关系,家族主义在民国时代仍留有很深的痕迹。最后,他总结道,他的《中国的犯罪问题与社会变迁的关系》的研究是从犯罪与文化情况的关系来观察的。

在导论中,严景耀还十分重视关于中国犯罪的统计问题。统计作为一项基础性工作,在犯罪学的研究中的重要性不言而喻。然而在严景耀看来,当时中国在这个方面的主要问题是几乎没有什么统计,即使算有的话,这些统计数据也很不可靠。当时民国北京政府司法部及南京国民政府公布的所谓"犯罪统计"是官方文件,在一般情况下,应是可靠的研究工作的依据,但是严景耀认为它非常不可靠。根据他的了解,当时官方存在的所谓"犯罪统计",主要是为了向外国人显示中国政府在这方面的工作是可与西方国家相媲美的。这些数据是当时政府为了应对法权调查委员会的调查而制作出来的,是出于政治上收回外国人掌控的治外法权和领事裁判权的需要,就是说,这些数据是为了应付检查的需要而出现的。因此,如果把这些统计数据作为研究中国犯罪问题的根据,则是毫无价值的。故而,严景耀特别指出,中国的犯罪与社会变迁的研究是基于作者在北京以及中国其他城市的实地调研所采集的统计数据作为立论的依据。由此也反映出,严景耀通过自己调研所获取的犯罪统计数据对于中国犯罪问题研究的重要意义。

在翔实的第一手统计资料的基础上,严景耀就犯罪的范围、犯罪的类型、再犯与累犯、犯罪与年龄的关系、犯罪的地区分析、青少年犯罪、犯罪的季节因素等作了深入的分析。

在犯罪的范围问题上,根据严景耀的统计数据显示,在 1915 年到 1927年间男性犯罪率呈上升趋势,而女性犯罪率看不出有任何的上升趋势。在犯罪总人数中,男犯的比例占到 92.7%,女犯所占比重则要小得多,由此定量的对比可以看出,男性犯罪率问题显得极为突出。为何性别在犯罪中会出现如此大的差异?严景耀经过分析认为,男性犯罪率走高的原因在于经济犯罪数量增多,北京市前几年里贪污和盗窃罪显著增加,诈骗犯的增加也相当显著。严景耀进一步得出结论性的推断,女子犯罪率要比男子少得多,在全国也是这样的。女子之所以犯罪较少的原因主要有以下四个方面:(1)在中国传统社会里,女子经常依靠男子维持生活,女子主内、男子主外的传统决定了女子接触社会的机会相对男子来说较少,这样女子犯罪的几率就要小得多。(2)女子的身体构造使她们无力去抢夺别人。她们的体质较弱,很少去做强盗。由于她们的社会地位不高,很少能够在社会中担任公职,因而犯渎职罪的机会也就少了。(3)在法律面前,妇女的地位比较有利,因而她们比较容易得到缓刑,这样就无需到监狱中去服刑。(4)妇女犯罪比较复杂、隐蔽,而且被侦破逮捕归案的机会也较男子为少。[①] 由此看来,严景耀对于当时中国男女犯罪比例的原因分析是符合历史实际的,这种实际问题实事求是的分析方法,即便对现今解释犯罪问题和犯罪现象也具有一定的启发意义和借鉴功能。

严景耀在谈到犯罪与年龄的关系时,他以北京监狱的调查为基础作出统计后发现,不同年龄的犯人会犯不同的罪行。一般地说,16～25岁的男犯数量增加最快,至29岁逐步下降,此后迅速下降。男犯中,20～29岁的占40%。女犯的数量截然不同,犯罪年龄逐年增加到44岁时是犯法者最多的组别。44岁以上犯法人数逐渐减少。年龄分布曲线的变化完全是渐缓的。35～44岁虽是最高峰,但这个年龄之间的犯罪百分比仅为28%。在男犯中,从犯罪的年龄差别的统计中,我们可以注意到20～24岁出现偷窃与诈骗犯最多;25～29岁违法行为、抢劫及暴行犯最多。在这其间,大多数是经济犯罪,而以暴行罪最多。从25岁到44岁的每一年龄组里,绑架犯的人数一直是不相上下的。

又如关于犯罪的季节因素,通过数据的统计,严景耀发现性犯罪与暴行罪在夏季有所增加,而在冬季有所减少;有些犯罪如经济犯罪在冬季数量较大,夏季则明显减少。严景耀通过数据的真实比对,将犯罪的季节因素与犯罪现象联系起来,对于认识和研究犯罪问题发生的规律性具有一定的启发意义。

第二节　破坏家庭罪

在中国传统社会文化中,家庭是整个社会的基础,家庭关系向来是最基本的和最巩固的,但是自从西风东渐以来,大家庭制度不断地受到冲击,甚至走向崩溃,而这种现象在城市中显得尤为突出。原因在于西方的工业化、商业化的城市生活和中国人的生活方式格格不入,两者发生了冲突。

[①]　严景耀:《中国的犯罪问题与社会变迁的关系》,北京大学出版社1986年版,第19页。

而犯罪就是文化失调在家庭关系与其他社会关系的一种表现。

本来较为稳固的家庭制度在近代新的历史环境下,开始受到严峻的挑战,家庭关系的瓦解有多方面的因素,严景耀专门将瓦解家庭的犯罪归为破坏家庭罪,并按照具体的犯罪类别分为五个部分,分别是:一是绑架、拐骗;二是诱奸罪;三是性道德败坏;四是重婚、纳妾;五是娼妓。让我们具体来看看这些犯罪现象,它们是如何发生的,原因又在哪里。

一、绑架、拐骗

绑架、拐骗,民国时期主要是指为了金钱而用强迫手段把青年妇女拐走骗卖,当然对象中除了青年妇女,也包括少数男子或儿童。据严景耀关于这类犯罪的调查结果,绑架、拐骗的对象主要是青年妇女,这是因为年轻的妇女比较有市场,拐骗之后通常直接卖入妓院,犯罪分子就可因此而获利丰厚。为了更好地说明这个问题,严景耀列举了许多案例进行分析总结,并进一步指出这类案件的发生与社会变迁的关系。

(一)犯绑架、拐骗罪的原因

严景耀通过个案研究方法,对于绑架、拐骗的原因进行了解释和说明。通过案例的方法来说明问题,是严景耀犯罪社会学研究最常用的路径。因此我们有必要与严景耀先生一道来解读一些典型的案例。如关于犯绑架、拐骗罪的原因,所引用的案例主要有:

[**个案1**] 王永芬所犯是拐卖幼女为娼罪。1928 年 9 月 25 日,她和邻居罗某(男)合伙拐骗一名 18 岁少女到沈阳,以 300 元卖给妓院。当她在北京监狱受到审讯时,她供认如下:"我现年 52 岁,34 岁时因逃荒和丈夫离开农村来到北京。我的丈夫当苦力,每月挣六元钱。我也出去为人缝缝补补,浆浆洗洗,得点外快帮助丈夫过日子,我们生活得很好。我们能积蓄点钱,有时一个月攒一元,有时攒两毛。我和我丈夫总想有一天能够回到家乡买回自己的地,这辈子过个舒服日子。我们拼着命干活,想多攒点钱。我 50 岁时,我丈夫 53 岁,当苦力年纪太大了。我们没有孩子,那时候我们愁得什么似的。后来他病了,没有活干了。我们进不了钱,反而为治好他的病把攒的 130 块钱都花光了。3 个月后,他病死了。我为他的病花了 30块,为了发丧和安葬他又花了 30 块。丈夫死了以后,我觉得没有指望了。北京城里没有一个亲戚。我的老家在河南,太远了,回不去。我知道我如

果回老家，我的侄子和亲戚会帮我的忙。可我一个人在北京，孤孤单单，谁也帮不了我的忙。我拼命地缝缝补补，可是收入太少，养活不了自己。北京又没有慈善团体收留我，也没有人给我开介绍信。不管是当老妈子还是嫁人都嫌我年纪太大了，我真的没有法子只好用我老伴攒的 50 块钱。不久，这笔钱也花光了，我想只好去要饭了。但我和我丈夫都是好人家出身，实在拉不下这个脸去要饭吃，我宁可死了，也不能上街去要饭。后来，我出去找朋友帮忙，找到了姓罗的。他给我出了个主意，可以过好日子，他要我去拐骗一个姑娘，我开头认为这是造孽，不能干，可我又没别的法子活下去。第一次干这亏心事，我很害怕，以后我没有别的法子，也就不觉着什么了。我和罗合伙干得不错，这回拐卖的是第二个，请您别把我说的告诉当官的，因为他们不知道我前面犯的两个案子。我不知道我坐牢以后怎么办。这里的狱长会不会给我找事干的。我真不知将来我能不能找着活干，因为我一是个老娘儿们，二是年纪也大了。我怕我出去后还得干这亏心事。要是再被抓住我可进来让监牢养活我吧！"

[个案 2]　梁武银，现年 38 岁。她丈夫是个高级裁缝，专做丝绸衣服和皮衣。但因北京政府迁到南京，中央政府的大官儿们都走了，他的活少了，结果他失业了。3 个月后，1928 年 6 月，他朋友劝他到军队去工作。梁家有个儿子，8 岁，三个女儿，分别为 16、14、11 岁。梁武银的丈夫一去军队，家庭生活都由她负担了。开始几个月，丈夫每月往家里捎 10 块钱。这几个钱不够花，她只好和两个年岁大点的女儿缝缝补补贴补着过。再过三个月，她丈夫因为军队不发钱，一个钱也寄不回家了。缝缝补补、洗洗涮涮是没有办法照顾五个人的生活的。她想法子向丈夫的朋友借钱，朋友也不富裕，慢慢地也借不到钱了。他们的老家在山东，一结婚就搬到北京，在北京，只有个娘家弟弟，也是闲在家里。她对我说："这是我这辈子最难熬的日子了。"这时有个叫孙文如的，有个 14 岁的女儿，因为自己失业养不起这个女儿。孙想，最好的办法是为女儿找个人家领养，他找他的好友刘宅川帮他找个这样的人家。刘正想找个机会弄钱，打算把女孩送到东北卖给妓院。刘和梁武银商量，如果这事办成，卖身钱拿三分之一作给梁的报酬。在这困难时刻，梁同意把女孩弄到东北。1929 年 4 月 15 日，姓刘的到了孙的家里告诉他：他找到了一家姓王的需要收养一个女儿。孙信以为真，同意把女儿交给他，他立即把女孩带到东北长春，通过刘、梁作线，以 540 元卖给妓院。当孙去探望女儿时，发现受骗，于是把刘告到了北京地方法院。

[**个案3**] 朱丽武犯拐骗罪：时年 42 岁。她出生在直隶省。她被许配给邻乡的男人为妻，18 岁时订婚。因为家乡闹兵灾，29 岁时她和丈夫来到北京。她丈夫当苦力。第二年她生了个女儿。两年后，她丈夫从苦力中被提升为工头，家庭过得很快乐。但当他有了钱后，他娶了个小老婆分居另过。他很少回家住，朱丽武逐渐完全被遗弃了。开始时，她丈夫答应每月给她五元家用钱。她同时到工厂做工，每天挣三毛钱。当她 40 岁时，她丈夫因为失业再也不给她钱了。这时她女儿才 11 岁，也不能挣钱帮助她维持家庭生活，她还是每天挣三毛钱，可是母女菜金至少每天四毛。她有时从娘家兄弟那里得点补助，可是也不经常。过了几个月，丈夫找到了工作可是仍不给她钱，因为钱少还不够小老婆用的呢。在我访问她时，她对我说："我虽然有个丈夫，但像个路人。我不知我能不能去控告他。我总盼着他能浪子回头，可是越等越没有希望，我非得想办法养活我母女两口的生命不可。我的邻居告诉我她靠拐卖妇女到东北为生。她问我愿不愿意两人搭伙干，有利可分。我想她既能干，我也能干。我不知这是犯法的事，但我知道把别人家女孩骗走是缺德的。可是我的邻居说，把姑娘们带到东北，她们能多挣点钱，这也是好事啊。我没有带姑娘们去东北，可是我在她们走以前给她们找地方住。等她们打好车票再把她们送到车站，看着她们走开。"①

综观上述三个案例，我们会发现虽然情况各异，却有一个共同点——三个案例的犯罪者都是因为其失去了丈夫——在男主外女主内的社会中，失去了丈夫就相当于失去了家庭的收入来源。严景耀指出，在近代的社会变迁中，生活在城市的人们不像农村家族那样团结互助，一方有难，整个家族成员都会伸手帮助。在城市里，整个大家庭完全瓦解了，城里的人自己成立了小家庭，并且与农村的大家庭断绝了关系。因此，在上述情况下，城市小家庭受到天灾人祸，在社会救助缺失的情况下，其成员便面临着进退两难的境地，为了生存，除铤而走险之外就别无他路，在这种困境下走上犯罪道路便是自然的事情。

---

① 严景耀：《中国的犯罪问题与社会变迁的关系》，北京大学出版社 1986 年版，第 29—32 页。

（二）在什么情况下易发生拐骗

严景耀通过调查发现，其实犯绑架或拐骗罪的往往是在受害者存在某种困难的情况下，过于轻信和依赖他人，这就为犯罪分子留下了可乘之机。例如下述这些例子就能说明这个问题。

[**个案 1**]　刘妇是一个棉花工厂工人，年 22 岁，长得很美。李某也是该厂工人，想结识刘。8 月 22 日该厂放一天假，李就趁此机会要他老婆请刘妇同去公共娱乐场所，刘妇从来没有一个人去过娱乐场所。以后，李的老婆请刘到她家，实际上把她骗到一个小店。晚上李妻借口天黑了，不让刘回家。她们就住在店内。第二天，李伪称要去天津贩卖鸦片，并说鸦片量很大，一个男人带有危险，他要求他老婆和刘帮他带些，因为铁路上对妇女是不检查的，如果获利，他愿分给她一份，刘拒绝了他的要求，李妻坚持要她帮忙，并保证安全，不会出事情。最后，刘同意了，和李家夫妇一同到了天津，李以 370 元把刘卖给了妓院。

[**个案 2**]　李某和其妻是拐骗犯。一天，李妻发现邻居杨妇很穷，其丈夫出外谋生好几个月没回来。李妻跑去见杨妇，问她如果愿意做女佣，可以介绍到李家做女仆，每月工资三元。杨妇同意了，1929 年 12 月 11 日，她去了李家。李给了她三元。另一张某，住在李家，李劝他向杨妇求爱。当他们之间发生了两性关系，张提出要杨妇和他同到东北建立家庭，张伪装是东北的大商人。他们去了，张把杨妇以 600 元卖给了妓院。

[**个案 3**]　王妇是住在天津的一个寡妇。她有个情人姓葛。两人都是拐骗犯。有一天，他们的邻居韩妇来看望王妇，王介绍她认识了葛。韩妇家境贫穷，王妇劝她出去找点女仆的事做，韩说她找不到。王说葛认识一家人在北京，非常需要人帮忙，如果韩愿意去，她可以要葛立刻写信，替她打听打听。过了几天，王告诉韩：北京这家人愿意雇她，并说愿意给她打火车票接她从天津到北京。葛陪她到了北京，但是不带她到那个人家当女仆，而是把她送进了妓院，得了 200 元报酬。①

不难发现，上述案例也反映出了受害者轻易地被卖进妓院，是因为她们

---

①　严景耀：《中国的犯罪问题与社会变迁的关系》，北京大学出版社 1986 年版，第 34—35 页。

过于相信拐骗者,基本上看不出有丝毫的防范心理。严景耀对于为什么受害人会如此相信他人作了社会学上的解释。他认为,中国人长期生活在封闭的农村中,一旦到了城市,人与人的关系变得疏远和冷漠,受害者往往是以农村中的朴实方式去应付城市中的复杂环境。他们相信他们的邻居和在农村中的邻居一样。这种毫无保留地信任人的处世态度给拐骗犯最终能够得逞创造了条件。① 严景耀进一步解释说,中国传统妇女的家庭地位和社会地位都比较低,她们的活动范围一般限制在家庭中,她们不了解家庭以外的生活。但到了城市,她们被迫和家人以外的人接触相处,她们变得对环境无知,不能立即适应新的环境,因此,容易被不法分子所摆布和欺骗。

二、诱奸罪

传统社会对妇女的贞操问题非常重视,结婚前发生两性关系是被严格禁止的,诱奸罪是指男人把妇女拐骗离开家庭以达到性行为的目的。在乡村社会中,男女接触的机会很少,诱奸犯罪现象不是很普遍,随着城市化生活进程的加快,青年男女交往日渐频繁,诱奸成了当时的一个社会问题。根据传统的社会制度,子女的婚姻问题除父母之外别人无权决定。长期以来,这种制度执行得非常顺利,因为子女无法比较也无法选择对象。但是,都市生活改变了这种传统的婚嫁制度,妇女有机会和外界接触、和异性接触。她们到了一定的年龄就自然而然地对异性发生兴趣。她们有了择偶的机会,当然再也不会对父母之命百依百顺了。概括起来,她们在婚嫁问题上大致有三条出路:一是女儿服从父母之命,放弃个人的愿望;二是自杀;三是违背父母之命跟情人私奔。第三种出路在当时是犯法的,这也是严景耀最关心的问题。一般情况下,父母是不会顺从女儿的愿望的,女儿为了自己的感情做出反抗,那么最好的解决办法就只有私奔了。此外,中国人对于男女之爱和西方人的看法是不相同的。在西方人看来,中国姑娘和社会的接触太少,她们没有足够的机会选择对象,她们碰到谁就是谁。男女之间一接触就一见钟情,心心相印了,这也是姑娘们盲目选择对象的一个因素。姑娘们涉世未深,也给拐骗犯提供了可乘之机。②

---

① 严景耀:《中国的犯罪问题与社会变迁的关系》,北京大学出版社 1986 年版,第 36 页。

② 严景耀:《中国的犯罪问题与社会变迁的关系》,北京大学出版社 1986 年版,第 42—43 页。

三、性道德败坏

当时性道德败坏的案件,告诉才处理。类似于现今的自诉案件,即只要有人提出控诉才可能构成犯罪。严景耀在关于性道德败坏的论述中列举了四个案例,现简要摘取较为典型的一例予以说明:

> 马德山来自通县,和姓金的一家住在同一个院内。金是个寡妇,很喜欢马,待他如亲侄子。马这时 18 岁。金有一子一女,儿子 24 岁,女儿 14 岁。马和金的女儿超儿是很好的朋友,青梅竹马,两小无猜。当超儿 16 岁时,马和她发生了性关系。金发现这一情况表示同意她女儿同马结婚,马很高兴并且搬走了,以便通过说媒定下婚约。可是金后来悔婚了,不同意女儿嫁给马。超儿的兄弟出主意要她嫁给一个富商作妾。超儿反对这个主意,但他不理睬。第二天,超儿去看马并告诉他:她愿意同他同居成为夫妇,并说:"如果你反对,我就自杀!"马当然就把她留下来租了一间房子同居。十天后,金发现了这一情况,就请警方把马逮捕了。①

从这个案例里,我们可以清楚地看到当时所谓的性道德败坏的现象。我们也可以进一步考察该案的成因,马某被逮捕的主要原因表面上看似符合"性道德自诉方可入罪"的规定,但实质上反映出了马某的行为构成对传统性道德义务的违反,因而,他遭到维护此传统义务的代表——警方逮捕在当时是自然而然的事情。此案也体现出了传统的道德文化对于犯罪的影响,在中国传统的社会里,子女婚姻的决定权在父母那里,所谓父母之命,是婚姻构成的实质要件,至于子女自己的感受或喜好与否则不在考虑之列。

四、重婚、纳妾

对于当时中国普遍存在重婚、纳妾现象,严景耀旗帜鲜明地加以反对。因为和同时代的西方国家现代婚姻家庭制度相比,中国在此问题上显得十分落后。辛亥革命以前,男人不但可以纳妾而且可以多妻。严景耀还举例说明,弟兄两人都结了婚,一个有儿子,一个没有儿子,二人都很富有。等

---

① 严景耀:《中国的犯罪问题与社会变迁的关系》,北京大学出版社 1986 年版,第 45 页。

这个孩子长大后,他的父亲要为他娶妻,而他的叔叔(伯伯)也为他正式娶一个妻子。如果父亲的儿媳生了个孩子,他就是父亲的孙子;如果是叔叔(伯伯)的儿媳生的孩子,就好似叔叔(伯伯)的孙子。两个孙子有个共同的父亲,但各自继承祖父的遗产或叔(伯)祖父的遗产,他们各拜自己的祖父为祖宗。可见,当时为了传宗接代,纳妾多妻就成为合法的了。"时至今日,重婚罪仍然是可以逃避法律制裁的,只要当妾的能够在法庭上承认妾的身份。"①严景耀还解释了为什么妇女犯重婚罪的较少,因为她的双亲或者夫家都会很好地照顾她,况且守寡是一种美德。一个妇女,如果她的丈夫未死,再嫁别的人,社会制约力是很大的。在农村中,鸡犬相闻,互相之间都很熟悉,什么事也瞒不住人的。②严景耀还列举了八个案例予以说明重婚罪,现摘取颇具代表性的一例:

> 刘的丈夫是个卖苦力的,几个月没有活干了。他们很艰难地维持生活。当军队招兵的时候,刘的丈夫就去当兵了。他答应每月往家里捎两三块钱,她自己留在家里做点针线活。她在四个月里,每月能收到三块钱。以后再没有丈夫的消息了。人家告诉她:军队打了败仗,她丈夫可能被打死了。她等了两年,仍无消息。为了生活,把家里的东西典当一空。她年仅27岁,生得也很体面。最后,她认为丈夫肯定死了。她为了生活,同意和王某结婚。一年后,她前夫回来了,发现她已再嫁,很生气,后告到法院。他为自己没有寄钱给家里辩护说是因为他的军队打了败仗,自己当了俘虏,被对方关了一年,直到内战停息才恢复了自由。法庭因为他还活着,而刘已改嫁,犯重婚罪,被判三个月徒刑。③

这一案例中,作为妻子的刘在没有确凿的证据证明丈夫已死的情况下,另行嫁人,受到了传统社会道德和舆论的谴责,并且被认为是犯罪,应受刑罚的制裁。这反映出,传统社会提倡妇女守寡,妇女擅自改嫁是不被社会认可的,这也表明了中国近代的婚姻制度还是极力维护封建社会的婚姻制度。

---

① 严景耀:《中国的犯罪问题与社会变迁的关系》,北京大学出版社1986年版,第46页。
② 严景耀:《中国的犯罪问题与社会变迁的关系》,北京大学出版社1986年版,第47页。
③ 严景耀:《中国的犯罪问题与社会变迁的关系》,北京大学出版社1986年版,第47页。

五、娼妓问题

在严景耀的《中国的犯罪问题与社会变迁的关系》中,他将娼妓问题也纳入破坏家庭罪之中。为什么会作如此划分呢? 严景耀解释道,家庭是社会的基本单位,家庭的稳定有利于社会的稳定和发展。而家庭的稳定要受诸多因素的挑战,娼妓问题就是一个重要的干扰因素,由此对于娼妓问题的探讨就显得非常有现实意义和社会意义。

严景耀指出,民国时期娼妓活动是公开合法的。"娼妓在城市已有悠久历史。妇女为娼受人耻笑,男人嫖妓却冠冕堂皇。在饭馆里带妓女陪酒已成风气。当我到东北,在社会科学调查所的指导下去做犯罪问题研究时,我是有官方的介绍信的,不管到哪里,都受到官方的款待。在有些宴会上,主人召妓来为我们倒酒点烟,这都是司空见惯、不以为奇的事。政府南迁以前,在北京,国会议员坐在妓院起草国家文件也是常事。巨商富贾也在妓院里谈生意,签合同。我还知道一件事:1919 年,一次全国学生运动的领袖们也是在北京妓院里决定行动的。"[①]自民国以后,全国各地就有多处推行禁娼运动,但是往往都是开始的时候轰轰烈烈,结束时草草收兵,并无取得明显的成效。严景耀指出,娼妓问题是有着深刻的社会原因存在的,并不是由政府的一纸文件或搞一下运动就能解决得了的,只有真实地了解当时社会妇女们所处的环境,解救娼妓问题的源头即失足妇女,才能从根本上解决娼妓问题。为此,严景耀曾经广泛地调研了各地的娼妓生活。

经过四处走访和调查,严景耀积累了许多翔实的资料,这些丰富的资料有的来自他深入各种地方各种档次的妓院,与妓女们的攀谈调查而得来的;有的是通过走访政府所设立的单位,例如社会局的救娼部、卫生局的妇女检验所等,从他们那里了解官方的数据资料;有的就是通过访问那些已经不再从事妓女职业或者被救济收容的妓女;还就是报纸书刊的记载以及政府部门的报告文书等,其第一手资料大都是他通过亲身的摸排走访所获得的,可信度和研究价值都极高。

针对娼妓问题的调查内容,严景耀主要涉及以下的几个问题:妓院开设的数目及开设的地点、组织及营业状况、妓女的人数和籍贯、年龄与生意的关系、为何做妓女、妓女的生活等等。据有关资料显示:在 1929 年,北京

---

① 　严景耀:《中国的犯罪问题与社会变迁的关系》,北京大学出版社 1986 年版,第 51 页。

注册并纳税的妓院共有 332 家,分 4 个等级。妓院设立的地点同妓院的等级及地区的繁华程度都有关系。头等妓院有 45 家,位于"八大胡同",正是北京商业的中心。二等妓院有 60 家,已渐偏远。三等妓院最多,共 193 家,散处于南城东南边及北城之中。四等妓院 34 家,有些在极偏南处,多在齐化门一带贫民窟附近。还有许多私娼。注册的妓女共有 2752 名,其中报北京籍贯的人数最多,共 1280 名,占 61%。其次为江苏籍妓女 240 名,占 11%。妓女的年龄与营业关系密切,因此难以查出她们的准确年龄。① 通过大量的事实调查,严景耀发现,妓院主要设立在繁华地段,不同地段有着不同的规格,而妓女随着年龄的增长也在逐渐地从高级妓院淘汰到低级妓院。而且娼妓的作用和生活与常人想象中存在很大不同。

在《中国的犯罪问题与社会变迁的关系》中,严景耀通过翔实的例子主要回答了三方面的问题:第一,娼妓问题相对于犯罪来说,临界点在哪里。第二,娼妓问题和其他问题的关系。第三,娼妓的功能及其产生存在过程与社会的关系。为了说明这三个问题,现择取严景耀先生在该书中提及的四个典型例子。

[案例 1] 某县长办公室第一科科长带我到一个妓院喝茶。接待我们的是一位 18 岁的姑娘,她不是妓院的老鸨,而是老鸨的合伙人。半个月后,她们分账。老鸨得 60%,她得 40%。当我的朋友告诉她我是来作调研时,她答应帮我们完成任务。喝茶时我们闲谈,最后我问:"你不希望让我们帮你跳出这个火坑,做自己的主人吗?"她微笑的看着我,我原本以为她一定很高兴地赞成我们的意见。没有想到她问我,"您是干什么的?""您是大学教授?""每月工资多少?"我回答了这些问题后,她说:"我每月挣的钱比您的薪金多两倍。"她继续说:"我想您也是没有办法,您就是能帮我的忙,我这一家子人怎么办呢?"她接着说了下面的情况:"我一家八口,都靠我养活。父母太老了,不能工作。我这做女儿的怎么样也要尽我的孝道。我弟弟太年幼,没有工作,他只有 14 岁。他在家擦擦地板烧烧饭也很必要。我姐姐是个寡妇,无处可去。我还有两个姑姑都是寡妇,她们有两个孩子,我的表兄弟。像我这样的女孩子,要做事就只能当使唤丫头或女佣人,挣的钱只够养活我一个人。我因为穷没有受过多少教育,我既不能教书,也不能当个女青年会干事。考虑了很多,觉得只有做个妓女才能挣够养家活口

---

① 阎明:《严景耀早期犯罪社会学研究片段》,《中国社会导刊》2008 年第 3 期。

的钱。还有，我不愿父母为我挑个固定的男人做我的丈夫，我愿意自己挑个满意的人，在家则办不到。照习惯，父母之命媒妁之言就可以决定了。如果我自己跑出门外，问谁能做我的未来丈夫，就要被人把我看成是疯子。这些我都受不了，我一定要自己选择我的配偶。我怎么办？在家吧，接触不到男朋友，也没有人介绍。在这里，我可以遇到各种人，如果我喜欢（她未用'爱'字）谁，我就对谁特别要好，而后嫁给他。在眼前，我能够解决一家生活问题的办法就是当妓女。先生，您是从大学来的，知道的事比别人多，请您说说我目前的处境除了当妓女还有什么办法能解决这些问题。"我听了无言以对，给不了什么有学问的答复。她接着对我说："请您别以为妓女都是坏人、危险人物、不道德的人。我们在这儿，随便哪个先生，不管是远离妻子的丈夫，没有结过婚的单身汉，还是在家里跟妻子合不来的人，都可以在这儿喝杯茶解除愁闷，他们再去工作，就感到顺心满意了。您看看这位先生（说时指着正在说话的县政府第一科科长的头），他也是来北京办公事的，家离得老远老远的，当然他有时很寂寞，想找个伴儿，他到我这儿来，我总想方设法让他高兴，所以他回去工作就能把工作做得更好了。您是研究社会学、教社会工作的，您想想看，我们这行算不算社会工作啊？"我的朋友一听，敲自己的头说："算，当然算。"①

[**案例 2**]　王彩凤 17 岁，与丈夫及婆母不和。她说："我做姑娘时，我和妈妈工作很愉快，家务事我常出主意改善。妈常听我的，就是做错了，妈也是笑着说给我听。可是结婚后，什么都变了。婆母整天不叫我开口。她像个掌柜的，但太笨了。她尽干蠢事。我一告诉她，她就发脾气打人，跟我吵个没完。我的丈夫是个驯服的小狗，婆母叫他干什么就干什么，他没有脊梁骨，可老想管着我。什么时候有了争吵，总是他们娘俩对，我错。我可不能像他们想的那么傻听话，所以我们老合不来。最后我跑了出来，暂时跟朋友住在一起。我找不到工作，只有当妓女。虽然当妓女的生活很痛苦，可我有吃的，一天总有点空闲。我现在可以不再见我那恶婆婆和傻男人了。他们也不要我了，因为我做了妓女。我相信总有一天我能找个男

---

①　严景耀:《中国的犯罪问题与社会变迁的关系》，北京大学出版社 1986 年版，第 51—53 页。

人,一起自由自在地生活。在我眼里,随便什么人都比我那个丈夫强。"①

[**案例 3**] 王是江苏省苏州人,年 18 岁,父亲是丝绸店的老板,他患肺病达五年。1926 年父亲死去,店也关了。父亲去世前,家里已负债。家中只有她和母亲二人。她在 16 岁时还未订婚,因为她家无钱办嫁妆,同时她母亲又不愿意让她嫁给家世微薄的人家。最后,她姑母带她到北京,送进妓院以便能暂时养活她母亲,将来还可将终身依托给个好客人。她生得很美,在北京颇享盛名。她到北京为妓,是因为在苏州为妓要被邻里等人耻笑。有人问她找个如意郎君可有无把握,她回答:她没大把握,但除此也别无他路可走。"我只有小学程度,靠这点能力是找不到工作的。我想我总会有个机会找到好丈夫。事实上,许多贫而美的姑娘有两条路可以抬高自己的社会地位,一是做富家妾,另一是做娼妓。做妾,如果命运好,生个儿子,她会立刻成为家里的重要人物,如果富人的妻死了,她可以'扶正',成为夫人。等到她在家庭里有了地位,她的弟兄亲戚也就都会好起来。但是我不能做妾,因为我的家庭地位不允许我做妾。我现在做妓女,离家很远,家乡无人知道。我希望我的现状不给任何人知道,直等我跳出这火坑。"②

[**案例 4**] 赵为其邻居所拐骗。她从北京被带到天津卖给妓院,身价300 元。开始时,她拒不接客。后被关了暗室 5 天,每天每晚照例挨顿打,不给饭吃。5 天后她屈从要她做妓女的主张。③

从这些娼妓的悲惨境遇中,我们也不难看出当时中国妇女们的不幸命运。作为旧社会的妇女,幸运的可以嫁个好人家,过上衣食无忧的生活,但是这毕竟是少数,因为这是以夫家有足够好的经济条件为前提的,而当时的中国社会,穷苦人才是多数派,她们每天为温饱奔波,男人每天要拼命地干活,而部分女人则不得不通过出卖自己的身体以维持自己的生存甚至是全家的生存。正如案例 1 中的那位年轻妓女的不幸遭遇,她一个人要承担起全家温饱的重担。通过上面的例子,我们不难看出严景耀对以上三个问题的回答,他用生动形象的事实告诉了我们娼妓的产生有着深刻的社会现实因素,而并非娼妓本人的主观意愿而为之的。因此从犯罪社会学的观点

---

① 严景耀:《中国的犯罪问题与社会变迁的关系》,北京大学出版社 1986 年版,第 53—54 页。

② 严景耀:《中国的犯罪问题与社会变迁的关系》,北京大学出版社 1986 年版,第 55 页。

③ 严景耀:《中国的犯罪问题与社会变迁的关系》,北京大学出版社 1986 年版,第 56 页。

看来,社会的变迁是导致犯罪发生的根本原因。在揭露娼妓们悲惨命运的同时,严景耀还从另外一个侧面发现了社会进步的一面,如在对第一个案例中妓女的评价上,严景耀认为案例中除了反映生存问题、教育问题、工作就业问题外,还有一个重要的问题就是婚姻问题。过去的婚姻都是父母之命,媒妁之言,女子很少有自己选择的机会和权利,而以做妓女的方式来寻找自己的如意郎君,这也是对传统教条的一种抗争,也是一种女性婚姻思想觉醒的表现。

　　也许有人会问,纵使有万种不幸,是不是做了妓女后就可以改变过去贫困潦倒的状态,过上锦衣玉食的生活呢? 其实不然,妓女们的生活并不像各种古装戏里所演的那样清闲舒适,严景耀经过多处的调查走访发现,只有级别比较高的妓女才有机会享受到舒适的环境,而且也只能是有客人光顾的情况下,其余时间都是几个人挤在一起,生存条件还是比较艰苦的。而且她们的身体状况也是一大问题,她们有些人身染多种性病,为了生存还要坚持接客,不但成了性病的主要传染源,还为社会埋下了一大隐患,自己的身体也饱受折磨。对于那些被收容的妓女来说,生活也好不到哪里去,她们没什么生存技能,又没有机会去学习什么,只能每天粗茶淡饭,唯一希望的就是有人把她们带走,解放出去。甚至有些人幸运地被解救出去了,又因生活的问题被迫重新回到原来的工作上。因此,严景耀呼吁,解决娼妓问题是一个全社会的运动,应该所有人一起行动起来,同时要给妇女们学习生存技能和工作的机会,只有这样她们才能通过自己的诚实劳动,赚钱养活自己,娼妓问题才有希望得到根本上的解决。

　　最后,这里有必要提及一下,严景耀对于各种娼妓现象进行类型化总结。经过大量调查,严景耀总结出了有四种类型的娼妓:第一,当妓女作为逃避旧社会压制的手段。严景耀指出,她们因为和城市的接触所启发的觉悟对传统进行反抗。第二,贫困而貌美的少女以做妓女作为把自己从底层社会提高到上层社会的手段。有的少女以为成了名妓就可遇到富而有势的客人,她如果能嫁给一个这样的人,就可以进入上层社会的家庭里。她们除了做妾以外没有其他机会进入上层社会。第三,当妓女是少妇解决经济困难的最好办法。许多个案说明她们当妓女的原因,不是为了她自己的生活,就是由于意外的和不可避免的情况使然。许多社会危机如灾荒、内战等驱使许多人失去了生存的机会而陷于绝望的境地,当妓女也是解除危机的一个临时办法。第四,许多妓女是被人拐卖诱骗的。她们完全成为被人主宰的奴隶,妓女通常是拐骗罪所侵害的对象。①

六、关于破坏家庭罪的若干结论

严景耀经过对破坏家庭罪的分析和研究之后,得出了若干独到的结论性意见:

1. 犯罪是在新的社会情况中失去适应能力的自然办法,也可以把它看作是犯罪者为了在旧的传统生活方式被破坏的新环境中予以满足他们新生活中的最基本的需要而求得生存的最好出路。

2. 犯罪是与整个社会结构有关的,而且与其他社会问题相关联。有些犯罪调查反映出社会危机的暴露,如内战、饥荒等,这些主要的社会危机说明它破坏了社会的正常机构,导致了许多个人的危机。犯罪也可如此解释:个人适应在社会的与个人的危机同时出现的瞬间,如果不能提供足够的社会援助来帮助就会犯罪。

3. 许多种不同犯罪的形成过程是相同的。当一个人遇有个人危机,她可能失去生存的能力,她或者去拐骗,也可能做妾,也可能做娼妓。有时她可能成为拐骗犯,但也可能成为拐骗的受害者。对于相同的危机,不同的人有不同的背景、不同的条件、不同的反应。有时是因为机遇不同,有时是在方式上、法律上不同,但从犯罪学研究角度上看,她们的差别不是很大的。

4. 犯罪者是因为社会情况迅速转变失去适应的受害者。当我们放眼看犯人时,我们发现他们在犯罪前都曾经过剧烈的思想斗争,可以说他们大多数人是被迫犯罪。

5. 有些犯罪是传统与法律矛盾的结果。

6. 有些犯罪看上去是反社会的,但它又是社会功能的产物,不仅犯人和受害者是现存制度的必然产物,而且有些犯罪清楚地说明因为它是社会的需要、需求而存在的。如果没有需求,就没有妓女;没有妓女,就没有拐骗。只要有人需要妓女,拐骗就无法取消。

7. 犯罪者多为处在经济地位底层的人们。他们往往是社会、个人危机

---

① 严景耀:《中国的犯罪问题与社会变迁的关系》,北京大学出版社 1986 年版,第 57—58 页。

的最先、最严重的受害者,而且他们无法解决他们的困难。①

第三节　侵犯财产犯罪

　　严景耀博士学位论文的第四章和第五章涉及的是关于侵犯财产罪的问题。他分别从青少年偷窃、偶然偷窃、职业偷窃、盗匪、强盗、诈骗犯以及其他侵犯财产案入手,几乎囊括了当时关于经济犯罪的各个方面。他认为经济犯罪是当时中国最主要的犯罪,在经济犯罪的原因上,严景耀没有照搬照抄西方流行的犯罪学观点,他用科学的社会学、人类学、犯罪学观点来分析中国民众犯罪的原因,这在 20 世纪 30 年代是极其难能可贵的。他认为中国民众经济犯罪发生的原因主要是西方资本主义大量商品倾销中国城乡市场后,摧毁了中国原本自给自足的自然经济,使得中国的基本经济制度遭到瓦解。中国农村沿袭了几千年的自然经济迅速演变成半殖民地半封建的畸形商品经济,农民和农村手工业者流离失所,处于失业状态。他们被迫卖掉祖祖辈辈留下来的赖以生存的土地,被动地流入城市后又无法谋生,传统道德观念与新形势下的法律发生矛盾和对抗,个人经济生活陷入困境,而当时社会又无力给予他们必要的救济,导致他们被迫铤而走险、以身试法,走上犯罪道路,从而在万般无奈下把犯罪当作了谋生的主要出路。

一、青少年偷窃

　　关于青少年偷窃,这也是青少年犯罪最主要的形式,尽管此类犯罪的现象五花八门,但从根源上来看,基本上都是由于家庭问题而引起的,偷窃行为往往发生在他们离开家庭之后。这是因为,他们一离开原来的家庭环境转到一个新环境里,就显得难以适应,生活就成了很大的一个问题。正如严景耀所说的,他们找不到一个临时工作,因为中国的社会比较刻板,对于年轻人找工作的机会是很少的,实际上没有介绍人或熟悉的关系是不会受雇用的,他们只有偷点食物以维持生活。下面这一案例就颇具典型性:

---

　　① 严景耀:《中国的犯罪问题与社会变迁的关系》,北京大学出版社 1986 年版,第 58—60 页。

　　吴成生,11 岁,智力商数 132,他是北京劳改学校的优秀生。他的父亲在军队里工作,但领不到薪水。他的母亲必须拼命干活才能维持一家三口人(成生、他的母亲和弟弟)的生活。当他母亲缝洗衣服时,他就去看弟弟。他厌倦这种家务事,他想到外面去和街上同年的孩子们一起玩。以后,只要弟弟哭了,他的母亲总是不责备他弟弟而骂他没有带好弟弟,惩罚他。他感到不平,于是他跑出家门在外面偷了东西。

　　他写的交代:当我还是个孩子时,父母没有教育好我。他们没有用言语或行动教育我分清是非。所以,我整天泡在街上,学了许多坏习惯。等我长大了,我知道这种行为不好,我不能一辈子这么浪荡下去。

　　所有穿西装坐汽车的人大都是受过良好教育的,而且能赚很多钱,所以我也想上学。在中国,坐汽车和穿西装都是一种奢侈和享受。有一次,他要妈妈送他上学,因为他看见许多富家子女都是上学的。他的母亲对他说,你爸爸在军队拿不到薪水。我们现在没有那么多钱送你上学。等你爸爸有了钱时再说吧。

　　有一天,我妈上街,要我看着弟弟。可是我也想上街,我没有听她的话,她狠狠地揍了我。我想:我再也没有什么乐趣了,我就跑出去,再不回家。我跑到天桥,到处溜达,看到一个变戏法的叫"云里飞",他看见我穿得破破烂烂,问我:"孩子,你的家呢?"我说:"我没有家。"他说:"跟我来,当我徒弟。"我当时觉得他的职业很下贱,没有出息,我又从他那里跑走了好几天。我看见路边放着一辆洋车,坐洋车的正和别人讲话,我趁这个机会把车垫子偷跑了。拉洋车的看见真火了,"好小子! 你这么个小东西就敢白日行抢。"他一边喊,一边找来了警察。

　　我被带到了派出所,我想:这下子好了,我可找到个地方有吃的了。以后,我被送进管教院,我的功课都做得很好。但是我有个毛病,我不愿守学校的规矩(这孩子在班上年纪较轻。别的孩子看不起他,他就跟人家打架,表示他不是好惹的。他每天都打架)。我想我将来不再找麻烦了,好好地读书,希望将来能成个老师。管教院的学生们都喊我"教授! 教授! 吴先生! 吴先生。"哈哈! 谁知道我当过"云里飞"的徒弟,还偷过洋车垫子呢?[①]

---

　　① 严景耀:《中国的犯罪问题与社会变迁的关系》,北京大学出版社 1986 年版,第 61—63 页。

二、偶然偷窃

严景耀考察发现,偶然偷窃犯罪的原因是由于来自现有工商业经济制度与旧有的农业靠笨重劳动的制度的矛盾而产生的,它也是由于农村生活与现代城市生活之间的矛盾而产生的。例如,严景耀举了这样一个例子:

> 我是余姚县的农民,有一小块田产,我和老婆在田里干活。白天种田,晚上我织布,她纺纱。我们拼命干活,也很高兴。我们的村庄地势偏僻,城里的事、村外面的事我都不懂。等粮食打上来后,我到城里去卖,等布织好了,也拿到城里去卖。六年前,铁路修进了我们的村庄,我们就从许多别的城市、别的地方听来许多新闻。我慢慢地知道城里人都喜欢穿洋布.算是一件时髦事。我们在农村织的布不好卖了,洋布又便宜又好看。铁路没有建成以前,我们这里也有洋布,但是因为运输不便,洋布的价钱要贵些。现在我要卖我们织的土布就要压低价格,压低价格就影响了生活。经过这几年的困难,我们负债了,我想以后我和老婆不能再靠织布谋生活了。我们的那块地又很小,靠种田也不行。除了织布我又没有别的本事,经过长时期的挣扎,我非另找出路不可。我看见有些同乡到上海去谋个事做就能发财。他们回到乡里,我去看望他们,他们都穿得很阔气,有人还买了田。我看只有去上海是发财的好办法,我决定这样干,就把老婆送回她娘家,我卖了田还了债,还给了点钱给老婆作家用钱。我带了50元到了上海,可是我不知道我能做点什么活。我离家前跟老婆说过,过几年,等我赚了钱回家,我们可以买回自己的田,再多买点田,就可以快快活活地过个舒服日子了。
>
> 当我到了上海,看到五六层的高楼,觉得非常新奇。我从来没有看到街上有这么多人来来往往,每天每处都像是集市,在上海我很难找到一个亲戚。当我发现来到上海好几年的一个亲戚很贫困时,我感到十分吃惊。他住在一个很小的房间里,房间里还有三个别人同住。开始时我想他一定会关心我,可是见了他以后,我知道他不会让我住到他这间小房间里。我要求他给我找个工作,他告诉我这是异想天开。除非我有很多钱作资本,否则我是不会找到工作的。我想我有50元总可以开始我的新生活了吧。
>
> 我被迫住在小店里。我的亲戚答应帮我找房子,找职业。第二天我找到一间房,和另外两个人同住,每月房租一元钱,我没有想到房租

这么贵,吓了我一跳,可是找工作更难。半个月后,我的亲戚给我找了个搬运工的工作,在码头要背二三百斤的东西。这么重的东西我背了真吃力,但是别的事也找不到。我发现别的工人看不起我,说我是乡下佬,别的什么事也不会干。我想回家乡吧,可是田已卖了,又没有别的事做。还有,我怕乡亲们笑我,老婆怨我。我只好咬着牙干下去。这活对我来说太重了,我已是40岁的人了。

两个月后,我累坏了,病倒了。工头看我不能工作,就把我解雇了。我没有进款,而每天开支很大。我从来没有受过这么大的罪,这么孤苦无援。没有人照顾我,除了我的亲戚也没有人来看我。我的亲戚的态度也变了,他走进来一会就跑开,干他的活去了。我不懂他为什么对我这么冷淡。等我病好了以后,再找工作就很不容易。我原先的工头嫌我年老不要我了。我的亲戚也不能为我找工作。我每天在街上徘徊,但总找不到工作。这时我的钱已用光了,我真不知道我该怎么办。可是我仍每月寄钱给我老婆,告诉她我的工作很好来宽慰她。有六个月的时间,我无工作可做,只能每天进茶馆,在那里一坐就是一整天。以后,我连买饭钱和交房租钱都付不出来了。有一天,我又走上街头,看到有一家的大门敞开着,我想我如果能从这家拿点东西出来,我就可以卖出点钱付房租了。我跑进去偷了一只箱子跑出来。我还没有跑过一条街,就被人抓住了。我被判了一年半徒刑。我想上海这地方真害人,不管家乡对我怎么样,我还是下决心回乡。上海人真坏,就连我的亲戚也变坏了。可是我没有钱买回我失去的田地,也没有钱租点地耕种。我始终不懂为什么有些乡亲们发了财,而我不能。我恨他们,因为他们拒绝给我帮助,他们应该帮助我,我们是同宗的亲戚,可是现在把我看成路人。①

从严景耀所列举的上述例子,我们会深刻地感受到,上述案主是如何一步步走上犯罪的道路的。严景耀指出,虽然上述案例不是很完整,但是对我们理解本案为什么会发生会有所启发。严景耀进一步解释道,案主在开始时是因为交通方便了,土布竞争不过洋布而受到苦难,西方技术的引进扰乱了中国的经济制度。案主经过几年来的挣扎,失败以后,他卖土地,

---

① 严景耀:《中国的犯罪问题与社会变迁的关系》,北京大学出版社1986年版,第64—66页。

停止了纺织,跑到上海讨生活。他去上海,因为他知道有些乡亲到上海后生意做得很成功。但是他不懂得乡亲们的成功是因为他们老早到上海,比他具有竞争优势。同时,严景耀也指出,长期生活在封闭农村的人们根本就不知道什么是商业,什么是商业制度,他也不知道他的同乡因为从首层的、个人关系的社会过渡为次层的、非个人关系的社会,因而他的态度有所改变。他鼓起勇气跑到上海去的这一事实说明他还没有改变他的首层社会集体的概念,以为他的亲戚总会帮他的忙的。以后,他发现他只找到一个近亲,就是这一个亲戚也不能给他所要求的帮助,其他的人更毫无办法帮助他。当他在码头上当苦力时,他不够灵活,别人就叫他"乡下佬"。他拼命工作,吃苦耐劳,当他一旦生病,就被一脚踢开。他恨他的亲友们无情无义,他不知道他们也是自顾不暇。①

　　经过上述分析,严景耀总结认为,案主的犯罪是由于中国旧的经济制度和现今的新的经济生活的矛盾、城市生活与农村生活的矛盾而引起的无能为力的情况而产生的。但是严景耀又认为西方技术的引进可能是扰乱中国经济制度的致命因素,因为正如上例所述,洋布的输入,尤其输入到乡村和城镇,对土布造成了冲击,随之便是大批农民失业,失业后便开始向城市发展另谋职业。其实,严景耀指出,就洋布对于土布的冲击来说,这种冲击刚开始是不会被众人察觉的,是一种不知不觉的冲击,由于受制于传统的旧的经济制度,他们习惯于旧的职业,不愿放弃他们手中的手工业方式,他们被迫失业就是一种逐渐的、致命的结果,逐渐贫穷化是他们不可避免的命运。严景耀同时指出,为什么那些从农村走出去的农民会成为暴发户,原因在于那些做贩运洋货生意的人,用较低价格和式样美观的货物卖到中国消费者的手里,转手之间,出乎自己意料地发了洋财,变为暴发户。他们之中大多数还是传袭着光宗耀祖的思想,从那些因洋货充斥市场而贫困的农民手里买来大片土地。中国几千年来建立起来的稳定的自然经济在不到半个世纪的时间内被摧毁了。因此,那些放弃手工业和卖掉土地的人们被迫离乡到城市中来谋求生路。

　　严景耀指出,这种现象常被国外的观察家和中国学者误认为是人口过剩的结果。但实际上,它是乡村经济,也就是中国的基本经济制度被粉碎

---

　　①　严景耀:《中国的犯罪问题与社会变迁的关系》,北京大学出版社 1986 年版,第 66—67 页。

的结果。家庭制度原来是中国社会制度的基本的、经济的和社会的单位，逐渐地被外来的工厂制度所侵入，而家庭的成员还不能适应。这种情况按照一位中国的社会学者的说法是：人民的需要在那时是很小的，可以用国货来满足。但是我们不能说经济的平衡是可以永久保持不变的，例如水旱灾荒和兵荒马乱是会扰乱或破坏经济秩序的。但是这类灾难除少数例外，总是局限在某一地区而不会扩大影响到整个社会结构。现在日常用品都是大量地从国外进口的，人们用洋货用久了，西方文明就不知不觉地侵蚀了中国人。我们发现，洋火、洋布、洋油、洋烟和烟草、化学染料都是现代的发明和创造，它们在过去的数十年内逐渐地征服了我国市场而且深入人们的印象之中。其结果是：人们的消费习惯是多年培养的，一旦改变了，一方面，洋货充斥市场，取代了土货的地位；另一方面，天然动力资源取代了人畜的动力。这种严重后果是显而易见的。这种转变是少不了革命的，而远不是自发的。这整个过程是在西方文化扩张的情况下，人们失去了控制不得不如此的。①

三、职业盗窃

严景耀注意偶然盗窃的同时，也注意到了职业盗窃，职业盗窃是不可忽视的犯罪学研究的组成部分之一。严景耀在其博士论文中对这个问题进行了专门的研究。

严景耀认为，偶然盗窃与职业盗窃之不同主要指：前者是为解决一时经济困难而采取的手段，后者是以盗窃为经常谋生之道。严景耀在其博士论文里给我们讲解了当时的职业犯。他指出，在农村中盗窃犯虽然不多，但职业盗窃却是由来已久的了。但是职业盗窃并不被人看不起，因为盗富济贫，到处帮助穷人，从这一城市到另一城市，从这一省到那一省，游侠之风，路见不平，被人称为侠义。这些职业盗窃犯大多数武艺高强。他们平日言行均能循规蹈矩，被人视为"大好人"。在这里，我们看到了严景耀所谓的职业犯，其实和我们的理解是不大一样的。更令人觉得有趣的是，严景耀在论文中举了一个职业犯的典型例子。

王德成在绥远犯法，被捕并被审讯。在严刑之下，他拒不承认为

---

① 严景耀：《中国的犯罪问题与社会变迁的关系》，北京大学出版社 1986 年版，第 66—68 页。

盗,最后放了他。他想他不能再住下去了,想到北京找人帮忙。他借了点钱到了北京。他对他的情况作了如下自供状:

"我坐火车到了北京西直门,车到时天已黑了。我叫了一部洋车进城。晚饭后,我去看一个朋友,住在他家。我原来计划在北京耐性子住些时,并不想再作盗窃,因为我在绥远时已招来了不少麻烦。警察局的酷刑警告了我,但是时间过长了,我的钱不够用了。和老朋友见面,今天你请我吃饭,我明天请你到天桥看戏,以后又去妓院,这样搞久了,钱也快花光了。我虽然可以卖点东西得点接用,但常和朋友消遣玩乐是不行了。这时我的全部财富,包括钱和衣物等出不过200元,再过三个月我连一点零用钱也没有了。我是挥霍惯了的,要我少花钱很难。我原打算做个生意过过平常生活,但我必须改变主意,因为做生意的本钱也没有了。要去拉洋车吧,又怕朋友们笑话,所以下不了这个决心。再过一个月,我一文不名了。我住的那一家也很困难,我如果不能帮他点忙,我再住在他家也不合适了。所有这些都使我走上了盗窃的道路。

有一天,我遇到我叔叔的一个朋友,在谈话中,我知道我叔叔身体不好,他家里也没有足够的家用钱。我听了之后,为叔叔家的困境感到很难过。我觉得去看看他,尽我的力帮他点忙是我的责任。但我没有钱去办点礼物,所以我非想法弄点钱不可。第二天早起出门溜达,我在街角站了半个钟头。我拼命想主意,可是想不出。我的主意想来想去只是一个字'偷'。自从我回到北京,我总是怕人家对我的行为有怀疑,但我又别无出路。如果我还像离北京到绥远时那样去侦缉队工作,我挣不了很多钱,一定不够我花的。我需要钱,除了偷实在想不出别的办法。"[①]

严景耀指出,有些小偷变成职业盗窃犯是由于他日常职业的技巧所造成的。这种职业技巧为其盗窃的成功提供了便利的条件。下面的例子就反映了这样的问题。

米某是个棚匠,他的职业就是在人家的窗外或院内搭个凉棚遮太阳光。他总是夏季忙得很,可到了冬季就没有事干。所以他非在夏天

---

① 严景耀:《中国的犯罪问题与社会变迁的关系》,北京大学出版社 1986 年版,第 83—84 页。

攒点钱预备着冬天花。冬天他也有时候找点零活干。1926 年夏,他的生意特别清淡,他没有攒下多少钱,冬天也找不到工作。他因为找事难,又为饥寒所迫。他决定偷东西弄点钱。他第一次尝试后,觉得自己的手段不错,因为他有搭棚的手艺,很容易地就上了房,他觉得偷钱是便当的事。他一找到了得钱的方便之路,再也不想使力气干活了,于是不再搭棚而改行当小偷了。①

严景耀还理出了早期职业犯的特点——在中国,有许多人为了做职业小偷必须参加一种特殊的帮会,接受他们所选择的“专业”的训练,如掏钱包的、拦路抢钞的等。严景耀为了说明职业犯的这个特点,特在其论文中提及这样一个案例:

　　他是北京的一个侦缉队员。他有个妓女作情妇。有一天,她没有让他知道就离开北京了。他感到很难过。过了几天他收到她一封信,知道她到了张家口。他于是立即辞了工作追到张家口。同时他带了两封介绍给他在张家口朋友的信。当他到达张家口,找不到那妓女,也找不到别的朋友,他不知道怎么办好。有一天,他在街上无意中遇到他在北京的一个姓薛的朋友。他写他的故事如下:

　　“姓薛的是我在北京时的好朋友。在我毫无办法的时候遇到他,我太高兴了。我觉得他一定会想尽办法帮我的忙的。我以前听说他去天津了,我简直想不到他会来到这里,后来我们同去羊肉馆吃饭。我把我到张家口故事告诉了他。他说:‘你可以暂时在这里,过几天我介绍几个朋友给你,你没有钱用,尽管告诉我,我会想办法的,我肯定你会找到工作的。在这里弄钱很容易,但是你得有门路,你如没有门路你一个钱也搞不到。’我问:‘你说的是什么门路?’他说:‘最重要的是要参加帮会。’当我问他什么帮会时,他说:‘别着急,你如果眼下不回北京的话,我会为你安排一切的。……’我进入帮会后就学偷东西,特别是学偷鸦片烟。帮会里有好几个行当,有的是公路拦截,有的绑票等。当了小偷,生活改变了。每天吃好的,吃过饭去戏院、赌场或妓院(行规是不许去妓院的,如果去了,帮会知道了就会给予惩罚)。当他感觉他得到的钱还不够他用,而且他感觉到向帮会要钱用很不体

①　严景耀:《中国的犯罪问题与社会变迁的关系》,北京大学出版社 1986 年版,第 85 页。

面,他计划着另找别的工作。他首先出去调查,在城内或别的城市,总要找到一家有油水(财富)的人家,夜晚到他家去作案。他需要几个帮手就要看作案的难度大小。所有帮会的人们都偷盗。"①

严景耀也通过例证说明了一个职业盗窃犯的专门行当也可以因环境不同而改变;反之,也可因环境的不同而改变行当。

> 张是个掏钱包的,52 岁。当他 16 岁时,他从师傅那里学会了这一手。他常在天桥作案,因为那里人多。他如果离开北京到别处去,他就专在人多的戏院里挨挨挤挤。但他很少离开北京,除非农村中有集会、庙会或节日等,不然他找不到生意。

> 当铁路通到城市,他改变作案的地方,他不再在天桥而到车站去找"主顾"。他后来发现,在火车跟上乘客能得到更大的好处。他又把他的作案地点改在火车上。这种小偷有个专有名词叫做"吃火龙的","火龙"就是指火车。②

四、盗匪

在严景耀看来,一般的人对于"匪"这个问题认识是有偏见的,人们对这个问题很关注,但是很少对这个问题进行调查研究。严景耀指出,之所以很少有人去研究这个问题,原因在于,一是第一手材料不容易搜集;二是对于"匪"的含义往往成为一种在政治斗争中用以指责政敌的名词。把政敌指控为"匪"就可以对他进行惩处而不去攻击他的政党。南京国民政府往往对共军的干部和群众加上"共匪"的恶号。日寇侵略东北就诬称东北是"匪窝"。这些都成了政治术语了,毫不涉及问题的实质。但他们的谬论却很有影响。③ 而这种影响也在影响着人们对于"匪"的认识。

严景耀指出,匪的问题在中国有其特殊意义,也只有在中国可以给它以比较充足的解释。他解释说,中国的历史表明,所谓"匪"往往是反对当权派或贪官污吏的义民。约在公元前 1000 年周朝初期,有弟兄二人名伯夷、叔齐,他们原是前朝的官员,因此不食周禄,退居山林,食草为生。旁人

---

① 严景耀:《中国的犯罪问题与社会变迁的关系》,北京大学出版社 1986 年版,第 85—86 页。

② 严景耀:《中国的犯罪问题与社会变迁的关系》,北京大学出版社 1986 年版,第 86 页。

③ 严景耀:《中国的犯罪问题与社会变迁的关系》,北京大学出版社 1986 年版,第 88 页。

对他们说,草也是属于周朝的,于是他们不食而饿死。他们的忠君思想受到孔子及弟子们的极高崇敬。因此,为失败的前朝尽忠反对新立的朝廷成为传统的美德。如果他们无力复辟前朝天下,他们或者自杀,或者隐身绿林招兵买马待机而发,以恢复被推倒的王朝。以后这些草莽英雄又可与官兵相联合,取得政权后,又在这新建立的王朝中做官。有时,"匪"也是为了逃避政治上的专制统治。他们有时等候在他们能有所作为时被政府招安,为国效劳。因此,"匪"也有可能变成兵或将军。虽然传统观念仍然认为"匪"是可以被政府收抚做士兵或将军的,但实际情况完全改变了。因为做匪的因素不那么简单。有些匪是因为天灾荒年受饥饿所迫而为匪的。[①]

匪的问题是当时社会非常严重的问题,土匪向来被认为是十分危险的人物。但严景耀关于土匪问题的看法则不尽然,他通过案例的采集,分析了他们走上土匪道路的历程,认为这些土匪也并不是什么异乎寻常的人,并指出土匪是和中国经济社会的实际情况有着密切联系的。"在某种程度上来说,匪情是中国社会的、经济的、政治的失调现象的晴雨表"[②]。举例而言,河南某县县长曾告诉严景耀,他在任县长两年时间,对灾荒情况难以应对,由于灾情严重,全县老百姓都当了土匪,这些土匪不能抓,因为他们实际上不是匪而是灾民。又如:一个来北京的士兵,被捕送进大同监狱,严景耀在狱中访问他,他说:"因河南老家闹荒年,逃到东北参加军队,东北军在大同被击败,许多士兵被遗弃在此。我没有钱,没有吃,只有一条枪,我不能当兵,就只能当匪了。"严景耀指出,另一种地下组织是由于对当时统治者不满,为反抗当时的统治者而形成。例如东北的大土匪组织就是这样成立的。他们结社自卫,并以保护人民为己任。"替天行道""杀富济贫"是东北大土匪组织标榜的两面旗帜,这是他们的道德观,他们的戒律是:"不许迫害穷人""为富不仁是人民的敌人",他们对社会不平等现象表示不满,见义勇为,偷窃富户是为人民复仇。有一个大土匪首领,人称"野狼"的自豪地说,他从未杀过一个无辜的人。严景耀对此指出,"盗亦有道""官逼民反",官匪之害甚于盗匪。这种土匪是反对社会上层、富者和统治者的,不都是一般人认为是为非作恶的人。

---

① 严景耀:《中国的犯罪问题与社会变迁的关系》,北京大学出版社 1986 年版,第 88—89 页。

② 严景耀:《中国的犯罪问题与社会变迁的关系》,北京大学出版社 1986 年版,第 57—58 页。

五、关于侵犯财产罪的若干结论

严景耀通过典型案例的分析法,在对各种经济犯罪的原因经过深层次的剖析后,在紧密结合中国社会变迁的实际情况基础之上,严景耀得出了一些富有见地的结论:

第一,犯罪可以看作是在发生一般社会危机或个人危机时,犯罪者求生存的最好办法。许多人在经济上犯罪主要是由于社会危机,如新经济制度的竞争、打内战、灾荒、歉收或"革命"等,夺去了他的生路,他们在适应这些危机时无能为力,只有铤而走险。

第二,犯罪也可以看作是在新的社会生活中家庭控制失效的一种症状,是城市生活与农村生活矛盾的结果。农村社区的行为规范如个人如何对待朋友、裙带关系、家族集体主义、对性的态度等都是很适当的,但当他们具有这些好品德生活在城市里时,就会吃亏或受伤害,因为城市中非人际关系和个人主义是流行的。犯罪是不能适应城市化的迅速发展的象征。

第三,中国犯罪表明许多犯人是因为和顽固的旧的社会制度不相适应而产生的。当社会发生急速变化时,他就无法适应。

第四,青少年犯罪与成人犯罪不同,因为儿童的问题与家庭有紧密关系,但成年犯罪则由于成年人与社会长期接触与复杂环境所发生的许多社会问题而产生的。

第五,有些犯罪是由于旧道德观念与西方传来的新法律之间的矛盾。

第六,在同样的社会的或个人的危机下,人们可能犯偷窃、强盗、土匪、诈骗等罪行。另外一方面,在不同的情况下,在不同的人身上也可能产生同样的罪行。

第七,犯罪可以说是某种情况的受害者。因为在某种情况下,犯罪是最好的出路,以保持他的地位或保护他的存在或满足他们的最基本的需要。有时他们是被利用来做些犯罪的事而不自察。有时是受到某些人的引诱被置于无可奈何的地步而做了坏事,但他事先不知道这是个花招。

第八,犯经济罪者几乎都是穷人,或者是那些无法达到正常生活标准的人们。[1]

----

[1]　严景耀:《中国的犯罪问题与社会变迁的关系》,北京大学出版社 1986 年版,第 114—115 页。

第四节　政治犯罪、杀人犯及吸鸦片犯

一、关于政治犯

严景耀在其博士论文关于政治犯罪的引言中，对一般意义上的犯罪和政治犯罪进行了比较。他认为，一般意义上的犯罪是由于犯人个人生活方式不能适应社会要求而形成的暂时的危机需要，他们通过违反法律的手段来解决生活问题，即犯法者有可能仇视社会，他们用危害社会的方式寻找谋生的出路。政治犯罪则是与现存的政府，现存的国家的法律有矛盾而谋求另一个政府或国家的利益。一般犯罪对于社会约制的反应是被动的，而政治犯对社会制度的反应却是主动的和有主张的。[①]

严景耀还进一步对当时社会为什么会有政治犯罪进行了解释。他认为，人们因为习惯于旧有的生活方式，经常是不愿接受新观念的，但是相反，对普遍接受的思想却表现出炽热的感情。他们旧的传统行为越多就越难改变，因为只要行为的一方面有所改变必致影响全面的改变。他们不愿花气力改变他们的生活，除非环境变了，逼迫他们非变不可，否则，就不得安宁。这样他们对于那些开始要求改变的人总认为他们是"错误的"或"危险的"。特别是当这些人的个人利益受到威胁时更是这样。制度愈是顽固，愈难改革。当暴力逼迫改革时，矛盾与破坏是不可避免的。中国的经济与社会制度如此顽固，当其被迫改革时必然会引起骚乱和流血斗争。[②]例如，危及一个现存集团或统治阶级时，它必然会被统治阶级宣布为危害国家的犯罪行为。在中国封建王朝被推翻以前，提倡民主就是叛国。1911年辛亥革命成功后，那些倡言复辟制度的就被送进监狱。

严景耀对政治犯先给予分门别类："政治犯有两种：一是力谋恢复已失去的社会秩序及政权，是反动的；另一是力求建立新社会秩序和新政权，是

---

① 严景耀：《中国的犯罪问题与社会变迁的关系》，北京大学出版社 1986 年版，第 116—117 页。

② 严景耀：《中国的犯罪问题与社会变迁的关系》，北京大学出版社 1986 年版，第 116—117 页。

进步的,也是社会上的激进派别。他们是未来社会秩序的先驱者。"①他以鲜明的政治立场、科学的唯物主义观点阐明了旧中国政治犯罪形成的原理。通过探索分析,揭露了反动独裁政权的腐朽和黑暗。在严景耀看来,单用刑罚的办法解决当时社会的犯罪问题是难以奏效的,要消除中国社会的犯罪问题,必须要消除犯罪问题的根源,改革社会制度,解救在饥饿线上挣扎的工农群众,如果不经过革命,头痛医头、脚痛医脚的改良主义是不能解决问题的。

严景耀曾在监狱中调查访问过几个政治犯的具体情况,例如:刘德元,是严景耀在燕京大学的同学,当时,是北京学联的主要负责人、燕京大学学生会会长。1929 年在山东家乡被捕,受到残酷的拷打,逼他出卖同志,他被囚在一个三尺见方的牢笼里,站不直,躺不下,脚上铐上 20 斤大镣,双手也被铐上。但他坚贞不屈,最后被枪杀。又如江西省一李姓农民,他这样诉说:"我不再当南京政府的老百姓,我过去受国民党宣传的愚弄,以为共产党来了要抢我的妻子和土地。但是现在国民党却把我一切所有都抢光了。我们村的农民也都被抢光,我们是被逼去投红军的,共产党帮助我们贫苦农民翻了身,国民党对我越残酷,我就更赤化。"②这两个案例说明构成政治犯的原因和过程,他们对当前局势感到不满,要努力建立一个新的社会制度,反对现有统治者的权益。

严景耀尖锐地指出,国民党之所以敌视共产党是由于共产党是坚决反帝、反封建的,是谋求民族解放,真正要革命的。他热情地歌颂共产党员、爱国革命者英勇斗争、慷慨就义的英雄事迹,大义凛然地揭露国民党反动派把人民革命者当作犯人进行囚禁、拷打、枪杀。他同时指出,中国广大工农群众长期以来在国民党反动统治的压榨剥削下,忍无可忍,迫切要求建立一个无产阶级领导的新的社会主义社会。严景耀引用"左联"给世界的一封信中的语句指出,"中国人民的负担已高达全世界第一位和史无前例的地步","在这种情况下,革命是自然的产物"。③他说,人民除跟共产党干革命这条出路外,别无其他出路。革命就是在这样的情况下自然产生的,革命造就革命家,而革命家不能制造革命。严景耀指出:反对政府以求建立新社会制度的政治犯,是对旧的顽固势力的反抗,目的是要解放那些被

---

①　严景耀:《中国的犯罪问题与社会变迁的关系》,北京大学出版社 1986 年版,第 141 页。

②　严景耀:《中国的犯罪问题与社会变迁的关系》,北京大学出版社 1986 年版,第 141 页。

③　严景耀:《中国的犯罪问题与社会变迁的关系》,北京大学出版社 1986 年版,第 141 页。

压迫受剥削的工农大众,他们在旧社会制度的压迫下忍无可忍,是建立新秩序新社会的力量。

实际上,在严景耀早期的犯罪学研究中,他对政治犯罪问题就给予了相当的关注,并进行大量的调研工作,如关于李大钊事件的分析和思考。在对政治犯罪深入考察的基础上,严景耀形成了关于政治犯的若干结论:

1. 政治犯与普通犯之区别在于前者是主动的,而后者是被动的。犯政治罪的原因多是为了集体利益着想,而普通犯罪多是为自己的利益着想。但他们同是环境的产物,他们都必须与社会环境谋求更新考验和重新适应。

2. 政治犯分保守派和激进派,前者是反动的,后者是进步的。保守派主要维护现存的社会秩序,他们与现存的法律制度不冲突;而激进派则是向现存的法律制度发起挑战的,一旦革命成功,掌握政权,政治犯的帽子即行摘去,他们的成功不仅说明革命政党的力量增长,也说明旧社会秩序的衰败。而保守派在新的社会秩序里仍然被视为政治犯。

3. 反对政府谋求建立新社会秩序的犯罪主要出于经济的目的。他是为了提高在旧的经济条件下无法生活的贫苦工农群众的生活水平。革命是这种情况的自然产物。

4. 政治犯不一定全是经济地位低下者。复辟旧政权、旧社会秩序的政治犯一般是统治阶级的统治阶层人物,他们不是为了恢复他们失去的高位,就是为了维持他们的享乐生活永远不变。至于谋求建立新秩序的政治犯有的也是富有的人,他们因看到和感觉到群众生活如此不堪容忍,因而想为改变这种现状而革命。在暴虐的独裁者或官僚制度的压迫下,大学学生变为革命者了,很多政治犯是从知识分子中来的。当知识分子、作家、编辑、讲师、艺术家和教师等对现存政府和社会秩序失去信心,他们就改变自己的地位而与社会上的被压迫阶级结合在一起,拥护公共舆论,表示他们的愤懑不平。

5. 谋求建立新秩序的政治犯是社会不稳定和不安宁的气温表。他是对顽固的社会秩序的叛逆。他不过是说明旧制度的压力已到了不可容忍的地步。他解放了长期以来受到压制的新秩序的力量,现在他们把周围的一切予以爆炸性的摧毁,把监禁他们的牢墙烧毁。革命是自然发生的,不是哪一个人发动的。革命造成革命家,而革命家不能制造革命。[①]

二、关于杀人犯

关于杀人犯问题,严景耀在开头即指出:"在中国,杀人犯罪与其他犯罪一样,在不同的环境、不同的信仰和风俗影响下,法律对它的判断是有所不同的。"[②]这样就出现了有些杀人犯罪是旧风俗所鼓励的,杀人犯不但事前受到鼓励,事后还会受政府的嘉奖。严景耀举了辛亥革命前的一个案例说明了这一点。

> 黄某是一个竹器工匠。1908 年,他娶了个 21 岁的妻子。他要到别的村镇去工作,经常晚上不回家,让他妻子一人睡在家里。家里除他妻子外,别无他人。
>
> 有一天,他在茶馆和一个朋友聊天。朋友告诉他:他妻子在家不规矩,开始时,他不相信,以后有些怀疑了。他由于生疑,就想去试探他的妻子。1910 年 9 月 13 日,他告诉他妻子:他要到某地去做活,几天之内不会回家。他早晨离开家,要他妻子好生照应自己。同时他在茶馆也扬言他要出门几天,其实他没有离开城,隐藏在朋友家里。到了晚上,他回家敲门,他的妻子没有立即应门,后来门开了,妻子面色苍白而且十分仓惶。他立即关上门拿出他的砍竹刀逼问他妻子发生了什么事,她一语未发。他就搜屋子,在床下发现一个男人躲在那里。他把这男人拖出来,用刀杀死了他,随后杀了他的妻子。第二天早晨,他砍下两颗头,向邻居扬言他已把淫妇、奸夫都杀死了。然后他请他的邻居为他作证,陪他到县衙门自首。县长听了他的自首言词后,称赞黄的行为,称他为"大丈夫",还赏了他 20 两银子,称赞他为维护风化,为县民做了好事(根据余姚县县府记录)。[③]

这一案例说明黄某杀死二人不仅是为了自己,也是为了维持社会道德和民风。他杀死妻子也是为了家族的声誉和尊严,因而他的行为无论是民

[①]　严景耀:《中国的犯罪问题与社会变迁的关系》,北京大学出版社 1986 年版,第 140—142 页。

[②]　严景耀:《中国的犯罪问题与社会变迁的关系》,北京大学出版社 1986 年版,第 143 页。

[③]　严景耀:《中国的犯罪问题与社会变迁的关系》,北京大学出版社 1986 年版,第 143—144 页。

间还是官方都是受到支持的。但是,辛亥革命以后,随着法制的近代化,旧道德和新法律之间的矛盾凸显,当事人若不懂新法律的规定,一味遵从旧道德行事,就会成为受害者。下面这一例即证明了这一点。

1928 年冬,严景耀在京师第一监狱调研的时候,遇到一个叫王龙的杀人犯。王龙 22 岁时,他的父亲被住在同一城镇的某人所杀死,凶手被判了14 年徒刑。一年后,凶犯因遇到大赦被放出来又回到这一城镇。王龙所有的亲友都认为王龙应该替父报仇,杀死这一凶犯。中国的传统认为与杀父者有不共戴天之仇。但是对方有较高的门第,复仇是困难的。但他终于接受亲友的建议,杀死了这一凶手,自己跑到警局自首,照老传统,他应被誉为孝子,但是出乎他意料,他被关在警局,他不知道他所犯何法。最后,他被判了 14 年徒刑。他对法官理直气壮地说他做了他应该做的事,不是犯罪而是尽孝道。他一直到处哭诉,所有的人都认为他是无辜的。①

由于旧道德强调家族的生死与共休戚相关的统一完整关系,所以杀父之仇是最大之仇。报杀父之仇是维护家庭间的这种关系以抵制外人破坏这种关系的表现。这是一起典型的血亲复仇案件,在传统社会,这是被允许甚至值得倡导的。但另一方面,民国的新法律则打破了传统的规定,移植的是西方关于犯罪的理念。因而认为家庭的统一完整关系应服从于国家的统一完整的关系,所以报杀父之仇仍然被认为是犯了杀人罪。②

针对杀人犯相关的案例的调查和分析,从社会变迁的视角,严景耀主要得出了如下的结论:

1. 杀人犯罪问题和其他犯罪问题一样,深深地与其他文化问题联系在一起。它与文化的其他问题有极密切的关系。它是社会变迁过程中不稳定因素影响下的一部分。

2. 旧中国社会里,杀人作案往往是摆脱困难的社会情况的悲剧结果。这种情况包括有权有势的个人影响,或者是某些社会情况使得犯罪者得不到公正的对待。

3. 人们的社会接触越广泛,犯杀人罪的范围也越宽广。在农村中,不仅妇女杀人只在家族范围内,男人杀人犯罪也很少超出家族范围。谋杀不相识的人的案件很少见。但在城市中杀死陌生人是常事。

---

① 严景耀:《中国的犯罪问题与社会变迁的关系》,北京大学出版社 1986 年版,第 144—145 页。

② 严景耀:《中国的犯罪问题与社会变迁的关系》,北京大学出版社 1986 年版,第 145 页。

4. 有的杀人犯罪是由于中国旧道德与法律的矛盾。在旧社会,替父报仇和刀杀奸夫不仅是允许的,而且会受到赞赏。但是现在,这些行为都是犯罪。①

三、关于吸鸦片犯

严景耀还对当时社会屡禁不止的吸食鸦片和毒品现象作了深入的考察,围绕吸鸦片犯问题进行专门的论述。鸦片问题可谓当时社会一大弊病,与鸦片相关的行为具体又分为吸鸦片和贩运鸦片。严景耀在论及吸鸦片和毒品罪时说,这种犯罪也是由于我国过去劳苦人民大众穷困落后造成的,这个问题反映旧中国劳动人民生活痛苦,是文化缺乏、知识缺乏的一个侧面,劳苦人民患病,没有经济能力医疗,对鸦片的毒害无知,为了迅速解除病痛,只能以廉价的鸦片和吗啡代替医药。② 严景耀在监狱与鸦片犯和吸毒犯谈话时,这些犯人曾痛苦地诉说:"我不能戒鸦片,我不能不扎吗啡,不吸鸦片、不扎吗啡,就没有力气干活。"严景耀指出:鸦片问题与中国社会上下阶层的人们相关联,禁烟法只适用于老实的下层社会的老百姓,而不能触及有权有势的上层人物,贩卖鸦片罪、吸毒罪和中国文化关系十分显著,这种犯罪的形成与其他犯罪问题一样,必须从对中国文化的了解入手,禁烟问题和中国犯罪的其他问题一样复杂,绝非一纸禁令所能解决的。

严景耀经过对吸鸦片的犯罪的调查,得出了以下几点颇有见地的研究结论:

1. 鸦片及吸毒问题在中国文化中有其特殊的功用,它曾是多种疾病的有效药品。但是长远吸用之后,不见效用,反受其害。吸用鸦片曾在社会上风行一时。

2. 犯此种罪行的往往是习惯与法律相矛盾的结果。

3. 犯此种罪行者是中国各阶层的人士和外籍人,而被捕受处分者多是贫苦老百姓。

4. 在什么情况下发生贩卖鸦片罪,在某种意义上讲,是和其他人在其他方面犯其他罪行的情况相似的。

5. 对此种罪行的形成如作充分了解,则与对其他犯罪的了解一样,必

---

① 严景耀:《中国的犯罪问题与社会变迁的关系》,北京大学出版社 1986 年版,第 157—158 页。

② 严景耀:《中国的犯罪问题与社会变迁的关系》,北京大学出版社 1986 年版,第 164 页。

须从对文化的认识入手。反之,对此种犯罪的调查研究,也有助于认识中国的文化。虽然在许多国家均以吸用鸦片为犯罪,但这种犯罪在中国却有其相同的和不同的特点,了解这些特点有助于了解中国文化,也有助于了解中国文化之特性。

6. 此种犯罪与中国文化的关系十分显著,也十分广泛。禁烟问题与其他问题一样十分复杂,绝非一纸命令能够奏效的。①

第五节　犯罪者的文化

犯罪作为一种违反法律破坏社会秩序的恶劣行为,为社会所排斥和禁止。犯罪者作为实施犯罪行为的主体,不断引起社会学者的关注和研究。而从文化的角度关注犯罪者,严景耀则是开了先河。他认为,犯罪者实际上也是有着自己的文化的,即所谓的犯罪者文化。平时,我们经常会听到的有儒家文化、尚武文化、帮会文化,等等,各种各样的文化充斥着我们生活的世界,这就不难理解,其实犯罪者也是具有其不同于其他群体所特有的文化的,他们有着自己的组织,有着自己的技能,有着自己的思想意识和行为准则,他们的文化也反映了一个时代的矛盾与激荡。在《中国犯罪问题与社会变迁的关系》一书中,严景耀以鲜明的事例和严谨的论述为读者打开了一扇走进和理解犯罪者文化的大门。

严景耀对犯罪者文化作了专门的总结,并指出犯罪者文化具有如下几个要素。

一、犯罪者组织

对于犯罪组织一词,我们并不陌生,他们存在于我们的周围,他们的规模可大可小,他们的成员可优可劣,他们的犯罪手法可简单也可奸诈,但是他们有着几个共同的特点:第一,他们的组织处于不断地调整之中,以适应现实的社会状况。第二,组织成员并非天生就是为了为非作歹而去从事这个职业的,一般都有着坎坷不如意的人生经历等。第三,有些人是为生活

---

① 严景耀:《中国的犯罪问题与社会变迁的关系》,北京大学出版社 1986 年版,第 176—177 页。

所迫才走上犯罪道路的。

然而，这与当时的社会时代背景有着直接的联系，正如严景耀所讲："一个重要的情况及能够使这种地下组织存在的原因是由于内乱、改朝换代、灾荒等引起的社会不安。"[①]因此，许多人被迫背井离乡到外地去谋生活之路。当他们没有机会像农民那样定居下来，只有去做非法的活动。他们开始时人数不多，偷点摸点，以后或者散伙，或者聚而成为强大的组织。除此之外，还有那些旧朝官员，或者家乡作案，亡命天涯的人，他们因为违反了社会的道德标准和行为准则，触犯了社会的法律，在光明的社会里是没有他们的立足之地的，因此加入地下组织就成了他们的唯一出路了。[②]

"在旧中国，有两条路逃避社会约制：一是到寺院出家为僧；二是参加地下组织。这两者都与合法的社会不相容。前者是消极的，后者是积极的。"[③]严景耀列举了当时比较有名的地下组织有哥老会、红帮，青帮等等。随着都市化的发展，这些地下组织往往表面上以做生意的面目出现在社会上，背地里却干着非法的事情。为具体地证明这一点，严景耀以一个职业盗窃犯的生活史为例，讲述当时社会上流行的北方犯罪者组织"哥老会"的实际运行状况。

当王 T. C. 在绥远的一条街上遇到他的北京的朋友谢时，他和谢的谈话（以下均系他的自述），其实这个例子在上文已经涉及，这里在上文的基础上继续展开。

> 我说："三哥，好吗？你怎么来的？"他说："我在天津待不下去了，所以来到绥远。我来了已一年，这地方很不错，有好些朋友帮我的忙。我们别在街上谈了，来！来！咱们去茶馆坐坐。"
>
> 我跟着他到了 C. P. 大街的一个羊肉馆，这是个大饭馆。我以前来这里吃过一次饭，可是一点不知道这里的情况。这天我跟谢三一同来，情况大不一样了。我发现饭馆里人跟他很亲热，他们说的话，有些我听不懂。我们进去后，跑堂要我们上楼。我们一到楼上坐下，另一个跑堂的立刻送来茶和香烟。我看到后对谢说："三哥，你在这儿真吃得开。"他说："这我很熟，我常在这儿吃饭。"喝过一杯茶后，他问我什

①　严景耀：《中国的犯罪问题与社会变迁的关系》，北京大学出版社 1986 年版，第 178 页。
②　严景耀：《中国的犯罪问题与社会变迁的关系》，北京大学出版社 1986 年版，第 178 页。
③　严景耀：《中国的犯罪问题与社会变迁的关系》，北京大学出版社 1986 年版，第 179 页。

么时候来绥远的。我说："我来绥远已经两个星期了。"他又问："来干什么？"我说："我原是来找朋友的，没找着，我又不愿回北京。"谢说："你先在这儿住下吧，我给你介绍几个朋友，没钱用，尽管跟我说。咱们都是自己的弟兄们。"我说："好！我现在手里还有钱。"我们谈到五点钟，然后我们在羊肉馆吃晚饭。晚饭后，我坚持要付账。谢说他已叫他们记了账。我们又谈了些时就分手，说好明天下午一点钟再见。我向他告别后，他说他还有点事要留在饭馆里。

第二天早晨，我离开我的住所（庙），去北街一家浴室洗澡，还叫了点东西吃。以后又休息了一会儿。快到一点钟时，我穿好衣服去羊肉馆。上楼时没有见到谢三。我又坐在原来我们坐过的那张桌子处，跑堂的过来说："王先生，您来得早啊，请喝茶。谢先生昨天说请您等他一会儿。"

半小时后，谢三来了。我说："您住得离这儿不近吧？怎么来这么晚？"他说："不远，我是在为朋友办点事，我现在没事了，这几天我要陪你到城里各处走走，然后再介绍你认识几个朋友，你看怎么样？"我说："很好。我现在反正不想回北京。"他说："那好么，你就在这里住，过几天我介绍几个朋友给你，没有钱用，告诉我，我会替你打算的。你在这儿一定能找到事干，挣钱也不难，可是你得有门路，假使你没有门路是挣不到钱的。"我说："请教您这是什么意思？"他说："最重要的一条门路是入会。"当我问他是什么会时。他说："别着急，你暂时不回北京，一切由我替你安排。"我说："好吧。"说完以后，我们去看戏。五点钟后，我们回到饭馆吃晚饭。谢问我住的地方方便不方便，我告诉他暂时没有问题。他告诉我如果我不愿意住在那地方，他会替我想办法的。

这次会面后，我们每隔两三天见一次面，每次见面都是在饭店。因为我没有事做，我常到饭馆子去。以后我和跑堂的也搞熟了，跟他也常谈谈心。我发现这个饭馆子不赚钱，因为每天虽然到客很多，但都不付现钱而是赊账。饭馆里有30个职工，全都是回民，掌柜的姓马，50来岁，他很能干，开始时我未注意他，以后我发现他手里总是揉着四个铁球，我觉得很奇怪。有时我问跑堂的："你们掌柜练功夫吗？"他们说"不是"或"不知道"，以后我又问谢三，他说："你发现了吗？马掌柜可能只会揉铁球，不会练别的。"我说："我不信。"他说："你要是不信，我收回这句话。"以后我们不再说这事了。晚上，我回我的住处时，我想那位姓马的一定练过，我一定要探明白。两天后，一个大清早，天还没有亮，我起来就进了羊肉馆旁边的小巷里，隐蔽起来。不一会，我看见饭馆的旁门开了，走出一个人，这人正是马掌柜。他两手揉着八个铁球。他往西面闲地溜达着，我跟着他。我听着他铁球的声音跟着走，走过火车站，他走到城墙下边。我离他有个距离，注视着他的行动。我看着他在靠城墙的地方绕着圈走，他手里的铁球越转越快，响声也愈来愈大。过了一会，他把八个铁球放在一个大包里。他脱了大衣服，练起拳来。看他练完后，我没有看出路数。就这样我连观察了五天。我问谢三："马掌柜是哪一派的？"他说："我不知道。"我说："您跟这饭馆这么熟，您一定知道。"他说："别管他是哪一派的，咱们有点事得好好地谈谈。"我听了以后心里在想，"你不告诉我，我也能知道。"这样又过一个月，我每天看他练，到底也不知道他是哪一派。一天黄昏时候，我在城墙根底下等着他，他手里揉铁球往西走。以前我只注意看铁球没有注意过他穿的衣服，这回我特别注意他的穿戴，我发现他脚上穿的鞋不是布的，也不是皮的，是铁的。我对他的拳法的路数更搞不清楚了。

以后我特别注意饭馆里的人。我发现主顾大体上分两类：一类是真来吃饭的，吃过饭，付过账就走。跑堂的对他们并不殷勤。另外一类其中大多数是回民，很受跑堂的殷勤接待，他们都是记账的，不结现钱。我的朋友谢三就属于这一类。他不但吃什么喝什么全都记账，而跑堂的对他很客气。掌柜有时和他谈话，但我听不懂他们说什么。经过这些调查，我肯定这饭馆是个组织。什么组织我不清楚。我密切注意这里的情况，三个月后，我还是没有什么进展。这时我手里没有钱了，已和谢三借了几十块钱，我们的关系处得很好，他从来不提欠账的事。天气一天天冷起来，我想再这样闲着下去，将来一定要受罪。

有一天，我对谢三说："如果没有事做，我想回北京了。"他说："你和我们在一起这么多日子了，你发现我们干的是什么买卖吗？"我说"你无非是在想办法搞钱，可是我不知道什么办法。"他听了笑着对我说："你观察了这么多天还不知道吗？你以前问过我马掌柜练的是哪一派，我告诉你我不知道。其实，你每次跟着他，他都知道。你在哪里练的拳法他都知道。你在这处这么长时间了，我想推荐你，把一切事都给你安排好。你已注意到这个组织很有意义，所以我现在向你解释。我还要像以前一样对你说：'你要想搞钱，你就得入会。'我说："对，您是这么说的，但是到现在也不知道您说的是什么会？"他说："好吧，我今天告诉你。什么人想搞钱就得参加哥老会。"我一听说是哥老会，我就说："我听到别人议论过哥老会。他们说这个组织的范围很大，在山东和长江一带都有他们的组织，我虽然知道一些情况，可我不知详情。"他说："我来告诉你一点情况吧。我是这个组织的秘书。老实告诉你，这个羊肉馆就是哥老会绥远的总部。"我听他这么说过以后说："这我看出来了。"他说："明天我介绍你入会，你看好吗"我说："很好，可我不懂会规。"他说："不要紧，慢慢地学吧，明天我去请求马掌柜的同意，他是绥远区的头儿，我们都管他叫'老爷子'，如果他同意你进会，明天向他磕头，磕过头就算会员了。"我说："你看着怎么办合适就怎么办吧！"谈话后，我们喝了茶，然后到外面散步，当天晚上我们回饭馆吃晚饭。然后又谈了一会儿，姓白的伙计对我说："王先生，您最好入会，您加入了，我们就都是一家人了。"我说："很好么，我这个人就是爱交朋友。"谢三嘱咐我明日最迟一点钟到。我和他们告别，回到我的住处庙里。

　　第二天早晨，天没亮我就起来了，出了庙在后院练拳脚，然后回去洗了脸。庙里看门的对我很好，我们常聊天。开始他也是个"过路人"（不公开的会员），他现在年纪大了，跟我很谈得来，有时他问我："王先生，您老是闲着，怎么不请朋友给你找个事干啊？如果您有个可靠的朋友，得钱还不容易？"他这么跟我说了几次，我都说不着急。今天我回庙，时间还很早，我又跟他聊天，我问他："你在这儿多久了？"他说："三四年吧！"我又问："你没事时也不出门吧？"他说："除非庙里的方丈要我去买东西，我不大出门。"我问："你知道这里有什么有名人物吗？"他说："我不知谁有名没名，我只知道哥老会很好，会友们都讲义气，团结得很好，所有的'过路'，到这儿来要钱花都得拜老爷子参加哥老会。"我问他："你入了会吗？"他说："我现在不活动了，我也不想发财，所以也不入会了。"当我到饭馆子时，我会见了谢三，一起喝茶，然后我进入一个私室，坐定后，他对我说："现在我们的交情可不是一般的交情了。这些日子你也了解了些情况吧？"我说："是，我了解点情况，但还不很清楚。"他说："我们了解你，你现在如果再没有钱花，你的日子就不好过了。"我说："这是真的。"他说："我昨天已和老爷子讲过了,我今天可以引见你磕头拜老爷子,加入会。如果你的名字登记下了,你就是一位会员。有什么事,你可以和他们一同去干。"我说："我反正也是'过路人',我得碰机会。您三哥在前,小弟不会受罪了。"他说："兄弟相信我,我是再也不会让你骑瞎马的。"那时已过了三点钟,他说:"我带你到后边去给老爷子磕头去。"

我们从那间私室出来,到了后边从边门进了后院,我心里对自己说,这些日子我看好些人走过这个边门,可是内部情况一点都不知道,我今天得特别留神。我走进后院时,谢三问我你到后院里来过吗? 我说没有,他不再说什么了。我发现后院很大。谢三叫我在门外等着。他说:"你等一会儿,我去看看老爷子在不在里面。"过了会工夫,他从屋里出来对我说:"请进来。"我跟着他到了里边。外边的屋里都很空,只有一个军器箱,上面放着些兵器。另外,还有两个大箱子和几只衣箱,都是锁着的。谢三把我带进里屋,那位老爷子从椅子里站起来,微笑着说:"老熟人了,老熟人了,请坐吧!"我说:"老前辈在,我们晚辈不敢当。"他说:"现在不要行礼,我们谈谈,坐下来谈谈。"谢三也说:"T.C坐下吧! 俗语说恭敬不如从命。"我跟谢三坐在旁边的椅子上,这时有人奉茶。老爷子问我:"王先生,你来绥远多久了?"我说:"老人家,您别叫我先生,我担当不起。"我还未开口,谢三说:"老人家,您就叫他名字 T.C. 吧,"老爷子说:"我从你第一天在城墙根跟着我,我就知道你是练过功夫的,你跟了我好多天,知道我是哪一派的拳路吗?"我说:"我看了好多天,不知道您老人家是哪一派。"老爷子说:"你不知道我的拳路,我可知道你是打八卦掌的。"他又问我:"你跟谁学的八卦掌?"我说:"是跟北京梁和尚学的。"他说:"是白云寺的老和尚吗?"我说:"是。"老人说:"太好了,我们都是朋友,你也不是外人。去年他的大徒弟还到我这里'过路'呢。我敢说咱们爷俩能投缘。"谢三这时说:"咱们既都不是外人了,那就照我昨天跟您说的让他给您磕头认师傅吧!"谢三站起来说:"T.C.今天我介绍你进哥老会,先不用拜大香,先给老爷子磕头拜师傅吧! 从今以后,你就得守哥老会的规矩;服从马老爷子的吩咐,跟哥老会的哥儿们讲义气。咱们是'有福同享,有祸同当,有钱大家使,一辈子同甘共苦'。"他说这番话以后,立刻拿了拜垫铺在地上说:"T.C.我来主持这个仪式。你现在可以向师父叩拜了。"这时我正站着,他把拜垫放在面前,我就跪下叩头。老爷子笑了说:"好了!你现在是我徒弟了。"从那天起,我已是哥老会的一员,行礼以后,老爷子请个管事的为我登记好,并把我的履历记在登记表上。这时间已经是三点钟。老爷子对我讲了会规和哥老会的活动。听了以后我才知道所有羊肉馆里的 30 多人都是弄钱的。他们都是小偷和强盗。白天做生意,晚上出去偷盗。和老爷子谈话后,我和谢三出来同去吃晚饭。第二天,我就搬到羊肉馆的后院住了。经过几个月的训练,我也能出去做生意,如一职业小偷……①

从上述的例子,我们可以看出当时职业犯是如何形成、犯罪者的组织如何组织起来以及如何运行等问题。通过上面关于哥老会的案例,我们对于当时犯罪组织有了一个较为具体直观的了解,这不得不归功于严景耀所做的大量细致的调研工作。

哥老会的组织脱胎于中国的原始家庭共产主义社会,会员个人一切所有归公,会里供给他们生活所需,他们之间的私有财产没有明确界线,地位和等级在会员中也不那么森严。"老爷子"是这个组织的家长,他和会员的关系是师徒的关系。他的职务是给他们职业上的指示和监督执行会规。在会员入会以前,他一定要向师傅叩头。如果师傅不愿意收做徒弟,他就不能入会。会员之间的关系是朋友关系。会员们在一起讲究互相帮助,个人之间是否相识无关紧要。只要他们用暗语沟通了关系,那就是最亲密的朋友了。大家庭的关系、师徒的关系和朋友的关系都是中国儒家两千多年所提倡的"五伦"关系。哥老会的组织就是根据这些社会关系的道德标准而建立的。②

除了北方一带的哥老会以外,严景耀还列举了当时在上海两个很有名气的组织,"青帮"与"红帮"。"这两个犯罪组织组织严密,也很有势力。中央政府的许多大员也属于这些帮会。青红帮的势力控制鸦片走私和贩运,垄断赌场,保护中央的'大人物',偷窃,强盗,绑票及其他。几乎所有的侦探都是这个组织的成员。"这些组织是不受社会上法律原则的制约的,但却

---

① 严景耀:《中国的犯罪问题与社会变迁的关系》,北京大学出版社 1986 年版,第 179—185 页。

② 严景耀:《中国的犯罪问题与社会变迁的关系》,北京大学出版社 1986 年版,第 187 页。

多少受到社会上的社会原则的影响和制约。① 换言之,犯罪组织也是整个社会文化的一个方面。

二、犯罪者的技能

良好的技能是犯罪组织成员顺利完成犯罪任务的重要保证。通过对秘密犯罪组织的研究,特别是像哥老会这样的组织,我们不难发现一般组织的成员都是有一技之长的,有的功夫好,有的头脑聪明,否则是难以加入该组织的。这样一个由众多具有一技之长之人组成的组织,便会自然形成文化的特色。正如严景耀所说:"技术系统也是整个文化的一个方面。它与文化有着密切的关系和互相适应。当文化发展,技术也随之发展,二者之间是不断地适应的。犯罪的技能也是技术系统的一个部分,它随着文化的变迁而变迁,而且永远与环境相适应。当我们研究犯罪的技能是如何施展时,我们可以看到技术与文化,物质的和非物质的之间的密切关系,因为技术的发展也是文化的发展。"②

例如,过去的海盗、河匪利用自己的水上功夫专门劫持小船,但是自从汽轮出现他们也就没有了办法。过去黑心店可以对过往行人图财害命也无人知晓,而在交通通讯十分发达的今天,这一招早已失去作用。过去进宅偷窃可有"开天窗""门底下进"以及"腰进"等多种方法,但是面对今天的钢筋混凝土结构也只能束手无策了。但是我们也看到随着科技的发展,技术手法也在不断地更新升级,例如电子犯罪、高科技犯罪等等。作为犯罪分子或犯罪组织来讲,犯罪的技能是其谋生的本领,要打击此类犯罪,警察部门也就需要不断地提升自身的侦查技术和能力。

在严景耀列举的众多例子中,最有趣的一个要数以下这个利用迷信犯罪的例子了。犯罪分子就是利用乡下人思想观念迷信落后,装神弄鬼从事抢劫活动,一旦出现几个胆大的犯罪对象,其犯罪伎俩就原形毕露了。

　　一次在 Y. Y. 县,大家都传说在 C. K. 山下有个吊死鬼。许多过路人晚上路过那里,都提心吊胆,他们常被吊死鬼赶得吓死,失去知觉,他们都不知道自己是怎么失去知觉的,但都发现身上的钱丢光了。有的以为是跑丢的。有一晚,三个醉汉路过,他们觉得有鬼在后面追赶。

---

① 严景耀:《中国的犯罪问题与社会变迁的关系》,北京大学出版社 1986 年版,第 187 页。
② 严景耀:《中国的犯罪问题与社会变迁的关系》,北京大学出版社 1986 年版,第 188 页。

有一个人站住了,说"我倒要看看鬼是什么长相"。这人当时仗着酒意,胆子很壮。这时另外两个人也站住了。他们发现鬼也站住了。于是他们三人互相鼓励,迫近鬼的身边看看究竟。他们发现鬼也想逃,他们把他追赶到坟地里的一口旧棺材里,用手一摸,不是鬼而是人。①

三、犯罪者的思想意识与行为准则

一提到犯罪者,可能大多数人的第一印象就是那些作奸犯科、奸邪淫乱、面目狰狞的亡命徒,抑或是那些欺男霸女、招摇撞骗的市井流氓。实则不然,许多犯罪者是有着其让人惊叹的思想意识和严格的行为准则。例如,东北的土匪多以替天行道和杀富济贫为己任,从来不去冒犯普通老百姓,他们的针对对象主要是官商恶霸和富户地主等。在严景耀所列举的案例中多次出现的土匪野狼就是这样的范例。绰号野狼的土匪其实为人耿直,豪爽,爱打抱不平,也特别爱惜别人的生命,就是在官兵追赶他的时候他也不忍心痛下杀手,宁可自己受伤也要留人性命,这些记录实在与我们想象中的土匪形象相去甚远。还有的东北土匪,要比官兵还受欢迎,他们到村子的时候,总是本着公平交易的原则,从不欺行霸市,而反过来,通常官兵则被人们称为官匪,对老百姓抢劫,恐吓,甚至做出奸淫妇女的犯罪勾当。

以下的案例最能说明此类问题,一个案例是:特克博士是住在山东的美国传教士,做救灾工作的,他告诉严景耀有土匪在半路上拦截了六辆车,其中一辆装救济物资。他们抢了其他的五辆车,但对救济物资秋毫无损,而且派了武装保卫护送这辆车的救济物资到了指定地点。② 此外,工程师许 L. T. 先生,告诉严景耀他和土匪在一起的经历。许说:"有一夜我在铁路边的旅行帐篷里,我听到好多人马走道,我知道这是些土匪,立即打电话给城里告急,当我们正在打电话时,有几个土匪叫我们开门,我们没有开,他们也没有采取什么行动。过了两个小时,我们听见土匪回来了,又从我们的帐篷边走过,对我们也未惊动。第二天早晨,200 名部队的兵士来了,我们开门欢迎他们,我们向他们汇报昨晚没有发生什么事。但是使我吃惊

① 严景耀:《中国的犯罪问题与社会变迁的关系》,北京大学出版社 1986 年版,第 189—190 页。

② 严景耀:《中国的犯罪问题与社会变迁的关系》,北京大学出版社 1986 年版,第 193 页。

的是这些官兵把我们所有可吃的吃光了,可用的东西搞得一塌糊涂,我看他们比土匪更坏。事后,土匪通过一个农民非正式地告诉我们,他们在调查离这村庄三里外的一家地主。还告诉我不许惊动这个地主,引起地主的觉察,并且要我下次碰到这类事不要打电话报警以免双方发生冲突,我当然没有把这些通告当回事。过了几天,一个晚上,我又听到土匪过境,我立即携家眷躲进里屋,叫听差关上门,但是为时过迟了,他们全副武装地进来了,我们都跑进里屋藏起来。过了几分钟,听不到外面有什么声音,胆子大了一点,想出来看看到底出了什么事。我很奇怪,外面没有什么动静。半小时后,我再也忍不住,走到外屋,我看见四位全副武装的人很神气地站在电话旁边,我请他们喝茶,他们不喝。我问他们:'我有什么事可以帮忙?'他们说:'没有你的事。'两小时后,我听见土匪们回来了,一位穿军官服装的土匪进来了,对他们说了句我听不懂的话,四个武装匪兵敬了个礼后离开这里了,那位刚进来的微笑着对我们表示歉意,他说他们怕我再打电话给城里,所以派了四个兄弟来看守电话,其他的人在对付那家地主。讲了几句客套话后,他说了声再见,就和其他的人跑进黑暗中了。"①这是一起鲜为人知的匪与民打交道的案例,如果不是严景耀亲自调查的结果,很少有人会真的相信土匪有如此的仁慈和仗义,现在我们回过头来审视历史,严景耀的这些记载的确是符合当时中国社会实际情况的。

　　除了上述的例子说明强盗保护人民要比官匪做得多、做得好之外,匪团之间还是相互尊重的,他们不会像那些官匪那样,为了争地盘、抢战功,而钩心斗角,彼此相互坑害。严景耀的一个朋友曾经就拿了一张土匪野狼的名片,先后遭遇了其他十八路土匪,非但没受到任何伤害,反倒是被好生款待一番。这种情况在民国乱世的年代是真实存在的,也是对"盗亦有道"的最好诠释。

　　犯罪组织中总是有着一个受众人拥戴推举的老大,而大家都相信要讲义气就要服从首领的命令,首领的权威是不可撼动和质疑的。例如,当时济南基督教男青年会的总干事说:"当我还是个孩子时,我跟着老师学习,吴老师曾教过土匪读经书,这些土匪后来改邪归正当老百姓了。有一天我和吴老师,还有几位洗手不干了的土匪一同到露天看戏,人很多,忽然间,

---

① 严景耀:《中国的犯罪问题与社会变迁的关系》,北京大学出版社 1986 年版,第 193—194 页。

几个人争吵起来，有人被杀，引发了一场大乱。打架的人大多是地下组织的，因为大乱，戏被迫停演了。洗手不干了的土匪中有一人登上舞台大声说：'我是黄老虎，弟兄们，我们是来看戏的，不能无缘无故地扰乱群众。有什么问题，唱过戏之后解决。'他说完以后大家都静了下来，看着一个人就能让一大群人听他的话真是件有意思的事。"①

首领的领导能力是一个方面，在组织中还有着组织规定，例如不准奸淫妇女，如果犯了就会被处以死刑的惩罚，以示后人。严景耀还注意到，土匪有着他们自己的语言，一般叫做黑话或者暗语。除此之外，他们的风俗习惯与正常百姓也有着区别，例如上席的位置等。

通过严景耀的实地考察和研究我们不难发现，其实犯罪组织有着其鲜明的文化特征和行为方式，以往关于土匪一味的丑恶形象是不公正的，也是不符合历史实际的。我们要结合当时的社会历史条件，客观真实地了解和认知那个时代的土匪形象和土匪问题，这实际上是社会问题的一个症结，我们可以从土匪现象来反观当时这个社会的病态。

四、关于下层社会与上层社会

中国的传统社会，历来都讲究宗法等级名分，其核心就是等级制度，即使到了民国，尽管从法理上倡导人人平等，但实际上仍然是等级森严的社会。严景耀认为，当时生活的社会是分为上下两个等级的社会，上层社会是那些凌驾于平民百姓头上的达官显贵、地主富农等，而处于下层的则是劳苦大众、平民百姓。

严景耀还将两个等级的关系作了比较深入的分析。他认为，下层社会与上层社会之间的界线是很明确划分的。上层社会在某种程度上总是想划清这条界线，这样，他们就可以对下层社会的所作所为不负任何责任。当上层社会要求对下层社会分子予以惩罚，以便给他们教训，帮他们改过时，犯罪者所得到的不是教育和悔改，而是认为他犯法的本领不够高强，需要向狱内狱外的伙伴多学点本领。当人家告诉他们：他们做的不是好事时，他们认为，很多人都干的是肮脏的事，不过有些人是假借合法的名义弄钱和靠征税来抢夺财物而已。因为在犯人的眼中法律根本不是保护人民的，它不过是有钱有势人手中的工具来保护他们剥削掠夺财物的。然而，

---

① 　严景耀：《中国的犯罪问题与社会变迁的关系》，北京大学出版社 1986 年版，第 197 页。

上层社会则并不那么认为,他们认为,下层社会分子是"反社会的",他们应该受到教训,变得社会化些。下层社会的人们在他们自己中间是很"社会化"的,他们之间互通有无,密切团结,他们纪律森严,执法甚严。一个人犯法越多,上层社会越恨他,而他在下层社会越有威望。这两个世界是相对立的,他们之间有矛盾、有仇恨。如果一个人犯了上层社会所认为的"罪行",他就该被看成是一个被抛弃的人,而且变成下层社会的一员。不管他愿意不愿意,成为下层社会分子都是如此,除非人犯的罪太大了,或者他的权力太高,上层社会没有力量抛弃他。①

通过对社会的等级分层,严景耀得出这样一个结论:一方面,上层社会加于下层社会的压力越大,下层社会的团结越牢固、组织越严密,从这个意义上而言,上层社会其实帮助了下层社会的形成和巩固。② 而另一方面,严景耀认为其实这两个社会没什么本质的区别,因为它们都有着相近的活动方式和亲密关系,如果不同就不会有官兵解救人质却成了哄抢烟土的闹剧,就不会有官兵剿匪却成了变相贩卖武器的情况发生,因此说犯罪组织具有其复杂的社会成因和时代背景,更有其鲜明特色犯罪文化蕴含其中。

严景耀最后归纳道:"中国的犯罪组织与中国社会情况、时间和地点的不同相适应而变化。它与现存的文化密切相关。职业的犯罪者有他们自己的语言、思想、行为准则和仪礼。职业土匪(强盗)结成大帮,从许多方面可以看出他们专门与上层社会、为富不仁者和政府为敌。他们从来不想剥削和坑害穷苦的老百姓。相反地,他们还为老百姓做好事,老百姓一般对他们并无恶感。犯罪者在他们无法无天的集体中却是很有纪律的。他们不但在他们中间,也与外界讲公正、讲道理。"③这就是严景耀关于犯罪者的文化的研究核心论点所在,也是严景耀犯罪学研究的创新和特色之处,从而为犯罪文化学开了先河,作为中国近代犯罪文化研究的第一人,严景耀当之无愧。

严景耀关于犯罪学研究的时代,无疑是传统社会向现代社会过渡的时代,人们的生产方式、生活方式不断地发生变化,各类社会问题和犯罪问题也接踵而至。中国当前社会也正处在一个重要的社会转型期,各种社会问

---

① 严景耀:《中国的犯罪问题与社会变迁的关系》,北京大学出版社 1986 年版,第 198—199 页。

② 严景耀:《中国的犯罪问题与社会变迁的关系》,北京大学出版社 1986 年版,第 199 页。

③ 严景耀:《中国的犯罪问题与社会变迁的关系》,北京大学出版社 1986 年版,第 200 页。

题频繁发生,犯罪问题便是各种社会矛盾汇聚的极端结果。近代以降,随着现代化和城市化的发展趋势,大量农村人口涌入城市,农村社会不断受到冲击与变革,城市社会出现更多不稳定因素,各种新的犯罪问题层出不穷,犯罪形势更为复杂。如何更好地应对这些社会问题和犯罪想象,是中国社会向前发展必须做好的考题。严景耀的观点,即文化对犯罪全方位的影响,从文化的角度根治社会问题的症结,在今天仍然有着很现实的借鉴意义。

第六节　中国犯罪问题与社会变迁关系的总结论

严景耀在论文最后强调指出:在中国,犯罪与社会变迁的研究、犯罪与发生犯罪的社会环境之间的关系的研究,是互相关联的。因此,为了解犯罪问题必先了解造成犯罪的文化;同时,对犯罪的研究有助于对文化和文化问题的研究。在这样一个总的思路指导下,严景耀在结论的摘要部分,将中国的犯罪问题和社会变迁的研究中所发现的问题和概念作了详细的罗列,归纳起来主要有:

1. 犯罪与文化的关系紧密相连,其密切程度是初学犯罪学者所估计不到的。

2. 对犯罪的研究有助于文化问题的研究。例如犯盗窃罪的中心反映商业中心是罪恶的渊薮,盗窃犯的居住地是城市贫民窟。个案研究清楚地说明我国正面临着犯罪和其他问题。

3. 犯罪问题之严重性主要是由于城市生活的发展所造成的。农村中犯罪较少。城市犯罪是城市生活发展过程中的自然产物。对犯罪的研究特别显示出在当前社会变迁中主要的社会变化的各个方面,例如大家庭制度失去了支持和控制,新的经济制度代替了旧经济制度,政府的改朝换代,由于内战和天灾所引起的社会不稳定等。这些社会的进程带来了许多严重的社会危机,搅乱了现存的社会组织的结构,并且引导许多人产生了失去生活手段的个人危机。

4. 犯罪行为是在突然的和迅猛的社会变化中所发生的,是在新的社会环境失去适应能力的情况下发生的,或者是在新形势下,谋求他们原来的生活方式和满足他们的基本需要,而在这些传统形式被破坏的情况下发生的。

　　5. 犯罪问题应看作是城市社会生活失去家庭控制的表现，也是农村生活与城市生活的不适应的结果。在农村社区中的行为模式，如个人对朋友的态度、裙带关系、家庭集团、两性关系、交往和工作关系等，都比较稳定。但这些人到了城市中如果依然故我，与城市中人人各自为政，互不关心的生活必然格格不入而感到受不了。在农村中彼此了解，彼此信任，如在城市最好不要信任你所不了解的人。城市中的行为标准也不相同。对犯罪的研究表明，在迅速城市化的过程中，个人与社会失去适应。

　　6. 犯罪者多为经济地位低下的人。他们最早、最严重地受到社会的、个人的危机的影响，他们没有适应能力。有些犯罪是所有的社会阶层或经济地位的人都会犯的，但只有社会底层或穷人犯法才会被捕捉治罪。政治犯毫不例外是企图推翻社会上高层人物、统治阶级的。

　　7. 有些犯罪是为一定的社会功能服务的，但都被看作是"反社会的"。不但犯罪、犯罪人和犯罪的受害者是客观制度的自然产物，而且有些犯罪很明显的是为一定的社会功能而服务的，它的存在是它的功能的需要所决定的。

　　8. 有些犯罪反映中国旧传统与新法律的矛盾。直到现在，我们的司法制度采用了西方的思想，而不采用旧的大家庭传统。男人的多妻、重婚，杀人为报杀父之仇等，过去是被认为合法的，而且旧社会制度十分强调家庭的团结，而不重视社会的团结。吸鸦片是风行的癖好，无人认识它的危害。在农村，到别人家院内吃点瓜果蔬菜是不犯法的。这些行为准则与现代法律都是相违背的。

　　9. 中国的犯罪反映许多犯罪者都是因为受旧社会制度的保守固执影响而不能与新情况适应而犯罪的。中国的社会组织和结构受到旧的传统观念的束缚和缺乏灵活性，使之很难跟上社会生活某些方面之迅速变化。

　　10. 犯罪者本身是在迅速改变的社会环境中失去适应能力的受害者。他们在适合的社会条件下，其行为是很好的。当突然的、迅速的社会变迁发生时，他们失去了自我控制，而完全受社会的影响。他们行为的不稳定和矛盾不过是文化的不稳定和矛盾的表现，他们是受文化的影响。

　　11. 许多不同种类犯罪的形成可能属于相似的过程。不同的人因不同的背景和影响对同一问题有不同的反应。有时他们的不同是偶然的，有时他们的不同是技术性的，或者法律性的。根据我们研究的结果，认为在形成犯罪的方面，这些不同是无足轻重的。

12. 对于犯罪的问题,如果从人们在社会的迅速变化中不能及时地很好地适应来解释可能更好些。社会对社会危机很难控制,而人们总是受到社会危机的影响,个人危机也由此而产生。

13. 我们不要把犯罪看作是非法的反社会的行为,而把它看作是我们的风俗习惯、智慧及我们自己的文化的挑战。它表现出一种对破除旧有顽固势力的需求和准备重新创造新环境的愿望。在这个意义上,对犯罪的研究不仅帮助我们对现在社会解体过程了解,还指明社会重新组织的趋向。

14. 对犯罪的研究说明政府对犯罪问题还缺乏有效的和统一的法制办法。它说明真正的科学刑法的需要,对付每一个犯法者都要依法对待,正好像医生在门诊时对待病人一样要对症下药。它也说明法律事务上对一切新的案件都用"一刀切"的办法是有害的。

15. 许多犯罪者的态度和社区的态度是一致的,认为他们的行为是错误的和非法的,但是社会危机的存在使他们犯法成为不可避免的。有些犯罪是由于犯罪者明显地对社会采取敌视的态度,他们认为他们受到社会不公正待遇,特别是受到政府的不公正待遇。第三种犯罪者认为他们是属于现存的社会相敌对的集体中的,他们是政治犯和职业犯。

16. 政治犯和普通犯的不同在于前者是积极的行为,后者是消极的。政治犯的犯罪者在谋求公众的利益,普通犯罪者在谋求个人利益。他们都是在现实情况下脱颖而出者。

17. 反对政府的犯罪有两种:另一种是企图恢复旧制度,复辟旧王朝,是反动的;一种是努力建设新秩序新政府,这种政治犯属于社会上的进步势力和激进派,他们是未来的社会秩序的先行者。保守者主要致力于维持现有的秩序,当第二种政治犯力量强大到革命胜利,使得进步者掌握权势时,保守者在新秩序的目光中就变成第一种的犯罪者了,这一种的犯罪者在新秩序巩固时,他的数目就会减少。

18. 反对政府、反对现存社会制度的犯罪愈有威胁力时,政府对它的压迫也愈加重。因此,政府愈是压制共产党,说明它的政府愈是处在危险地位。

19. 共产主义运动反对政府的犯罪说明它越来越和人民在一边,谋求人民的福利。它也关系到别国的福利和利益,成为国际运动的一个部分,失败或成功。

20. 当革命胜利时,反对政府努力建设新社会秩序的犯罪就不再是犯罪了。它的成功不仅表明革命党的成功,而且表明旧社会秩序的日趋腐朽。

21. 反对政府建立新秩序的犯罪目的主要是经济的,它的目的是提高那些被压迫的工农大众的生活,因为他们在旧制度下实在活不下去了。革命是情况的自然发展。

22. 反对政府建立新社会秩序的犯罪,可以看作是社会不稳和动乱的寒暑表。它是对旧的顽固势力的反抗,说明对旧制度的压迫已经不能再忍受下去了。它是建立新秩序的力量。这种力量长期受压制,现在它冲破了一切包围他们的东西,突破了包围在他们身上的铁墙。

23. 人们与社会接触越多,犯罪的圈子也越广,形成犯罪的过程也越复杂。青少年犯罪与成年犯罪之不同在于青少年犯罪往往只与家庭有关,但成年犯罪则包含许多社会问题。成年犯罪者与社会有长时间的复杂的联系。在这个意义上,男犯比女犯有更多的社会关系。

24. 比较男犯与女犯的增长率,发现某些城市中,男犯有很大的增长,而女犯毫无增长的趋势。

25. 北京男犯人数增加是由于经济犯增加了。

26. 在人口中,男人犯罪率较女人高。在犯罪者之总人数中,男犯数占92.7%,女犯仅占 7.3%,男犯与女犯之比为 12.7∶1。

27. 在不同的城市中,犯罪性质也有所不同。在调查过的 20 个城市中,15 个城市均以盗窃犯为最多。4 个城市中,鸦片及毒品案最多。一个城市即南昌则以凶杀及伤害罪为最多。贩私盐罪在多数城市中不甚注意,但在安东及营口却非常重视。

28. 在中国境内,俄国人所犯的罪与中国人所犯的罪有不同的性质。

29. 在中国,惯犯问题不如在美国那样严重。在美国,多数成年犯罪是惯犯,在中国成年犯中大多数是偶犯。

30. 目前中国的青少年犯罪问题并不严重。

31. 中国的成年犯罪不似美国的成年犯罪,是由青少年犯罪发展而来的。他们多数是由于迅速的社会变迁而产生的。

32. 侵占别人财产的犯罪以及见财起意的犯罪,在中国很突出。

33. 不同年龄的人,犯罪的类型也不同。

34. 女犯的年龄一般比男犯高。

35. 女犯的年龄相对较高,主要是因为女犯中经济犯罪的多为寡妇。

36. 北京(城市)越大,犯罪者的年龄趋向更小些。

37. 在北京,大多数犯罪者在比较偏僻的地区作案。多数偷窃案件的发生在少数城市的繁华角落。

38. 多数窃贼住在一些平民住宅比较集中的地区,那里是最底层的居民的居住地。

39. 性犯罪及暴行犯罪在夏天比较多,在冬天比较少。在冬季的几个月里,经济犯罪特别多,而在夏季则显著下降。

40. 中国的职业犯罪者的组织都受某时某地的社会环境的影响和与之相适应。它与当时的文化密切相关。

41. 犯罪技能是中国文化技术系统的一部分,技术的含义只能以文化来解释。技术的变化发展与环境的变化相适应。

42. 职业犯罪者有他们自己的意识、行为准则、语言和仪礼。

43. 大伙的职业土匪的组织表明他们的犯罪是反对社会的上层、富者和政府。他们毫无剥夺普通老百姓的利益的意思。相反,他们为人民效力,人民也不反对他们。

44. 犯罪者在他们自己的组织里是很守法的。他们的纪律是严格执行的,"公正"的意义不仅在他们的集体内部,就是和集体以外的人打交道也是都很受重视的。

45. 下层社会和上层社会是一个事物的两方面——文化的自身表现。没有一方面就不能理解另一方面。两者的分界线是表面的,也是不正确的。

46. 对犯罪的研究可以说明医治犯罪的办法靠监禁或其他方式的惩罚都是不能奏效的。这就像女仆用拖把想拖干地板,却没有把往地上漏水的水管关好一样劳而无功。法律的含义只能在机构存在、条件具备的情况下才能付诸实施。如果条件与机构都不健全,世界上最好的动机也得不到好的效果。自然法规可以预示我们能做什么,而法律却只能告诉我们不要做什么。我们不知道我们该做什么不该做什么,但我们知道做什么不能做什么。在我们制定的法律条文,规定他们一定要做什么或一定不要做什么。以前,我们必须考虑他们能做什么、不能做什么。在自然的法律还没有形成以前,法律很难避免人类有偏见的思想论断的局限。

47. 对犯罪问题的研究指出:预防犯罪需要对文化各个方面作透彻的和勇敢的再检验,对于社会的、政治的和经济生活的迅速变化,应以不停顿地与之相适应的观点来观察。它指出人类要努力争取与变化的文化需要减少矛盾与不稳定,以免使人们在不协调的社会变迁的面前无能为力。我们把当时制度看作是自由的敌人,把一切规章条文看成是奴隶,愚蠢的常规和僵死的规则是自由的障碍,不时地予以调节和改动以使它们适应变化的生活。生命就是不断更新,如果不允许不断推陈出新就会发生爆炸性的变化。与之相反的是极端的顽固和不明智的规章制度与不断的变化的生活自相矛盾,它是文化失调的指数。所以,犯罪与叛乱的代价应该算在那些目标在于与习惯相对立而不是相适应者的头上。对犯罪与叛乱所付出的代价应该算在那些有权势而拒绝利用它来平复的人的身上。他们积累了愤怒像雪崩样地横扫一切旧的章则制度的人们。人们应该去谴责不合理的制度,而他们却不遗余力地谴责犯法的人,他们所真正反对的是那些危及他们个人安全、舒适和特权的生活的人。当革命正在爆发时,再想与社会环境作满意的适应已为时太晚了。但把犯罪看作是文化的冲突和不协调的症状,因而寻求它所以发生的原因和过程,从而重新改革这些章则制度以求适应,则是可能的。

48. 解决犯罪问题的办法只有依靠进一步细致的调查研究。对于犯罪问题的研究途径和适当的了解必须从努力调查文化变迁的过程、矛盾和不稳定去探求。①

这些结论性的观点,集中体现了严景耀先生犯罪社会学研究的核心成果。其最有特色之处在于:在中国研究犯罪学,应有助于犯罪问题的实际解决,而犯罪问题的实际解决,则非根植于中国社会的现实土壤不可。1939 年 4 月 14 日,时任上海公共租界工部局西牢助理典狱长的严景耀为孙雄所著的《犯罪学研究》一书作序时称:"研究犯罪之实际目的,在乎了解犯罪与社会之关系,然后始能有根本解决之希望。第各国社会背景不同,而犯罪之现象亦各异。不独中国犯罪与欧美不同,即国内大都市之犯罪情形,与内地相较,亦迥然有别。故欲检讨犯罪问题,非运用现代科学,对于犯罪各方面之实际情形,详加研究不为功。必对于问题有精密之审察,准确之诊断,然后始能施以有效之救济与预防。此乃解决社会问题不易之步骤,犯罪问题,亦复如是。"②

---

① 严景耀:《中国的犯罪问题与社会变迁的关系》,北京大学出版社 1986 年版,第 202—209 页。

② 孙雄:《犯罪学研究》,北京大学出版社 2008 年 6 月版,严序。

第四章　投身抗日救亡与民主建国的实践

第一节　抗日救亡运动中的儿女情缘

　　在美国芝加哥大学获得犯罪学博士学位以后,严景耀并没有立即回到中国,而是在回国的途中又经历了一些学习和工作的过程。这些学习和工作使他更全面地认识和了解到当时的世界和社会,进一步丰富了他的人生阅历,拓宽了他的视野。1934 年他离开美国,先到英国伦敦经济社会科学院学习了 6 个月,对英国有了更为深入的接触。此后,严景耀又来到了社会主义国家苏联,在原燕京大学的一位美籍教授的引荐下,他应聘到莫斯科外国语学校,担任英语教师。1935 年年初,他又转入莫斯科中国问题研究所,从事了为期 5 个月的研究工作。之后,他终于回到了阔别已久的祖国。可以说,严景耀是一路历练回国而来的。回国后,他在母校燕京大学社会学系任教,并全身心地投入犯罪社会学的教学和科研之中。也就是在这个时候,严景耀结识了与他相伴一生的雷洁琼女士。从此二人互为知音,相濡以沫,风雨同舟。

　　雷洁琼,1905 年 9 月 12 日出生,广东台山县人。祖父雷嵩学早年因家境贫寒,以契约工身份去美国打工,辛劳多年后转为经商。父亲雷子昌留在国内读书并考取前清举人,一生从事律师兼报社编辑工作,因受到维新改良主义的影响,主张妇女应受教育和经济独立,思想颇为开明。这就使得雷子昌对女儿十分开明,使她从小就免受了裹脚缠足陋习的迫害,而且有了学习知识的机会,这为她今后的人生铺好了前进的道路。1913年,7岁的雷洁琼考入省立广州女子师范学校小学部。家风、校风的熏陶,使她从小就阅读了大量的中国古典文学和外国翻译著作,沐浴在新文化的氛围中。14岁时,她在广州参加了五四运动,时任广州女子师范学校学生联合会宣传部长的她,带领学生勇敢地走上街头,游行登台演讲,痛陈北洋政府卖国罪行,怒斥帝国主义强盗行径,号召民众团结起来,救国救民。1924年,19岁的她漂洋过海赴美国留学。经过多年的刻苦努力,1931年,雷洁琼在南加州大学获得硕士学位,并且获得了中国留学生最优秀学习成绩奖——"银瓶奖"。学成后,雷洁琼抱着改变中国社会现状的志向回到祖国,并受聘于燕京大学从事教育工作,她希望能够通过教书育人、培养人才的方式来改变社会现状。

雷洁琼与严景耀同龄。1931年,当严景耀由美国纽约到芝加哥大学攻读博士学位时,雷洁琼也正好从美国南加州大学研究院毕业回国,并执教于燕京大学社会学系。4年后,严景耀从美国留学归来,便与她成为同一个系的同事,这样两人的人生轨迹有了交集,双方的接触交流机会多了,自然而然就有了更多的了解。严景耀深厚的学识、丰富的经历、深邃的思想、良好的修养、善于与周围的人友好相处的性格,给雷洁琼留下了非常良好的印象。他们常在一起共同探讨社会学的理论和实践,严景耀还向雷洁琼讲述自己对共产主义的感受和拥护,以及自己在苏联的见闻和对苏联的考察心得。这样时间一长,两人的共同语言越来越多,很自然就成了无话不谈的知心朋友。雷洁琼非常欣赏严景耀渊博的知识和独到的见地,严景耀也十分欣赏雷洁琼孜孜不倦的求学精神和对社会怀有的高度责任感。随着学术思想的交流和沟通,他们的感情也在不断地加深。根据雷洁琼的回忆:"当时我和严景耀尚未结婚,但往来亲密,严景耀对我也有影响,通过他对党的方针、政策的宣传,使我的思想不断进步。"[①]雷洁琼的话语中,我们可以想象出,在燕京大学美丽的校园里,一对相知相识、共同进步的青年教师脚踏实地、怀抱理想的恋爱图景。

1935年12月9日,一二·九运动爆发,抗日救亡不断地向高潮推进,具有高度社会责任感和历史使命感的严景耀再也难以在象牙塔里保持平

---

① 雷洁琼:《"一二·九"运动回忆》,《雷洁琼文集》,开明出版社1994年版,第529页。

静。当时南京国民政府计划于 12 月 9 日在北平成立"冀察政务委员会",实行所谓"华北特殊化"的政策,实际上这是把华北出让给日本人的阴谋。针对这一阴谋,中国共产党随即作出决定,在北平发动一场抗日救国的游行示威运动。这时,燕京大学的进步学生把这一决定传达给了他们尊敬的严景耀先生。严景耀很快将这个消息告诉了雷洁琼,于是雷洁琼毅然决定参加由燕京大学学生组织的游行队伍,在这支声势浩大的游行队伍中,雷洁琼是唯一的女教师。一方面,严景耀对于学生的抗日救亡运动给予了大量的鼓励和支持;另一方面,他自己则参加了华北文化界抗日救国会,不遗余力地号召和发动民众进行抗日救国运动。华北文化界抗日救国会是平津进步教授马叙伦、许德、杨秀峰等发起的抗日救亡组织,在当时影响很大,随之引来了南京国民政府仇视的目光,成为被重点盯防的对象。1936 年夏天,白色恐怖笼罩北京上空,形势日趋严重,严景耀不得不暂时离开和自己有着深厚感情的燕京大学,不得不暂时离开和自己关系亲密的恋人雷洁琼。

　　严景耀离开了燕京大学的讲台,只身来到上海。当时正好赶上上海公共租界工部局提篮桥监狱招聘助理典狱长。旧提篮桥监狱被称为远东第一监狱,它是外国殖民主义侵犯中国司法主权的产物,隶属于公共租界工部局管理,该监狱自 1903 年 5 月 18 日正式启用。典狱长(有一时期称狱务监督)大多由英国人出任,其中也有一个叫息姆斯的美国人任典狱长。随着监狱规模不断扩大,在押犯人数目剧增,而监狱原先的看守人员均是印度籍的巡捕,监狱的犯人却基本上都是华人,于是监狱当局从 1930 年起开始大量招聘华籍看守人员。为了便于管理,上海公共租界工部局决定为提篮桥监狱聘任一名华籍助理典狱长。工部局在 1935 年 12 月 14 日的《申报》上还专门刊发一条消息,进行公开招聘,具体的条件是:"年龄须在 28～40 岁之间,最好尚未结婚,须具有陆海军、警务或狱务之经验,惟年龄在 25 岁以上者非有特别资格毋庸陈请……欲知一切任用条件及服务详情者,可向福州路警务处处长询问一切,凡询问函件亦可致处长。"[①]这在当时的上海滩成了街头巷尾关注的话题,大家都在期待首位华籍助理典狱长的出现。这对刚过 30 岁却尚未结婚,且对犯罪学颇有造诣又有监狱生活直接体验的严景耀,颇具吸引力。况且严景耀初来上海,也急需一份与自己专业

---

① 徐家俊:《远东第一监狱的首位华人籍典狱长》,《世纪》2000 年第 5 期。

相关的安身立命的职业谋生。好在命运又一次垂青处于困境中的严景耀，他在他的老师，同时又是浙江同乡的郭云观先生（郭云观原是燕京大学法律系主任，浙江省玉环县人，时任上海公共租界第一特区地方法院院长）的大力推荐下，于1936年9月顺利出任上海公共租界工部局提篮桥监狱的助理典狱长，主要分管狱内少年犯的教育管理工作。

在提篮桥监狱做好助理典狱长本职工作的同时，严景耀仍然割舍不下魂牵梦萦的大学讲堂，不久他进入东吴大学做兼职教授，主要讲授犯罪学、刑罚学、监狱管理学等课程。这样，边做助理典狱长边做兼职教授的工作一直持续到1942年，在监狱实务与课堂教学的工作中，严景耀在这里孤身度过了5年多丰富而充实的生活。

也正是在这长达5年多的时间里，严景耀和雷洁琼过着牛郎织女般的生活。虽然他们天各一方，身居两地，但彼此心心相系；尽管多年未能一见，他们的感情却与日俱增。在严景耀离开北平之时，雷洁琼还留在燕京大学社会学系任教，一直到"七七事变"爆发后，雷洁琼为护送她的母亲去香港，才离开燕京大学南下。1938年年初，雷洁琼应邀到江西南昌参加抗日救亡及妇女工作，直到1941年来上海东吴大学任教，才与严景耀重逢，此时两人已分别整整5年。这5年里，他们虽然天各一方，但相互间书信往来频繁，一直保持密切的联系。每逢重大问题，他们互通信息、互相商讨、互相勉励与支持，这样两人的感情日益发展加深，谱写了一段那个年代的进步青年在情感的升华中投身革命，却依然把理想与祖国放在第一位的非凡情缘。

1938年，上海公共租界沦为孤岛，抗日救亡的局势更加危急。以中国共产党人胡愈之和王任叔等为代表的进步人士，为了唤起民众的觉醒，宣传抗日救亡思想，发起和创办了社会科学讲习所。讲习所的宗旨在于培训进步青年，向他们输送抗日思想，从而唤起民众的决心，积极参加抗日救亡工作。值得一提的是，能在社会科学讲习所讲课的并非普通教师，都是那些关心国事、知识渊博、颇有名望的专家学者，严景耀也名列其中。严景耀在社会科学讲习所开设的课程主要是《中外革命运动史》《国际共产主义运动史》等，他以自己深邃的理论知识和丰富的实践经验，深入浅出地讲授革命运动和共产主义运动，受到了青年学生们的热烈欢迎。社会科学讲习所培训热血青年的方式，显然是抗日救亡统一思想、凝聚力量的一种十分有效的形式。它虽然不同于真枪实弹的战场，却以三尺讲台的方式唤醒和感化无数民众团结抗日。在民族危急存亡、战火连绵的岁月里,严景耀以自己的实际行动实践了自己是一位热血的爱国者、一位非凡的民族主义学者。

1938年除夕,社会科学讲习所的七位学生被捕,这一事件在当时具有很大的影响力,被称为"新七君子事件"。营救这些爱国青年学生,成了社会急切关注的对象。在十分紧急的情况下,严景耀冲在了最前锋。他闻讯后立即与上海的中国共产党组织取得联系,同时又充分利用自己的上海公共租界工部局西牢助理典狱长的身份和影响,全力营救这七位爱国进步的学生,经过一系列克服艰难险阻的努力,最终七位学生获得释放,从而进一步鼓舞和激发了社会民众抗日救亡的斗志。

严景耀在上海以自己特有的方式展开抗日救亡运动的时候,雷洁琼也同样在南昌等地不辞辛劳地战斗着。1941年,在雷洁琼来到上海之前,她在江西南昌参加抗日救亡工作,开展得有声有色。她曾先后担任江西省妇女指导处督导室主任、江西省地方政治讲习院训导教师兼妇女干部训练班主任、南昌市伤兵管理处慰劳课课长等职。雷洁琼在当时举办了妇女干部训练班,培训各地妇女干部,深入到县乡发动群众参加抗日。除此之外,雷洁琼还主持创办了《江西妇女》周刊、《江西妇女》月刊、《农村妇女》月刊以及《妇女组训丛书》等,宣传妇女解放思想。从1937年到1941年,她为江西妇女运动和抗日救亡做了大量工作,受到了社会各界进步人士的高度评价。

在此期间,雷洁琼结识了许多有影响的人物,如时任江西省地方政治讲习院的训导长许德珩、副训导长蒋经国等。然而,对她影响最大、也最使她终生难忘的便是邓颖超。1938年5月,雷洁琼赴庐山参加妇女谈话会时,第一次见到了她十分景仰的邓颖超。会上,邓颖超作了《陕甘宁边区妇女运动》的报告,雷洁琼聚精会神地倾听着,邓颖超诚挚谦虚、坚强干练的人格魅力,给雷洁琼留下了十分深刻的印象。在江西,雷洁琼也见到了自己敬仰的周恩来,第一次见到周恩来的情景也是她终生难忘的一个记忆。1939年3月下旬,在南昌沦陷前夕,雷洁琼随江西省妇女生活改进会驻南昌留守处撤退到吉安。4月中旬,时任中共南方局书记的周恩来到浙东抗战前线视察,途经吉安稍事停留。这时,雷洁琼和另一位青年在吉安招待所拜会了周恩来,希望从他那里得到当时国内有关抗日战争能否速战速决争论的解答。对于这两位素不相识的客人的突然来访,周恩来给予了热情接待,并以毛泽东的《论持久战》的观点阐述了当时国内的形势,讲解了抗战相持阶段应采取的战略方针。周恩来说:"我们只要坚持抗战,坚持抗日民族统一战线,最后胜利一定属于我们!"周恩来的解答使得雷洁琼开阔了视野,明确了方向,坚定了抗日必胜的信心。

让雷洁琼没有想到的是,百忙之中的周恩来在第二天亲自来到江西省妇女生活改进会驻吉安办事处,回访了雷洁琼,并看望了抗敌后援会和其他群众组织的工作人员,使在艰苦抗敌岁月中的各团体工作人员深受鼓舞。雷洁琼极为感动,深深地体会到自己工作的价值所在。在抗日救亡的斗争实践中,雷洁琼很快地接受了中国共产党抗日救亡的正确政治主张,经过不断的磨炼,逐渐成长成为一名爱国民主运动的先锋战士。

1941年1月国民党当局继皖南事变后,又掀起第二次反共高潮,江西白色恐怖日益严重,许多共产党员和爱国进步人士遭到迫害。雷洁琼也不例外,她在江西的革命言行已引起了反动派的注意。无奈之际,当年5月,雷洁琼被迫离开战斗了5年之久的江西阵地,辗转来到上海沦陷区,并凭借自己的学识顺利受聘为东吴大学社会学系教授,同时兼任沪江大学、圣约翰大学及华东大学教授。在做好教授的同时,雷洁琼仍然积极奔走在上海地下党组织开展的抗日救国活动的行列。

5年的时光,对于为抗日救亡战斗着的严景耀和雷洁琼来说,是短暂的,因为他们为了民族国家的未来,忘却了儿女私情;5年的时光,对于两地相恋的严景耀和雷洁琼来说,又是漫长的,因为离别的相思是苦涩的。5年后,共同的理想和追求,严景耀和雷洁琼终于又走到了一起,他们相互鼓励,心怀祖国,共同继续投身抗日救亡运动的伟大事业。

上海成为孤岛之后,在中国共产党的领导下,上海一些爱国进步人士成立了抗日救亡组织。严景耀和雷洁琼也不例外,他们参加了中国共产党领导的统一战线的外围进步政治组织"星期二聚餐会"。参加"星期二聚餐会"的主要是文化界人士,核心人物有陈巳生、林汉达、冯宾符、郑振铎、许广平、赵朴初等。后来他们又参加了"复社"活动,在"复社"活动中,严景耀参与翻译了斯诺的名著《西行漫记》、马克思的《资本论》和《列宁选集》,还参与了《鲁迅全集》的出版工作。严景耀废寝忘食、夜以继日地工作,为马克思主义在中国的传播、为弘扬鲁迅精神作出了卓越的贡献。接下来,严景耀和雷洁琼又参加了在新新公司经理萧宗俊家里举行的"星期六聚餐会"。这个聚餐会相对"星期二聚餐会"而言范围较小,参加的都是些进步人士,如胡愈之、周建人、许广平等,他们常邀请中国共产党党员讲述国内外形势。

也就在 1941 年的夏天,在一次星期六聚餐会快要结束的时候,雷洁琼向大家宣布:"我和景耀 7 月 5 日结婚,到时候我们请大家的客。""还是新事新办吧! 我们大家来请你们的客,不要你们请了。"有人大声提议道。此时萧宗俊表态了:"这次宴请就在我家办了。"①1941 年 7 月 5 日,严景耀与雷洁琼的婚礼在萧宗俊家如期举行,婚礼办得简朴而又热闹。郑振铎、许广平、陈巳生、赵朴初、吴耀宗、张宗麟等上海知名人士纷纷前来道贺。吴耀宗自告奋勇地担任了主婚人,赵朴初即席赋诗祝贺:"参差两两好安排,嘉礼从今美例开。越粤人才夸璧合,前称周许后严雷。"②赵朴初的话音刚落,掌声起伏不断,会场弥漫着喜庆的热闹,给这两位新人送上了美好的祝愿。至此,这对志同道合的学者在抗日救亡的特殊年代里,有情人终成眷属,谱写了一曲不凡的情缘,在中国近现代知识分子婚姻史上留下了一段佳话。

也就是在这段时间里,在上海公共租界工部局西牢担任助理典狱长的严景耀,除了从事西牢的犯罪心理学研究和少年犯教育工作以外,也应邀经常到上海净业孤儿教养院去,与赵朴初等人共同探讨少年犯的管教工作。当时赵朴初是上海净业孤儿教养院的副院长,并且主持日常工作。工作中,严景耀的人品和学识受到赵朴初高度的欣赏,严景耀对赵朴初从事社会救济和宗教慈善事业的行为给予了大力支持。严景耀几乎对每个少年犯的教养、转化过程都进行了细致的研究、比较,常常与赵朴初探讨如何搞好对流浪儿童和少年罪犯的教养工作,谈到投机之处,竟忘了已是通宵达旦。两人在社会救济和宗教慈善事业的发展过程中,培养了深厚的友谊。

雷洁琼当时在东吴大学任教,她既是法学家,又是社会学家,对净业孤儿教养院的教养工作也十分关注,这使得夫妇俩与赵朴初的关系都非常密切。当时赵朴初写了名为《流浪儿童教养问题》的小册子,他请严景耀、雷洁琼夫妇写篇序,两人欣然应允。后来,赵朴初为严景耀的《中国的犯罪问题与社会变迁的关系》作序诗的时候曾提起此事,写道:"教养赖群功,两贤与有力……忆我曾作文,作序拜嘉赐,治病宜治根,立论多精辟。"③

---

① 阿垠:《风雨同舟:严景耀与雷洁琼》,《妇女杂志》2000 年第 7 期。

② 周指鲁迅,浙江人;许指许广平,广东人。周许夫妇恰好与严雷夫妇籍贯相同。

③ 赵朴初:《〈中国的犯罪问题与社会变迁的关系〉序诗》,北京大学出版社 1986 年版。

在上海期间,严景耀在从事助理典狱长工作、治学以及参加社会活动之外,还写下了许多精辟的政论文,这些政论文大多发表在王任叔主编的《公论丛书》上,有《领袖论》《持久战与民众运动》《城市陷落对民族经济的影响》《论集体生活》《论自由》《中国统一论》等。这些政论文在当时社会颇具影响力,对团结民众、一致对外起到了积极的思想动员作用。

第二节　投身民主建国运动

抗日战争胜利后,国共和谈失败,中国处于历史转折的紧要关头,反对内战、争取民主与和平成为中华民族的主旋律。在中国共产党的影响和帮助下,1945 年 12 月 30 日,严景耀、雷洁琼、马叙伦、王绍鏊、周建人等共 26人,在上海中国科学社召开第一次会员大会,正式宣告中国民主促进会的成立。

中国民主促进会的成立,使得严景耀的民主思想的发展和民主运动有了组织上的基础和保障。从严景耀的《论集体生活》一文中,我们可以深切地体会到他的强烈的集体观念——个人的努力远远不抵集体的力量。因此,我们可以推断:严景耀不遗余力参与创建民主促进会,是与他的集体思想紧密相关的,而这一思想则集中体现在他的《论集体生活》一文中。

该文从中国人的劣根性出发,论证中国人能否通过自己的努力达到抗战救国、建国的宏图,进而说明集体或集团力量的优越性。严景耀认为,集体的努力才能改造社会,要改造中国半殖民地半封建的旧社会,不是个人或少数人的努力能够奏效的,也不是全国人民各自努力能够办得到的。这样伟大而神圣的事业,需要全国人民团结一致在大集体之下共同努力,才能有成功的希望。他指出,如果个人不与集体打成一片,不管他如何聪明,不管他如何努力,不可能有什么成绩的。严景耀所主张的集体,不同于以前传统意义上所谓的集体。用严景耀的表述来说,以前中国所谓的集体,仅仅是家族意义上的集体,是一个小的且范围有限的集体,而它所努力的方向,也不过在于家族的幸福。然而现在就大不同了,现在意义上的集体所努力的方向——谋求民族的解放。因此,集体的范围也应有所变化——应该将全民族组织成一个空前强大的集体,一致对付日本侵略。严景耀指出,有了这个集体,才能产生伟大的群众的力量。从这里我们不难看出,严景耀积极支持并促成民主促进会的建立，是他集体思想在实践层面的真实反映。

中国民主促进会成立后，严景耀等民主促进会人士开始了他所主张的集体的斗争，并很快形成了特殊的斗争方式。例如，民进领导人经常聚会商讨斗争策略，针对重大问题及时做出反应，发表宣言、声明或领导人讲话等。作为中国民主促进会的创会成员，严景耀积极投身这些活动，为促进民主发展，推动反对内战、和平建国事业作出了卓越的功绩。

1946 年 6 月 23 日，由中国民主促进会率先发起，联合上海纺织业等各界 47 个人民团体参加的上海人民团体联合会，共同组织了上海各界人民赴京和平请愿团。请愿团 9 名正式代表中就有严景耀的妻子——41 岁的雷洁琼。请愿团外加两名学生共赴南京向国民政府请愿——反对内战，呼吁和平，随之发生了震惊全国的"下关惨案"。晚年的雷洁琼以亲历者的身份，详细讲述了"下关惨案"的全过程：

> 当代表团到达南京下关车站时，遭到国民党顽固派指使的法西斯暴徒残暴的殴打，我们上海请愿代表团共十一人。九名正式人员中有五人年逾花甲（马叙伦、黄延芳、包达三、盛丕华、张絅伯）。我当年 41 岁，是代表中最年轻的。九人中除阎宝航是地下党员，其他都是非党人士。学生代表陈立复、陈震中虽然都是地下党员，但他们的活动都是和我们分开的。当年我们抵达南京下关车站，就遭到国民党特务的刁难、阻挠和毒打，我也被打伤。当我们出站时，一群自称"难民"的暴徒蜂拥而来，在混乱中，我们的手提包、手表和眼镜被暴徒抢走了。聚集在门外的"难民"大叫大嚷："叫姓马的出来！""打倒共产党！"后来"难民代表"进来和我们代表谈判，他们要求马老带他们去见周恩来，又劝我们回上海，后来又要求马老出去和"难民"见见面，讲讲话。马老闭目端坐，一概不理。这样纠缠了几个小时后，一辆武装完备的卡车开进了火车站，他们包围了现场，并不进行"镇压"，却站在远远的地方袖手旁观。我们要求他们维持秩序，他们置之不理。直到后来便衣"难民"不断增加，宪兵却不断减少，而围在外面伺机行凶的"难民"却有一二百人，突然，"难民"一拥而入，顿时桌椅、汽水瓶一齐飞向我们，阎宝航和我为了保护马老，拼命以身体挡住暴徒，结果马老还是挨了打。被打得最重的是学生代表陈震中，还有二位记者——《新民报》浦熙修、《大公报》高集——也被殴打。我被暴徒揪住头发，胸部被一只

痰盂击中,疼痛异常。一个暴徒趁乱要抢我的戒指,我拼命抵抗,挣扎中手被挤掉了一小块肉,血流不止。混乱中我被推倒在沙发上,浦熙修又被推倒压在我身上,暴徒脱下我们的皮鞋抽打我们两人,浦的鼻血流在我的脸上和身上,她晕过去了。我在昏昏沉沉之中听到有人在嚷嚷:"不要把他们打死,差不多了,可以了……"之后这一场凶殴才停止下来。暴徒们大打出手之后,才有一批宪兵开到现场进行"镇压","难民"们看到事情已闹大了,纷纷溜走。而宪兵们却像押犯人似的把我们装上一辆大卡车。我爬不上去,几个外国记者把我拉了上去。经过半个小时,卡车把我们载到了南京警备司令部,当发现这里是司令部不是医院时,我们纷纷表示抗议,拒绝下车,正在双方相持不下时,几个坐着吉普车跟踪而来的外国记者仗义执言,也纷纷提出抗议,要求当局实行人道主义,先送我们去医院,当局无奈,才勉强同意把我们先送医院。24日凌晨两点,我们才到达太平路中央医院分院。正当我们在痛苦呻吟之际,忽然传来一阵脚步声,周恩来、董必武、邓颖超等中共代表团的同志们以及郭沫若同志神情严肃地走了进来,他们同我们一一握手表示真切的慰问。周恩来同志还连连同我们说:"你们的血是不会白流的!"他们还送来许多水果,牛奶、饼干等充饥的食物。随后,冯玉祥、沈钧儒、邵力子、黄炎培等也来了。后来,周恩来见到医疗环境狼狈不堪,与院方力争,才争取到三等病房的五张病床,由马叙伦、陈震中、阎宝航、叶笃义和我住。据说"下关事件"发生的当晚,南京所有报纸都接到不得刊登此事的命令。但是第二天,还是有几家报纸或因为自己记者在被打之列,或因义愤难平,报道了这一事件。美联社、合众社、法新社还向世界各地刊发了电讯。国民党当局眼看事情愈闹愈大,怕弄得不可收拾,对我们的态度才变得"好"些。24日上午,当局把我们五个住院的伤者由太平路中央医院分院转到刚建成条件很好的黄浦路中央医院总院,从三等病房转入头等病房,甚至还每人住一个单间。代表团秘书胡子婴、罗叔章二位每日细心陪护着我们,有时还代我们答复函电,接待来访,备极辛苦。6月29日下午,几位赴京请愿的代表,马叙伦、萬延芳、盛丕华、包达三、张絅伯、阎宝航和我共八人(胡厥文有事暂留南京)偕代表团秘书胡子婴及学生代表陈震中、陈立复,搭乘中国民航班机离开南京返回上海。我回沪后,伤未痊愈,又加上异常劳累,于是由我丈夫严景耀代为接待不断来访的

朋友和慰问者。当时我备了一个小小的笔记本,凡是来访问我的人,都请他们在小本上签名留念……①

下关惨案发生后,周恩来、邓颖超等亲临南京看望问候,远在延安的毛泽东、朱德及北京军调处执行部以叶剑英为首的中共代表团也很快向请愿代表团发来了慰问电。面对光明与黑暗的抉择,雷洁琼对中国共产党有了更为深刻的认识,更加坚定了她跟随共产党、同国民党当局斗争到底的决心。此时的严景耀,与中国共产党也有了进一步的接触,同时他也看到了国民党当局的残酷面目,这也为严景耀后来通过发表系列文章,主张民主政治、反对内战提供了时代背景与素材。

"下关惨案"发生后,燕京大学校长陆志韦即刻来函邀请雷洁琼北上重返燕园。1946年9月,雷洁琼回到北平重新执教于燕京大学社会学系。1947年,严景耀也返回燕京大学任社会学系教授,并兼任校务委员会委员及辅导委员会副主任,课堂上主要讲授"犯罪学""社会学概论""社会变迁"等课程。虽然教学任务十分繁重,但身为爱国知识分子,严景耀、雷洁琼夫妇在教课的同时,仍时刻关心时局的变化,心系国家的前途和命运,渴望民主和平的新中国尽快成立。

第三节　参政议政

1948年冬,辽沈战役、淮海战役相继结束。此时,严景耀、雷洁琼夫妇收到了中国民主促进会负责人马叙伦从哈尔滨发来的信函,来信邀请他们代表中国民主促进会访问华北解放区,出席中共中央召开的民主党派会议。不久,雷洁琼夫妇又接到解放军第四野战军先遣部队负责人刘道生的通知,邀请他们前往华北解放区参观访问。夫妇俩欣然应允,并期待着早日赶赴解放区。

1949年1月,雷洁琼与严景耀在有关人员的安排下赴华北解放区,并到西柏坡拜会了毛泽东和中国共产党其他领导人。同毛泽东进行的一次历史性的长谈,给夫妇俩留下十分深刻的印象。带有浓重湖南口音的毛泽东分析了国内形势,指出有的民主党派和知识分子所主张的"和谈""划江

---

① 萧斌如:《听雷洁琼讲南京"下关惨案"》,《档案春秋》2006年第7期。

而治"的看法是不正确的,摆在中国人民和民主党派面前的问题是将革命进行到底,建立中国共产党领导的以工农联盟为基础的人民民主专政的共和国。毛泽东还谈及了全国解放后经济建设、科学、文化、教育事业的发展以及人民生活的改善问题。谈话一直持续到深夜。然而,短暂而又备受鼓舞的话语对严景耀和雷洁琼夫妇来说却是终生难忘的。通过和毛泽东以及中国共产党的亲密接触,严景耀对民主和独裁的含义有了更进一步的认识,也使得他对民主问题的理解显得更加深邃。

1949 年 5 月 28 日,周恩来和林伯渠宴请中国民主促进会领导人,讨论有关筹备新政协,以及民主党派的前途问题。6 月 15 日至 19 日,在勤政殿正式召开了新政协筹备会第一次全体会议。筹备会分为 6 个小组,雷洁琼参加第四小组的工作,起草《中央人民政府组织法》。9 月 21 日,中国人民政治协商会议第一届全体会议在北京隆重召开,雷洁琼作为中国民主促进会 8 个代表之一,参加了这次肩负着建立中华人民共和国的伟大历史重任的盛会。这 8 个代表分别是马叙伦、许广平、周建人、王绍鏊、梅达君、徐伯昕、林汉达和雷洁琼,严景耀则作为民进候补代表参加了会议。在政协第一届全体会议期间,雷洁琼多次发表建议。政协会议闭幕的当天晚上,雷洁琼出席了人民英雄纪念碑奠基典礼,亲耳聆听了毛泽东在人民英雄纪念碑奠基典礼上宣读纪念碑碑文,亲眼目睹了毛泽东手执铁锹为人民英雄纪念碑铲土奠基……

1949 年 10 月 1 日下午,中华人民共和国成立大典在天安门广场隆重举行。雷洁琼作为民主党派的杰出代表,登上了宏伟的天安门城楼,和新中国的缔造者们一起参加了开国大典。那一天,首都 30 万人民群众在广场汇集成一片人的海洋。3 时整,当党和国家领导人毛泽东、刘少奇、朱德、宋庆龄等来到主席台上时,全场爆发出一阵阵排山倒海般的掌声。雷洁琼心潮澎湃地站在刘少奇、董必武、朱德等党和国家领导人身后,亲耳聆听毛泽东主席向全世界作出庄严宣告:中国人民从此站起来了!

第五章　抗日救亡思想

第一节　领袖论

1931—1945 年,日本帝国主义侵华,中华民族处于危急存亡之秋。在亡国灭种的紧要关头,为了取得抗战的全面胜利,严景耀发表了一系列抗日救亡思想的政论文,号召全国上下一致团结、共同抗日,表现出了一名杰出的民族主义知识分子的爱国情操和斗争智慧。

随着 1937 年国共双方的第二次合作——"停止内战、一致对外"联合抗日主张的实现,国家将在谁的带领下走出困境,实现自强成为社会广泛的关注焦点。因此,严景耀对于领袖问题的思考,也就应运而生。在《领袖论》一文中,他从领袖与天才的关系、领袖是从何而来的、不同领袖的性质和作用、如何成为领袖等四个方面来阐述其对该问题的深入理解和思考。

一、领袖与天才

严景耀说,可能有人会问,领袖与天才有什么关系,为什么谈领袖的第一个问题就要谈天才? 其实,不难发现,人们往往对于领袖的称呼和褒扬之词中总少不了"天才"这个词,而且在人们的认识中也总会不自觉地把领袖划为天才的那一类,这就是为什么要从天才和领袖的区别和联系上入手来研究问题的原因了。这就需要解决以下两个基本的问题——领袖到底是不是天才，天才是不是都是领袖。

　　何为领袖？在严景耀看来，"在办事方面比人能干，或在事业的成就方面比人伟大，为一时代或一团体所拥护或服从的人"便可谓领袖。以此为判断标准，我们不难看出各个国家各项事业各个行业乃至于各个组织各个家庭都有着自己的领袖。那何为天才？虽然严景耀在文章中未明确给出天才的定义，但是通过文章我们不难发现，他所说的天才是指那些具有非凡的创造力，又能够抓住机会的人。

　　严景耀通过对历史的研究发现，在古代乃至近代，"领袖天才论"是最为普遍的说法，"领袖天才论"告诉我们"凡是在社会上飞黄腾达，被尊为领袖的，一定是出人头地的天才。反之，默默无闻的，总是庸才，不配做率领群众的领袖"[1]。"天才论"承认，人的成长与发展也会受到一定社会的影响，例如个人的学识以及交友圈等等，但是终究能否成为领袖那是上天注定的，只有那些天才，才可能抓住机会，一飞冲天；而那些庸人，纵使学富五车，也难有抓住机遇之力，更无所谓成为什么领袖了。其实，这种"天才论"恰恰迎合了当时封建统治者家天下、宗法制的思想，这种落后的封建思想通过愚民教育，使一般社会民众相信，自己天生就是为人所左右的，统治者也是天生的，是上天的意思，自己唯有顺从才可得安定，这也就产生了"民可使由之，不可使知之"的"愚民论"。

　　那么什么样的人会被看作是天才，什么样的人又会被看作是庸人呢？严景耀通过自己的研究，得出了天才和愚人之分实际上为阶级基础所规定的结论，深刻地揭示了封建统治者的虚伪性和贪婪性。

　　严景耀发现，"不独一部分中国人如此想法，帝国主义也用这套理论，要当仁不让地做世界弱小民族的领袖"[2]。他指出白种人打着"创造的天才"，"征服世界的天才"的旗号，去实现他们所谓的传播西方"文明"到"黑暗世界"的勾当。弹丸小国日本，在强大之后也开始高喊着大和民族高于一切民族的狂妄口号，而这一切都与领袖天才论是一个道理，都是人为所规定的，而非自然之规律。

　　通过对我国历史和国内外现状的分析，我们不难发现，"领袖天才论"从古至今，从中国到西方是普遍存在的，而且产生着深远的影响。但是，这

---

① 严景耀：《领袖论》，《严景耀论文集》，开明出版社 1995 年版，第 156 页。
② 严景耀：《领袖论》，《严景耀论文集》，开明出版社 1995 年版，第 157 页。

个说法是否真的合理,就不得不引起人们的思考。严景耀就以科技、艺术,以及生物和社会学理论为基础,论证了该理论的荒谬之处。

以科学发明与发现为例:"发明固然需要天才,但天才不是凭空就可发明的,一定要有社会的条件。"①他举了电报、电话等发明的例子。西方人说"需要是发明之母",这话也只有一半对。因为虽然需要,但没有可资发明的社会条件,即不能有新的发明。②反面例子就是原始民族对于减低死亡率的需要,要比现代人急切。但因为没有生物学、生理学和化学等,对于医学,不能有所发明。全世界的发明家有很多,但是并不是每个发明家都能成为真正的领袖,甚至有些发明家还会因为其发明而付出惨重代价,例如伽利略等,因为通过科学的理论提出地球绕着太阳运转的理论,而与神学理论直接相冲突,遭到宗教裁判所的迫害。

产业革命时期,发明家们成为了资本家的财产,备受推崇,表面上看好像他们成为领袖,实则是在资本家的阴谋操控之下。例如著名的"齐伯林伯爵事件"。"而且资本主义一到了最近的崩溃的阶段,发明的天才,便不需要。有许多发明,因为不适应现存的经济机构,弄得非销毁不可。"③这些都证明天才有一天是不被需要的,更何谈成为领袖。

分析了资本主义国家中领袖和天才的关系,我们再来看社会主义国家中两者之间的关系。以苏联为例,严景耀对苏联的社会主义建设进行了高度评价,他说:"苏联建设社会主义以来,许多工人们有自由发展的机会,受了国家的鼓励,变成了发明家。"④有文献可考,美国的新闻记者维拉特(Villard)在他所著的一本关于苏联的书内曾写道:"我怀疑是否在美国会有任何一个工厂,一年之中工人激进发明及建议到达了一千四百件。但在苏联是十分普通的事。劳动者工作创造性的发展,是苏联政权的基础之一。"严景耀同时指出,为什么苏联工人积极性会发挥到如此地步,原因在于人民是国家的主人,人民是在为自己劳动和做事。这样,劳动者的积极性、主动性和创造性就会得到最大的发挥。

严景耀在谈到中国天才的问题上指出,一般人认为中国人没有发明的天才,但我们也有过伟大的发明,例如四大发明,都远在西洋各国之先。中

---

① 严景耀:《领袖论》,《严景耀论文集》,开明出版社 1995 年版,第 157 页。

② 严景耀:《领袖论》,《严景耀论文集》,开明出版社 1995 年版,第 157 页。

③ 严景耀:《领袖论》,《严景耀论文集》,开明出版社 1995 年版,第 159 页。

④ 严景耀:《领袖论》,《严景耀论文集》,开明出版社 1995 年版,第 159 页。

国一部文化历史,足以证明中国的天才众多。但是,由于中国社会至今还没有脱离封建势力,发明家不能发展其天才,因而未能使发明事业得到进一步的发展。因为在封建社会里,一切天才的发明都被压抑了,况且,中国古代选拔人才的标准是科举制,其思想囿于四书五经,因此中国的天才难有机会做到领袖。①

通过以上的论述,我们不难看出,天才的发明也是要受到历史环境所支配和影响的。为了充分说明这个结论同样适用于其他领域,严景耀还从艺术创作、人群智力和社会组织的关系等方面进行了说明。"在艺术创造方面,我们知道艺术的创造与发展,除了天才以外,同样须有社会条件。以图画来说:第一,要有日积月累的技巧修养。这种技巧,不是画家一旦心血来潮,就可以得到的,一定要名师指点,静心练习,使技巧能运用自如,才有做艺术界领袖的希望。第二,画家的艺术,无论如何精进,作风无论如何独创,社会上没有艺术的'风气',艺术家也不会受人欢迎。所谓'怀才不遇'的悲哀,就在这里发生。第三,伟大的作品,是伟大时代的表征,是大众的意象的构成。艺术家不在作品里放上时代的因素,那作品绝不会有生命。"②为了说明人群智力与社会组织的关系,严景耀举了一个十分形象生动的例子:例如军队,最高领袖是总司令,以下是少数上一级军官,其次是较多的下级军官,最下层是绝大多数的士兵。这样的组织是典型的金字塔式。我们知道绝大多数的士兵,并不全是智力很低的,而同级军官中的智力也绝不全都一样。他们的升级,是依服务的年限与上级是否有缺额而定,只要总司令没有意外或去职,下面的军官,虽有天大的本领,也得唯命是从,否则即犯了军纪,要受军法处分。"这种组织,不独军队如此,其他一切机关也莫不如此,不过其间限制上升的方式,略有不同罢了。"③

严景耀从上面的事实最后总结认为,领袖与天才的关系,并不如一般人所想象的那样密切,领袖的问题也不是一个天才问题。要研究领袖,不得不从天才外,到社会环境中去探讨。这正如他对犯罪问题探讨一样,不能只从犯罪现象本身去研究,而应着眼于社会制度和社会的客观环境。

---

① 严景耀:《领袖论》,《严景耀论文集》,开明出版社 1995 年版,第 160 页。
② 严景耀:《领袖论》,《严景耀论文集》,开明出版社 1995 年版,第 160 页。
③ 严景耀:《领袖论》,《严景耀论文集》,开明出版社 1995 年版,第 160 页。

二、领袖与环境

严景耀对于天才与领袖关系的结论告诉我们,领袖的问题不是一个天才问题,要理解领袖的问题,只有具体到社会环境中去探讨。从上文严景耀对于领袖与天才的态度或看法来看,我们可以得出这样一个认识,即某个人能不能成为特定时期的领袖人物,与其自身的天资有多高及其是不是天才并无多大关联,正如"实践出真知"一样,"环境出领袖",这也是我们常说的"时势造英雄"的意思。为了证明社会环境对于一个人成为领袖者有没有影响以及影响有多大,严景耀就此问题展开了论证。

相对于领袖个人先天的聪明才智,严景耀主张社会环境在影响领袖成长和发展中起着更大的作用。他认为,个人先天的遗传只是一种本能而已,暂且定义为本能的冲动,而在发展的层面来说,那是通过在社会中的经历与磨炼,体会社会的风俗与环境的变化等逐渐形成一种本能与个性,这样才会逐渐成长为一名杰出的领袖。而且,一个领袖的成长史也是一个社会的发展史,它深刻地反映出一个社会的环境与发展变化,同时,因为所处环境不同,成为领袖的可能和机遇也是有所差别的。这方面严景耀有着生动的例子,例如:"同样一个人,出名与否,也更看环境而定。一个乡下的领袖(绅士,村长等),一到了大城市里,只好'叨陪末座'。反过来说,在大城市里失败的巨商、富绅,本已弄得走投无路,被人弃如敝屣,但一到乡下,依然是绅董阔佬,被推为领袖了。在每个种族里,天才之数较多,而领袖总占少数。"[①]天才如果要成为领袖就要符合时代发展的潮流,即与社会发展的方向相一致。

严景耀指出,我们研究领袖的发展和他努力的成绩,应从两方面来看:一是从社会环境的横剖面来看,环境给领袖发展的机会与限制;二是从社会环境的纵剖面来看,环境的变迁对于领袖的影响是显而易见的。[②] 严景耀认为,以上两个方面能够形象有力和客观直白地作为研究领袖发展的方向。为此,他作了如下分析:首先从社会环境来看,他认为对领袖发展关系最大的就是阶级问题。因为领袖要发展,就要有充足的机会去让其发展壮大,但从古代的历史中我们不难看出,很多领袖都出自于王侯将相之家,这

---

① 严景耀:《领袖论》,《严景耀论文集》,开明出版社1995年版,第161页。
② 严景耀:《领袖论》,《严景耀论文集》,开明出版社1995年版,第162页。

些家族垄断着社会的财力与人际命脉,他们的后代有着比一般人更高的起跑线和安逸的环境。在竞争激烈的环境里,他们能够得到其他人都难以得到的机会。近现代社会也同样如此,"一个工人的儿子,没有受教育的机会,长大以后除做工人以外,少有第二条出路。但一个富翁的儿子,不管天资如何,大学毕业,可以出洋留学,回来依然可靠传统的势力,做社会领袖,或掌理国家大事。在一个团体里也是如此,不同国籍的办事员,如属于弱小民族的,无论如何精明强干,总难升为领袖。而国势强盛的国民则高居要职,指挥一切"①。这就是社会阶级决定的现象。故此,严景耀提出:"只有在一个没有阶级的社会里,各种各样的人才有平等发展的机会,才能人尽其才而表现于工作上。"②因此,严景耀高度认同当时苏联在这方面的做法,认为这也是当时苏联强大的主要原因之一。

从历史的演变来看,严景耀认为,一个时代的领袖数量和出现的姿态完全是由历史环境所决定的。虽然领袖的成长也是离不开个人的努力和拼搏,但总体是要在社会这个大环境中进行的。在历史的长河中,有着许多鲜明的例子告诉我们时势造英雄的道理。领袖是根据社会的需要而产生的,如果社会需求量大,就产生的多;如果社会没有太多需要,领袖出现的几率就会很小。

再从中国历史来看,无论是学术界的领袖还是各个时代的政治领袖,他们都是应社会需要而产生和发展的。他们有的为几千年的中华文明奠定了基础,有的则为社会的转型和变革抛头颅洒热血。中国社会发展的关键时期,总是需要大量人才脱颖而出,来推动社会继续发展和进步。当然其中也会有个别浑水摸鱼的伪领袖,但是群众的眼睛是雪亮的,他们虽然风光一时,但在人民认清他们的丑恶嘴脸之后,自然会将他们抛弃。对于这个问题,严景耀谈道:"只有真有能力的人,才能在大奋斗中生长为领袖。但其间不是没有投机取巧的领袖,他不从群众中生长,而从抓住群众中侥幸获得他的地位。这种领袖,有时如法国大革命时的布里索一样,成为历史的罪人,有时如托洛斯基一样,无法保持他过去的地位。在学术界这情形更为明显。中国留学生,在外国时,个别讲来,比其他各国学生也不相上下,有时竟超过他们,回国以后,当了教授,当初还可贩卖一些洋货,向知识

---

① 严景耀:《领袖论》,《严景耀论文集》,开明出版社 1995 年版,第 162 页。
② 严景耀:《领袖论》,《严景耀论文集》,开明出版社 1995 年版,第 165 页。

界里夸耀,因而被尊为学术界权威。但一做权威,便成万能:学校行政,既需参加,政治活动,又得干预。所谓学术研究,早已没有工夫。十年二十年之后,不为政客,便为学术流氓。真正做学术界领袖的,却是凤毛麟角。"①严景耀对于学术界伪领袖所作的批判是入木三分的,这种现象不仅民国时代出现过,即使在我们今天的许多大学中也是存在的,对比我们当今高等教育领域中存在的问题,他的这一番论述发人深省。

三、领袖与群众

谈到领袖与群众的关系问题,严景耀认为:"领袖是从群众生长而为群众所拥护的,领袖与群众是不能分隔的。"②从社会发展的漫长历程中来看,其实真正的领袖都是从群众中来,又时刻与群众保持密切联系的人,想民众之所想,急民众之所急。为逞一时之能,而崇尚个人英雄主义的,是伪领袖,他们总有一天会被人民群众所抛弃。因为真正的领袖是绝对不会牺牲群众的利益的,他们以群众利益为个人最高利益。通常人们谈到领袖,最先想到的就是政治领袖了,其实在各行各业都有着自己的领袖,例如在学术上就有学术领袖,但学术界的领袖与政治领袖,其间对于群众的关系,稍有不同。学术领袖的贡献是学术思想,他与群众关系,往往由文字传达。群众和他不一定有严密的组织关系,然而他给群众的影响,深远而且阔大。政治领袖的贡献,往往偏于直接行动,他与群众越保持紧密的组织关系,就越能发挥个人的力量。群众拥护学术领袖,主要是他的著作是群众拥护的目标,即使他死了,他还被拥护。政治领袖被拥护,是在他洞悉群众的需要后,能在行动方面指导群众,达到群众所要求的目的。倘若他死后,群众一定会拥护另一个领袖来继承他的使命。至于他死后,群众还拥护他的政治理论,那是认他为学术领袖,而非政治领袖了。所以政治领袖,是行动的领袖;——更正确地说,是理论实践化了的领袖——与群众特别保有密切关系,他的成败,全视拥护的群众的多少,与当时当地的运动是否建筑在民众的利益之上为断。③

严景耀认为,政治领袖大致可分为反时代的领袖与时代的领袖两种类型。为什么会有这样的区分呢?通过对严景耀关于领袖论的研究,我们发

---

① 严景耀:《领袖论》,《严景耀论文集》,开明出版社1995年版,第165页。
② 严景耀:《领袖论》,《严景耀论文集》,开明出版社1995年版,第165页。
③ 严景耀:《领袖论》,《严景耀论文集》,开明出版社1995年版,第166页。

现：时代领袖与反时代领袖的最大区别就看其是否顺应了时代发展和社会进步。顺应了时代发展和社会进步的人，自然能够推动社会的进步、历史的发展，他们能够代表群众的利益而为群众谋福利。那些不能顺应时代发展的，守旧的人才往往在损害人民的利益，剥削人民的成果，那是历史的逆流，是时代进步的阻碍。

严景耀从时代领袖与反时代领袖的对比来对两者作了进一步的区别。他认为，从社会的演变上，当资本主义危机不断地增长，临到它本身总崩溃的前夜，按照社会变迁的原则来说，那时应该是社会主义社会起来代替。而且已有相当数量的无产者、农民、知识分子，在执行这伟大的使命，为人类的文明进程向更高一级的未来而不懈奋斗。这是时代趋向，这是历史演化的法则，谁也无法否定的。当然它所经过的历程，不会像我们所设定的原则那样单纯，而是更复杂、更曲折。因为资本主义国家的统治阶级，为保存他们本身无可挽回的厄运，会极力阻挠大时代的演进，作最后的挣扎，希望能对劳动阶级延长剥削的机会。这种挣扎，是世界资本主义各国统治阶级一致的挣扎，而表现的最显著最残酷的，要算是法西斯主义运动。法西斯的领袖，在其本质上讲，是反时代的领袖。①

严景耀进一步指出，专从表面的领袖技巧上来看，反时代的领袖，与时代的领袖，看不出有什么区别，但稍加分析，这种区别是很明了的。他举例说明：自我标榜民主的美国，往往把社会主义的领袖与法西斯主义的领袖相提并论，"一样"视他们为"独裁"，以为他们是用"一样"的技巧，得到群众的拥护。苏联的领袖们为人民群众指示了光明前途，而德国的领袖们对群众也说他们的"前途"是"光明"的，苏联的群众对斯大林欢呼，德国的群众也对希特勒欢呼。但仔细研究，就可看出这两种领袖，是截然不同的。

为此，严景耀指出，真正的领袖是能根据客观事实，领着绝大多数群众，向大时代迈进的人。因此，严景耀得出这样一个结论，既能洞悉时代的客观事实，并能知道全国群众真正需要的，就是时代的领袖。

领袖的伟大之处也在于他能对于群众的需要，有先见之明，并且能运用群众力量、客观条件，完成历史的任务。严景耀引用苏联一位党员的话说明了这个道理："我与工人们一起，可以分析一厂的事情，做几个月的计划。别人如在中央委员会里的，比我聪明得多了，他们能为广大的群众，计

---

① 严景耀：《领袖论》，《严景耀论文集》，开明出版社1995年版，第167页。

划好几年的事情。斯大林是我们最能干的，他看得见我们的前程与国际时事的相互关系，及其进展的每一个步骤，好像一个人由气球上看到地面上一样。但是中央委员会的人们采纳他的分析，并不是因为他是斯大林，只因为他的分析清楚，而且有事实作证，所以才使人心悦诚服。"①

四、领袖的训练

理解了领袖与天才的关系，以及领袖的由来和领袖们的作用和性质之后，我们再来听听严景耀的领袖训练论。

严景耀首先针对国粹领导训练论发表了看法，他认为，在中西文化接触以前，中国的社会较为固定，变迁不很显著，个人的行为标准与发展的前程，也是相当固定的。所发生的事实，差不多都有"前例可援"，最好的处置方法，就是"墨守成规"，领袖们办事的理想，便是"按部就班，照例办去"，并以"不求有功，但求无过"为自己的最大成绩，结果便是"因循苟且"。倘若有人要"力图改革"，他就会得到"标新立异""好大喜功"与"劳民伤财"的罪名。在这种社会制度之下，普通民众要产生"出类拔萃"的人物，是很不容易的。倘若偶有产生，只好用命运论来解释了。② 很显然，过去的训练方法是培养不出合格的领袖的，这种方法所培养出的领袖都是因循守旧的，都缺乏创新精神和社会责任感，是不能满足社会需要的。那么什么样的领袖训练方法才是最正确最有效的呢？严景耀指出，领袖若要得到训练，必须处理好与人民群众的关系，要与人民群众打成一片。因为领袖不过是群众的代表，不能离开群众独立的。群众拥护领袖，不是为领袖，而是为群众本身的利益。倘若领袖不能满足群众的希望，群众就会设法离开他或推倒他，而另拥护新领袖。主观的力量，产生于客观的基础上，客观的基础越巩固，这主观的力量也越发挥出来，于是领袖也就产生了，领袖也就能率领群众前进了。

"这可以说领袖也为时代与群众所领导，这又可说领袖和时代群众的对立和矛盾的统一与交光互感。"③斯大林也曾说过这方面的话，他说："领袖的技术是一件很严重的事情。一个领袖决不能落在运动后面，因为这样就离开群众孤立了，但是他又不能一直往前冲，因为一直往前冲，就要失却

---

① 严景耀:《领袖论》,《严景耀论文集》,开明出版社 1995 年版,第 170 页。
② 严景耀:《领袖论》,《严景耀论文集》,开明出版社 1995 年版,第 171 页。
③ 严景耀:《领袖论》,《严景耀论文集》,开明出版社 1995 年版,第 171 页。

了与群众的接触。要领导群众的人,一定要与两条战线斗争——反对落后的与往前直冲的人们。"①严景耀说,中国共产党是有力量的,而且是无敌的。因为在领袖运动的时候,她知道如何维持,如何增加与几百万工农大众的接触。由此可见,密切保持与群众之间的关系是每一个时代领袖所应遵循的规律和准则。严景耀再以苏联为例:譬如工会或党部的领袖,渐渐自命不凡而近乎官僚化的时候,工会与党部知道他们离开群众太远了,就立刻将这不凡的人们,送到平凡的环境里,如工厂、农庄等,叫他们仍做以前所做的平凡的工作,让他们渐渐由群众的集体工作过程中受训练,让他们理会到自己并没有什么了不得,让他们了解群众是不错的,群众的力量是伟大的,让他们知道领袖的标准,是对于群众服务的程度而定的,他的地位是由群众的拥护程度来决定的,不是自命不凡就可提高的。等到他们了解了群众,与群众打成了一片了,然后再调到工会或党部里去工作。②

对于苏联的这一做法,严景耀是持赞赏态度的。当然,这个方法也有不可取之处,要联系群众就要避免盲目崇拜。在防止盲目崇拜上,斯大林曾多次发表演说并身体力行,特别是在一次接见外宾的时候他说:一个人决不可有个别决定,因为个人的决定,永远或几乎永远是有偏见的。在每一个团体每一个区域里,应当注意许多人的意见。……三次革命的经验,已指示给我们,凡是一百次的个人决定,有九十次是有偏见的,要受集体审查与纠正的。还有一次斯大林写了一篇《被胜利所昏迷》的文章,指示各地党部说集体化是自动的,强迫集体化,不是党的意志,于是各地民众大家欢呼,说这是斯大林的个人创见。后来他再写一篇文章回答,说:"这种说法自然是荒谬的,我们中央委员会不允许任何人——不管是谁——有这种个人创见的举动的。"写这篇回答,他自己指出也是由"中央委员会训令遵办的"。

综上所述,我们不难看出严景耀关于领袖的总结论:做领袖的条件,先得看清楚大时代的群众运动,同时要知道这运动的胜利是有历史的必然性的,不是反时代的。参加运动的目的,是想努力加速它的成功。以整个运动与自己打成一片,使自己做这时代运动锁链中不可分离的一环,但也只是一环,受全体的支配,尽自己的能力,与大众配合起来,绝对地抛弃个人

---

① 严景耀:《领袖论》,《严景耀论文集》,开明出版社 1995 年版,第 171 页。
② 严景耀:《领袖论》,《严景耀论文集》,开明出版社 1995 年版,第 172 页。

英雄主义,认清了总目标,则各人虽工作不同,地位不一,而工作进行的步调,自然齐一,工作的结果,便会"百虑一致,殊途同归"①。要想成为一个领袖,就必须成为一个优秀的理论家和优秀的实践家。

第二节　持久战与民众运动

《持久战与民众运动》写于 1938 年 10 月,当时的国内抗日局势不容乐观,不少人甚至放弃了斗争的希望,宣扬亡国论,转而投靠了日本侵略者,做了丧失国格和人格的汉奸;也有很多人感到抗日局势前途渺茫,摇摆不定。这个时候,毛泽东的一篇《论持久战》唤起了全国人民的共鸣,鼓舞了全国人民抗日的斗志。《持久战与民众运动》是严景耀结合自己对毛泽东文章的理解和个人观点,从民主政治的角度来看持久战这个问题。严景耀主要从持久战对民众有何意义、支持持久战的要素和民众组织的关系、加紧组织民众支持持久战等三个方面对持久战与民众运动问题展开了探讨。

一、论持久战对于民众的意义

严景耀在《持久战与民众运动》一文的开头对毛泽东的《论持久战》进行了高度评价,他认为毛泽东的文章全面地分析了敌我双方的相互关系,同时也给出了中国不会亡国的理论根据和实践指导,是一篇颇具战略眼光的好文章。他认为:"这篇《论持久战》,用客观的事实,充实了我们最后胜利的信仰,使我们看清并承认敌人的弱点与中国的优点。"②在对其高度评价的同时,严景耀也具体分析了文章的中心思想和主要内容,他认为:全篇的讨论就注重在中国将如何自己努力去削弱敌方的优点,扩大敌方的缺点,中国将如何去加强自己的优点,克服自己的缺点,使中国得到最后胜利,使敌方遭到最后失败,并使整个帝国主义制度崩溃,争取中国及世界的永久和平。③ 严景耀引用毛泽东的观点,把持久战分为三个阶段:"第一个阶段,是敌之战略进攻、我之战略防御的时期。第二个阶段,是敌之战略保守、我之准备反攻的时期。第三个阶段,是我之战略反攻、敌之战略退却的

---

① 严景耀:《领袖论》,《严景耀论文集》,开明出版社 1995 年版,第 174 页。

② 严景耀:《持久战与民众运动》,《严景耀论文集》,开明出版社 1995 年版,第 175 页。

③ 严景耀:《持久战与民众运动》,《严景耀论文集》,开明出版社 1995 年版,第 176 页。

时期。"①严景耀指出,每个阶段的时期长短要看我们全国上下一致努力的
程度而定。针对当时人们一般认为保卫大武汉已是抗战的第三期了,严景
耀指出,这实际上是速胜论的观点,更正确地说,这是第一阶段的第三期。
至于有许多人以为快到决战时期,好像最后胜利指日可待,严景耀以《论持
久战》为依据分析了这种速决论、即将决战论的错误之处。"《论持久战》告
诉我们,这次抗战没有可能如此轻易简便,整个抗战的第一个阶段,在现在
可说尚未结束。倘若一意希望最近有大决战,即变成空想主义的速胜论。
缩短持久战的唯一的途径,是全国一致的努力。"②由此,他提出抗战胜利的
关键就在于全民的持久战,动员全国能动员的力量,从各个方面去打击敌
人。他认为这不应该是一场单纯的军事抗战,而是一场政治经济文化和军
事的综合对抗,因此就要加强各方面的力量。那么如何加强各方面的力量
呢?严景耀提出的对策是动员民众,组织民众组织,原因就在于"战争的伟
力之最深厚的根源,存在于民众之中"③。只有组织了民众组织,才能推动
政治、经济和文化的进步,也只有工、农、商学各界人士都行动起来,才能早
日取得抗战的最后胜利。

二、支持持久战的要素与民众组织的关系

严景耀认为,持久战的持续离不开各种要素的支持,而这些要素又与
民众组织有着千丝万缕的关系。总的看来,严景耀把这些要素概括为:军
事问题、统一战线,国际援助、战时经济、文化教育等几个方面。这些要素
又是以民众组织为基础的,因此,谈持久战的要素实际上就是谈民众组织
的问题。

第一,军事方面的因素。严景耀指出,在中国的土地上,中国的军队有
一个很大的优势就是有着战地人民的协助,他们会为军队提供敌军的情
报,以便于军队部署战术。台儿庄战役就是一个很好的例子,该场战役后,
军队首长曾多次讲话提到当地人民的作用。同时,当地的人民还可以为军
队提供人员上的补充和物品上的补给,让抗战队伍不断壮大。抗战战士吃
饱穿暖,更有利于作战,就如毛泽东在文章中指出那样,"军队须与民众打

---

① 严景耀:《持久战与民众运动》,《严景耀论文集》,开明出版社 1995 年版,第 176 页。
② 严景耀:《持久战与民众运动》,《严景耀论文集》,开明出版社 1995 年版,第 176 页。
③ 严景耀:《持久战与民众运动》,《严景耀论文集》,开明出版社 1995 年版,第 177 页。

成一片,使军队在民众眼睛中看成自己的军队,这个军队便无敌于天下。"①除此之外,在战区内,固然需要武装民众与正式军队配合作战,就是在敌人后方,也需要民众组织游击队或协助游击队,以破坏敌人的运输工具,牵制敌人兵力。在自己军队后方,对于救护运输及慰劳工作,更需要民众担当起来,增加自己军队调遣的灵便,这样才能有效地保证军事上的胜利。当然军队的消耗,也需要后备人员的补充,民众组织也正是适应了当时的战事要求。

第二,统一战线的因素。在严景耀看来:"战争本是政治的继续,合二而一的,不可分离。抗日战争的主要政治条件,是巩固统一战线。"②那么何为统一战线?严景耀认为:所谓统一战线,不仅仅是各党派的统一战线,而是各党各派各阶层各军队的统一战线,是政府与人民的统一战线,是全民族的统一战线。不管是谁,只要他愿意抗日,即使他也许暂时有动摇,但都欢迎他参加,增加团结的力量。而现实的抗日统一战线,在严景耀看来,显得不容乐观。在他写这篇政论文时,真正的爱国统一战线还只是口号,并没有实质性的进展。而且政党的合作,因为没有统一战线的支持和调配,效果也不是十分理想。他指出:"甚至某些人在战争形势稍微好转的时候,就准备在国共两党之间加紧摩擦一下,把对外的眼光转到对内,这种情况,差不多每一个较大的胜仗之后,或敌人进攻暂时停顿之时,都要发生。"③唯一补救方法,就是各阶层民众严密地组织起来,把政府业已颁布的抗日建国纲领,以一致的百折不挠的、坚苦卓绝的长期坚持的努力,自动地使它一一实现起来。只有民众自己来推动政府,才能使政府与人民有密切的合作,并且使国共两党的摩擦,逐渐减少或消除。而专门挑拨或鼓动两党摩擦的分子,在伟大的民众团结的力量之前,也将被压抑下去,再不能有施展破坏统一战线阴谋的可能。④ 如此重要的全国统一战线是以民众组织为前提的,它不但有利于增强抗日力量,更有利于检举土豪劣绅,告发贪官污吏,铲除敌探汉奸,肃清一切不利于抗战的阻碍,从而完成民族和社会解放的双重任务。

第三,从民主政治的角度来看,严景耀认为,民主政治关系到彻底的全

---

① 严景耀:《持久战与民众运动》,《严景耀论文集》,开明出版社1995年版,第178页。
② 严景耀:《持久战与民众运动》,《严景耀论文集》,开明出版社1995年版,第179页。
③ 严景耀:《持久战与民众运动》,《严景耀论文集》,开明出版社1995年版,第179页。
④ 严景耀:《持久战与民众运动》,《严景耀论文集》,开明出版社1995年版,第179页。

民抗战,为了使人人能贡献抗战的力量,中央与地方政府必须实行民主政治,使各党派各阶层民众参与政府,增强全国抗战的领导,使政府一切行动、一切设施,能积极代表整个民族利益,使中央政府成为真正的团结各党派各阶层实力集中的抗敌政府。抗日与民主互为条件,唯有这样集中的民主政府,才能负起打倒日本帝国主义、实现民族解放的大任;唯有这样集中的民主政府,才能代表全民族利益,才能有力量巩固统一战线,支持持久抗战,把握住最后胜利。①

第四,从国际援助的角度来看,中日战争实质是民主政治与法西斯势力的斗争,只要政府实行民主政治,那么民众就会成为政府向国际社会求援的坚强后盾。同时,一些事实说明,外国也在积极想方设法帮助中国,但是因为中国某些制度的弊端而迟迟未能实现。例如抗战开始以后,英美全国工人团体代表共同在美国开会,商讨联合援助中国民众的办法,他们邀请中国工人代表,希望知道关于中国人民抗战的确切报告。但是中国根本就没有能真正代表全国工人的工会,哪里能有代表派出国去向国际工友们报告中国抗战的实情。于是无形中就减低了国际人民援助中国抗战的情绪,亦即减少了国际援助的力量。有了健全的民众组织,对外即可作有组织有系统的宣传,一面揭露敌人侵略的残酷兽行,一面联合世界上同情于我们的民众,共同为正义与和平而奋斗。②

第五,战时的经济政策,也是持久战的重要因素。严景耀认为:"建设国防经济,开发各种军事资源,发展有关国防的企业,如军火工业、重工业,整顿与扩大国防生产。在轻工业方面,保证前线兵士与后方人民生活资料的自给;在交通方面,更积极提高运输效率;在金融方面,要努力巩固币制政策等等,都是抗战阶段必不可少的经济设施。"③而这一切都是在民众组织壮大、国内团结、民主集中的政府中才能实现。同时,严景耀还指出,当时中国在工会问题上存在的种种弊端,呼吁有关部门予以关注,积极稳妥地加以解决。

第六,文化教育因素。严景耀认为,为争取全民的持久战,一面要普及民众的政治觉悟,一面要提高国民的抗战认识,所以文化教育的积极建设,也是抗战的要素之一。如何使有知识的出知识,刊印各种抗战刊物与书

①　严景耀:《持久战与民众运动》,《严景耀论文集》,开明出版社 1995 年版,第 180 页。
②　严景耀:《持久战与民众运动》,《严景耀论文集》,开明出版社 1995 年版,第 181 页。
③　严景耀:《持久战与民众运动》,《严景耀论文集》,开明出版社 1995 年版,第 182 页。

籍,实施国难教育,使全国青年学生都成为民族解放的先锋,动员各阶层的民众,使民族抗日的意识高于各阶层本身的意识,推广"毁家纾难"的精神到每一个国民心中,并且集中各种专门人才,为国家应用。这种工作,不是国家一纸命令以被动的方式去推行即可奏效,必须民众自己有组织地来分工合作,负起这精神动员的使命,同时尽量运用言论、出版、集会、结社之自由,以训练培养及发挥民众自治能力,作实行民权主义之民主国家公民的准备,使民意机关能充分代表民意。①

总之,严景耀指出,持久战是全民族的革命战争,它的胜利,离不开加强军民合作、巩固统一战线、实现民主政治、扩大国际宣传、发展战时经济与普及和提高文化教育抗战意识等要素,努力发展各种要素,增加全民抗战的力量,即可保证最后胜利。但是动员全国民众,组织全国民众是努力发展与加强以上各种抗战要素的最主要的前提。支持持久战与组织民众是绝对分不开的。所以,动员民众,组织民众,是政府刻不容缓的政策,也是民众责无旁贷、义不容辞的迫切任务。

三、加紧组织民众支持持久战

在加紧组织民众的问题上,严景耀以孙中山先生的临终遗嘱、毛泽东同志的理论文章,及抗战建国纲领等来说明唤起民众的重要性,并且指出:现在的问题便是民众如何自动地广大地组织起来,地方当局如何执行这一纲领的问题。要地方当局切实执行这一纲领,首先得改变过去包办民众运动的方式。因为包办的结果,总是包而不办。各处地方当局,依然不顾中央意志而有损害人民言论、出版、集会、结社的合法自由的行动。但不幸的是,据我们知道,民众运动反而在被占区域内、在敌人后方有相当的开展。如各地民众与游击队打成一片等等消息时常可以从报上看到。②

对于民众运动将怎么样自动地扩大,民众组织将怎么样自动地进行等问题,虽然情况比较复杂,但是严景耀还是提出了以下几条基本建议:

第一,公开与民主。任何民众组织与团体,都应该对外向社会坦白公开地宣布他们的意见与主张,与其他团体共同讨论,取得他们的同意与赞助,接受社会诚意的批评,以求改进。同时应该请求当地的党、政、军当局

---

①　严景耀:《持久战与民众运动》,《严景耀论文集》,开明出版社 1995 年版,第 182 页。

②　严景耀:《持久战与民众运动》,《严景耀论文集》,开明出版社 1995 年版,第 185 页。

出席指导及互相报告工作，以求与政府作切实的联系。对内，民众组织是民主的，只有民主的组织，才能一致团结、共同负责、共同努力；只有民主的组织，各方能尽量自动发挥抗战的能力，与团体配合，发生伟大力量；也只有民主的组织，各团体方能产生许多卓绝的民众领袖；同时，也只有民主团体的训练与经验，才能争取民主政治的实现并参加民主政治的行政。参加组织的民众，一定要深切知道集团本身的使命与当前的任务，环境一有转变，民众组织的工作也能即刻自动转变，去应付新环境。即使一时失去领袖，也能自动立刻产生新领袖，来指挥行动。最忌少数人的包办与群众政治意识的缺乏。例如山东乡村自治的壮丁训练，好像也是民众组织，国军在山东抗战的紧急关头，这已受训练的壮丁，不但不与正规军配合作战，反而被敌人收买，掉转枪头，攻击国军的后防，以致防御工作溃败。这种民众被出卖的惨剧，就是组织不民主化、被少数人包办的缘故。①

第二，适合当时当地情况与随机应变。中国本来地大物博，各地政治经济的发展极不平衡，所以中国各地的情况极不相同，在抗战时期内这种情况更为复杂。因为要应付当时当地的需要，各地的民众组织要看当前的任务，随机应变，在战区及被占区域的民众组织，与远在后方的民众组织，可说极不相同。所以组织者应当非常细心地去分析与了解当时当地的具体情况，提出当时当地所能进行的具体组织形式，而且情况变化的时候，应当迅速改变组织，以期适应担负起斗争的任务。倘若组织形式不顾时间空间而千篇一律，则对于抗战动员，是非常不利的。②

第三，各种组织的联络与统一。抗战开展以后，民众组织已在各地进行，不过全是各自为政的小组织，内部机构非常松懈，又不与其他组织联络，所以不能发挥伟大的力量，不能尽力担任抗战建国的重大使命。我们应当尽力促成各界人士分别在自己的职业与志趣范围内从事组织，如学生、妇女、工人、农民、商界、银行界、实业界等，各自组织抗战建国团体，在同一组织范围内，极力避免分化（如两个学生会、两个工会等），应当统一组织，加强力量。因为要使民族统一战线有坚强的民众力量，先得有一个统一的工会，统一的农会，统一的学生会，统一的妇女、青年及文化等团体，来充实民族统一战线的内容。有了统一的民众团体，不但数量上有所增加，而且质

---

① 严景耀：《持久战与民众运动》，《严景耀论文集》，开明出版社 1995 年版，第 185 页。
② 严景耀：《持久战与民众运动》，《严景耀论文集》，开明出版社 1995 年版，第 186 页。

量上也大大地提高。每一个组织团体,应当尽量吸收无组织的民众,共同合作。先进分子,是民众组织、民众运动的积极分子。这种分子愈多,民众组织愈有力量。所以民众组织,应当用一切方法,发扬他们的积极性与他们的天分,使他们能把所有的力量,贡献给解放中华民族的伟大事业。但是因为他们太先进了,往往使落后的分子赶不上,而脱离了民众组织,使团体内的各分子,不能联络,不能团结。所以先进分子,一面应当努力工作,一面应当协助落后分子、训练落后分子,使落后的赶上先进的,齐一步伐,共同前进。各种民众组织,在一区内应当互相联络、和衷共济,变成民众运动的伟大力量,因为各团体专靠对内团结,不过增加本组织的力量,再加上对外与各组织作密切的联络,进一步共同团结,造成各地统一的民众组织,然后由各地进行联络成立全国民众的伟大组织,成立统一的全国性的领导机关。[①]

第四,民众领袖。严景耀指出,各组织应当选择本组织内的先进分子为领袖。倘若这一层在开始组织的时候,不能办到,需要外面援助的话,则从事组织的人员,绝对不能用与民众有隔膜或素有恶感的土豪劣绅。领袖必须由能耐劳的、能牺牲一切的、有强固信仰与训练的人员担任。他们一面帮助组织,一面选拔与训练民众自己的领袖。在组织的过程中,使各分子运用民主原则,共同参加,使各成员成为积极分子,进而协助领袖。在民主的团体内与在组织工作的过程中,各分子有积极参加的机会,受到必要的训练,才能产生公正、勇敢、忠诚、刻苦耐劳的领袖,也只有在全体人民积极参加的民主团体内,使做领袖的不能也不敢被动摇操纵,出卖民众。他们不得不努力从事以大众利益为前提的各种工作,否则群众即可有力量督促、质问及免除自己的领袖,而选举能代表全体意志的领袖。[②]

第五,知识分子的任务。中国过去的民众运动历史,很明显地告诉我们,文化界的知识分子是民众运动的先进分子。严景耀以救亡运动为例指出,在中国现阶段的特殊环境里面,全国有百分之七十以上的人不能看书读报,只有知识分子,受社会的训练独厚,他们不受锢于书面文字,有机会与世界接触,受世界潮流的影响,并且在工作方面,也多有组织与训练的机会。帝国主义侵略中国的情势,知识分子是首先知道和感觉到的,并且知道得较为详细。所以,民众的救国运动,知识分子当根据有知识出知识的

---

① 严景耀:《持久战与民众运动》,《严景耀论文集》,开明出版社1995年版,第187页。
② 严景耀:《持久战与民众运动》,《严景耀论文集》,开明出版社1995年版,第187页。

原则,首先起来向全国同胞,用最有效的宣传方法,像讲演、电影、戏曲、歌唱及其他的宣传方式,向广大的民众宣传抗战的意义,揭露敌人的残酷兽行以及具体地解释抗战胜利与失败对于人民切身的利害关系和坚持持久战的理由。严景耀认为,中国内地有许多人民对于抗战救国不甚关心,这不是他们存心观望,是缺少政治教育之必然,不能切实了解这空前的时代转变与他们对这大时代所应负的使命。这一层在战区组织民众,因有最有力的宣传与解释——众目昭彰的就地事实,实行起来比较容易。但在内地必须用极大的耐心,用各种有效的方法使民众人人感到自己的责任及权利,自动地起来,积极参加。这种宣传工作对文化界知识分子来说应当是义不容辞的。同时,这种宣传与组织的工作也提高了国民的文化程度,奠定了文化建设的基础,正是为求文化本身的发展所必要的工作,所以对民众做宣传、组织民众、教育民众、训练民众,是文化界知识分子目前的紧急任务。严景耀指出,若以上工作没有做到,则文化界知识分子对于动员全国民众,坚持持久战的伟大事业,没有尽他们应尽的责任,是他们对民众服务不力,对于全民族持久战的怠工。① 由此可见,在殷切的期盼下,严景耀对中国的知识分子在对日的持久战中,提出了较为严格的要求。

严景耀认为,中国能否战胜并消灭日本帝国主义的实力,要有三个条件:第一是中国抗日统一战线的完成;第二是国际抗日统一战线的完成;第三是日本人民革命的兴起。三个条件中,中国人民的大联合是主要的。全国民众应当刻不容缓地统一起来,为争取最后胜利所必要的一切条件而努力,条件多具备一分、早具备一日,胜利的把握就多一分,胜利的时间就早一日。"天助自助者",只有伟大的全国民众的严密组织与不断努力,才能达到持久战的目的,才能冲破一切民族、社会解放的障碍而获得抗战最后的胜利。②

第三节　中国统一论

一、过去中国未曾统一

严景耀指出:"中国的统一,是现阶段最迫切、最严重的问题。抗战能

---

①　严景耀:《持久战与民众运动》,《严景耀论文集》,开明出版社1995年版,第188页。
②　严景耀:《持久战与民众运动》,《严景耀论文集》,开明出版社1995年版,第189页。

否得到最后胜利,新中国能否建立起来,要看全国各党各派各阶层各团体是否能真正统一起来。而这次民族抗战建国的目标之一也便是为了完成统一,缔造现代的新中国。敌人侵略的唯一目的,就是使中国不能统一,可以遂其侵略的野心。"①在严景耀看来,中国在近百年来被各国帝国主义长期侵略的原因就在于中国没有统一。侵略分子抓住没有统一的弱点,蓄意制造分裂,使得中国长期处在被分裂和侵略的地位。例如,中日甲午战争直隶部队和北洋水师的孤军奋战,八国联军侵华时南方几省的自保状态,以及民众们的有家无国的状态等等。而抗战之后,中国的情况发生了明显的变化,全国人民开始团结起来奋勇杀敌,这就不禁让人思考,为何过去不能团结起来,而现在就能团结起来,又如何才能加强这种团结,最后实现真正的统一呢?

二、中国为何以前没有统一

严景耀认为,中国以前没有统一的原因是我们的经济结构出了问题。众所周知,在帝国主义入侵之前,中国是一个农业社会,生产工具是农具和普通的手工工具,没有我们所说的机器。在经济结构方面,以农业为主,手工业为辅。在当时的中国,绝大多数人民都是农民,从事商业的人占不到十分之一二,城市也只不过是政府的行政中心罢了。全国人民,除了不到十分之一二住在城镇上经营小规模工商业外,十之八九以上的人民,住在乡间,普通人们一生的活动世界就是以镇为中心的农村集团。②

在农村是没有什么国家思想的,因为在这片他们"生于斯,死于斯"的土地上,他们是基本可以自给的,他们对外的要求很少,更不需要长途跋涉出外谋求发展。农村中最重要的社会组织就是家族,一村的组织,往往就是家族的发展。至于政府是"天高皇帝远",与本地农民之间除了"赋与役"之外,便没有多大关系了。所以人民的生活中心,在这简单的农村社会里,根本就谈不上有什么国家思想。"中国几千年来的社会,是封建宗法社会,家族生活是一切生活的中心,家族的意识也是一切意识的中心。"③中国传统社会是以孝为思想核心的,区别于资本主义社会的人民主权论和苏联的国家中心论思想。因此过去中国人民的行为,很自然地专为家族打算。因

---

① 严景耀:《中国统一论》,《严景耀论文集》,开明出版社 1995 年版,第 190 页。
② 严景耀:《中国统一论》,《严景耀论文集》,开明出版社 1995 年版,第 192 页。
③ 严景耀:《中国统一论》,《严景耀论文集》,开明出版社 1995 年版,第 193 页。

为人们考虑家的多了，国少了，所以很自然地当国遇见危难之时，人们更多的是去选择保家。用现代国家的观点看来，中国当然像一盘散沙了。不光是民众，而且政府里的官员也是缺乏责任心的，缺乏为人民服务的意识。

严景耀指出，在上述的经济社会结构上，产生了专制的愚民政策的理论。如"普天之下，莫非王土；率土之滨，莫非王臣"，主张政府有全国领土主权，人民是君主的私产。对于人民，则主张"天下有道，庶人不议"，以钳制人民的喉舌。以"不在其位，不谋其政"，窒碍人民的政治思想，再加上"劳心者治人，劳力者治于人"与"无君子莫治野人，无野人莫养君子"及"民可使由之，不可使知之"等等反民主的政治论调，使人民不能并且不应该参与政治，造成了一种包揽一切的专制的官僚政治。中国有了这种经济社会组织，不能统一起来是很明显的。所以对于抵御外来的侵略就很困难了。倘有强邻压境，就不能集中全国力量抵御，便会遭灭亡之祸。如南北朝时期的北朝诸族逞雄，宋为金人所败，蒙古入中国为元朝，乃至近代的清朝，全能长驱直入，所向无敌，奴役中国人民。就因为中国是一个封建农业社会，只有家族与地方主义，没有国家观念，只知图一隅的苟安，不会大家联合起来抵御侵略，只能被专制政府剥削压迫，不会起来争取自由平等，而政府与人民的对立，有时比与外来侵略的对立还要厉害，如清朝竟有"宁赠友邦，不给家奴"的观念。①

"但中国往往以同化侵略者自豪，以为不管哪一个朝代的入侵者，到了中国必渐渐被同化成中国人。而中国国家一时虽被灭亡，在文化方面却渐渐灭亡了入侵者，结果中国的版图反随之扩大。从过去历史所昭示的事实来看，这是正确的。因为以前入侵者的文化水准全比我们低，他们都是游牧民族，骁勇善战，而中国已进到封建农业社会，只会安居乐业，不会驰骋疆场。等入侵者跃进中华，注意到农业生产较游牧生产更丰富、保障时，他们即放弃了游牧生活，采取中国的农业生产方式。于是他们逐渐地不能不接受随着农业生产方式带来的生产关系、社会组织与意识形态了，结果为中国文化所同化。"②最后，严景耀提出，现在的帝国主义是资本主义社会发展的结果。它的工业生产水准较中国封建农业生产水准高，若要希望再去同化它，未免是梦想。唯一的抵御方法就是如何统一起来，全国一致去对

---

① 　严景耀：《中国统一论》，《严景耀论文集》，开明出版社1995年版，第196页。
② 　严景耀：《中国统一论》，《严景耀论文集》，开明出版社1995年版，第196—197页。

付它。而中国的统一的进展，也是随着帝国主义的侵略开始的。①

三、中国统一的过程

自鸦片战争以后，中国社会一直处于列强的侵略和压迫之中，但严景耀认为，历史是对立发展的，一方面是黑暗，而在黑暗的过程中已孕育了另一方面的光明。中国被帝国主义不断侵略，自给自足的社会被破坏而沦为半殖民地半封建社会。但在这自给自足的社会被破坏的过程中，已将中国东西南北没有什么关系的各地，被帝国主义的货物倾销与中国民族资本的发展渐渐联系了起来。穷乡僻壤也渐渐地与大城市发生关系，变成互相依赖的局面。不独各大商埠因为帝国主义倾销货物而发生联络，就是县城镇市也有了电报通讯，使中国各地的距离随着交通的发展而缩短。因为交通使距离缩短，就越能促进货物的流通，随着货物的流通，增加人们的来往与聚集，造成以工商业为中心的五方杂处大都会，打破了老死不相往来的局面。②

国家的统一，本是由封建农业社会转变到资本主义的工业社会应有的过程。不过中国民族资本的发展，是由于受了各国帝国主义与被帝国主义所扶持的国内封建势力的联合压迫，不能一帆风顺地进展罢了。但是历史的进展不是完全受帝国主义与封建势力支配的。"一盘散沙"的中国人民终于渐渐团结，渐渐统一，产生了反帝反封建的力量，同时也在反帝反封建的过程中，渐渐加强了统一。③ 严景耀认为，中国反帝反封建的运动，在开始的阶段是地方性的、无计划的，后来渐渐变成了有组织的群众运动。在辛亥革命的时候，国内新兴资产阶级与知识分子，在各地开展"收回主权"运动，如收回矿权运动与铁路商办运动，此外各处乡民反抗官吏苛敛运动。④ 这些运动表现出了中国人民对于外国帝国主义的经济侵略与清朝政府高压剥削的反抗，本质上是一种要求民主的表现。辛亥革命虽然在形式上推倒了清朝政府而建设共和，但是打倒帝国主义与推翻封建势力的任务并没有完成，民主政治也没有实现，国家还不能顺利地统一起来，因为大部分民众还没有起来参加这场革命。"五四运动是辛亥革命后更进一步的民

---

① 严景耀：《中国统一论》，《严景耀论文集》，开明出版社 1995 年版，第 196—197 页。

② 严景耀：《中国统一论》，《严景耀论文集》，开明出版社 1995 年版，第 198 页。

③ 严景耀：《中国统一论》，《严景耀论文集》，开明出版社 1995 年版，第 199 页。

④ 严景耀：《中国统一论》，《严景耀论文集》，开明出版社 1995 年版，第 199 页。

族革命运动,也是更进一层的中国统一运动。"①那时欧洲忙着第一次世界大战,无暇东顾,而国内民族资本主义飞速发展,资产阶级和无产阶级的力量也在不断壮大。正如《中国大革命史》所说的那样:第一,群众反抗日本帝国主义的运动,在这运动里,我们不可只看见学生,学生不过是运动的先锋。当时上海天津等处的工人、商人都以运动主力身份参加。这的确是辛亥革命之后,中国社会各阶级第一次努力以行动干预政治的运动。第二,五四运动时所发生的种种群众组织,如检查日货、抵制日货等行动机关,往往能直接以革命手段行使平民的政权。上海罢市的几天内,革命的学生、商人竟直接行使警权。第三,这种民族主义革命的潮流,居然开始冲击中国工人阶级的觉悟,从此产生社会主义和共产主义以及工会的组织。这种情形,显而易见是辛亥革命以后的第二次民族主义革命。②

关于五四运动的评价,严景耀的看法是:五四运动虽未能达到预期的成功,但在此运动中已表现了各阶层人民统一的民主要求,而且能联合起来一致反抗帝国主义与封建势力,而前进中的青年,接受了世界的革命思潮,由空想转向实际运动,开辟了中国革命的新方向。社会中最有革命要求的劳苦群众参加革命,开始表现它的社会力量,促使国共两党统一战线的形成,取得北伐胜利。"但是因为当时中国民族资本的发展还不健全,没有彻底反帝反封建的决心,对于群众势力在革命大潮中汹涌澎湃,产生恐慌,正当革命走到将要完成的时候,破裂了国共两党的统一战线,使中国革命功败垂成。自此以后,政权属于一阶级一党派,不但国共两党不能统一,而且政府与人民也不能统一,外患乃得乘机侵入,演成了空前未有的屈辱史,这是国共两党破裂了统一战线的结果。"③九一八事变以后,民族危机不断深化,唤起了全国各阶层民众一致要求团结御侮、抗敌救国的决心。"凡是一个团体,受到外面的刺激与压力,内部即会加强统一,巩固团结。"④倘若内部起了矛盾,受了外来的刺激,即可缓和内部的矛盾而统一起来。世界近代史告诉我们,有许多新兴资本主义国家需要更进一步的统一,但有各种阻碍,不能实行。往往利用对外战争,完成内部的统一建国任务。例如,美国十三州殖民地革命战争,排除了英国的压迫,建立了统一国家;意

---

① 严景耀:《中国统一论》,《严景耀论文集》,开明出版社 1995 年版,第 199 页。

② 严景耀:《中国统一论》,《严景耀论文集》,开明出版社 1995 年版,第 199 页。

③ 严景耀:《中国统一论》,《严景耀论文集》,开明出版社 1995 年版,第 200 页。

④ 严景耀:《中国统一论》,《严景耀论文集》,开明出版社 1995 年版,第 200 页。

大利排除了奥地利的干涉,建立了统一国家;普鲁士排除了奥、法的压迫,建立了德意志统一国家;以后土耳其排除了希腊、英国的压迫,建立了统一民主国家。足见要建立近代统一国家,必须外除压迫,内求团结。中国全民抗战的目前任务,就是要在抗战中完成统一的现代国家。

四、怎样加强统一

抗日战争的确促进了全国的统一,但是随着抗战形势的飞速进展,国家内部的统一程度还是不够,而且差得很远。严景耀写道:"因为敌人用全面侵略我国的阴谋,不但要粉碎我们的军事力量,而且用欺骗式的反宣传使国际舆论对我不利。在沦陷区里设立傀儡政府,在我们的后方,利用汉奸托派及妥协分子,瓦解我们政治力量,同时封锁口岸,攫取原料,盗劫沦陷区内工厂财物,抢夺关税,加紧走私,扰乱金融,企图破坏我们的经济力量。并且轰炸我们各地的学校,在沦陷区抢夺我们的图书,施行奴化教育,要消灭我们的文化力量。这种侵略方式,犹如水银泻地,无孔不入。我们全面抗战,就得在军事,政治,经济,文化等各方面团结起来,统一起来,要死守并反攻所有的各种侵略阵线。但在一年三个月的战事过程中,统一虽然进步,我们仍发现在军事上,政治上,经济上,文化上一切旧有的形态与腐朽的机构和目前抗战的要求,发生着无数根本的矛盾。"[①]这对于抗战建国,实现统一,是一个非常严重的打击。严景耀呼吁非努力改进不可,如何改进,他认为主要从以下几个方面展开努力:[②]

第一,在军事上,要改善统一的军事指挥、统一的作战计划、统一的教育与纪律、统一的装备与供给。增进军队的政治工作,巩固部队与提高部队的战斗力。消灭腐败分子,团结军民,帮助并协同军队作战。从政治上影响敌方内部,瓦解敌方军队以实现战争的胜利。

第二,在政治上,要根据民众的切身利益与特殊需要,建立工、农、商、学、妇女、青年、文化人等各种统一的抗敌救国的组织,而这些组织都统一于各地方以至中央领导机关,接受总的指挥,进行全国民众救亡工作,把地方的政权真正统一起来,削弱以至消灭统治各地的封建势力,才能形成伟大统一的政治力量对付劲敌,才能建立民主统一的国家。因为近代国家所

---

① 严景耀:《中国统一论》,《严景耀论文集》,开明出版社1995年版,第201页。
② 严景耀:《中国统一论》,《严景耀论文集》,开明出版社1995年版,第203—207页。

谓统一,真正的意义是要把一切权力集中在国家——全体人民的代表机构之内,不能再有超越国家或者与国家并立的权力机关。

第三,目前的要务是如何集中与统一全国所有的经济势力,把它用在抗战建国方面,使国家能积极进行重工业化。因为天然资源在内地仍极丰富,绝不因沿海一带作为战区海岸线被封锁而发生恐慌。相反,沿海一带作为战区,因为汇兑与国外贸易的控制,内地没有大量不必要的洋货的压迫,国家可以自由发展独立的民族经济而加紧重工业化。目前要巩固与统一国防经济,增加抗敌的武装力量,同时保证民族经济永远脱离对于帝国主义的依赖。在短时期内,努力改进西北与西南的交通事业,便利军事运输,将重工业与四散在各地的轻工业及生产合作配合起来打成一片,奠定全国性的统一经济基础,消灭各自为政的地方经济的封建割据局面。在农业方面,加紧重工业化可以制造大批农业机器,使全国散漫的小农业渐渐集中化,改造为现代科学化大量生产的农业。这样的经济统一,是国防的基础,也是现代统一国家必不可少的条件。

第四,在文化上,要形成全国性的国防文化统一战线。全民抗战是广大民众的任务,而我国直到现在还有百分之七十以上的民众不能识字读书。一方面要为大众预备求知识的利器,如新文字等;一方面要发展大众能理解的抗敌建国的意识,作为争取抗战胜利的武器。在抗战的过程中,大众思想已起了质的变化,已渐渐将国家的利益放在个人和家族的利益上面,但是文化统一战线的任务,是加速普及国家意识,使人人有同仇敌忾的精神,使人民的力量合并成为一股统一的能量释放出来,抱定牺牲到底的决心来拥护抗战的利益。同时用文化统一战线的力量来雷厉风行地肃清贪污堕落、偷生怕死、卖国求荣的现象,发扬为保卫祖国流尽最后一滴血的民族英雄精神。为争取全国性的抗战建国的文化统一战线,我们需要在全国各地建设文化网,努力有系统地而且极迅速地发动全国文化总动员,使各种文化事业互相配合起来,统一起来,以便作更有力的宣传。凡最有利于现阶段抗战建国的文化事业,当首先努力推广。严景耀指出,目前由沦陷区及战区迁入内地的各学校,及内地本有的学校仍用按部就班的旧方法,使学生整年不问国事,埋头研究,未免使文化统一战线的力量减弱,实有商榷的必要。

严景耀强调,文化建设不仅仅在于普及,而更需要提高文化的国防地位。因为没有了革命的理论,便就没有了革命的实践。因为理论,而且只有理论,才能使行动有确信力,使行动能确定和认定方针以及认识事物的内部联系。有了正确的理论,才能正确地了解民族统一战线进展的步骤,而且才能正确地去了解在最近和将来抗战建国的动向。因此严景耀提出,要在全国文化网中,以最便利文化事业的区域,培养文化统一战线的干部,集合文化界的前辈,努力从事理论的教育与名著的出版,以提高文化的国防地位和加强文化统一的战线。

严景耀最后指出,构建民族统一战线是一个庞大的工程,他强调在实践上须将全国各方面的统一战线,团结成一个总的统一战线,全国各方面的机构,团结成一个总的统一机构,全国所有人力、物力、财力及知识,团结成一个总的统一民族力量,进行民族抗战,建立现代国家。但是要完成这错综复杂且庞大的民族统一战线,并非一件轻而易举的事情,也绝不是一纸命令所能奏效的。在严景耀看来,统一战线是全体民众斗争的过程,是军事的、政治的、经济的、文化的总斗争的过程。只要一方面有弱点,整个有机的总的统一战线,就要遭受打击,所以我们要很坦白,要有勇气从各方面提出问题来讨论、来批评、来斗争。只要有了抗战建国的大目标,不管意见如何不同,在斗争的过程中,渐渐会统一起来。这种统一并不是各方面互相让步以求同意的统一,也不是各种意见加在一起的统一,更不是以一己之见为标准强制别人服从的统一,而是各方面共同尽力讨论,批评斗争后达成一致共识的大统一。而统一战线之所以能集中民族的一切力量,成为一个伟大的集体势力,使千万民众凝成一团,站起来像一个人,就全靠大家共同讨论、批评与斗争。因为真正的统一是民主斗争的统一,没有民主的斗争,就不能集思广益,不能随时发展。倘若人民不许有意见,专凭命令行动,这是奴隶阵线,是专制阵线,是强制的统一,不是自动的集体统一,绝不能发生力量,绝不能负起抗战建国大时代的使命。只有政府起来领导人民、鼓励人民,给人民以言论出版、集会、结社的自由,彻底实行抗战建国纲领,使人民在这个大前提下自由讨论,以人民意志为意志,与人民打成一片,而且只有使人民在这样的自由讨论、自由批评、自由斗争的过程中,每个人才能与全民族的统一战线形成一片,才能视统一战线的成败为每个人本身的成败,各个人才能牺牲一切为全民族的利益而奋斗,才能有百折不回、坚忍不拔的意志,有“富贵不能淫,贫贱不能移,威武不能屈”的精神,才能为争取抗战胜利而奋斗,为建立独立自由幸福统一的新中国而努力。

第四节　论集体生活

在《论集体生活》一文中，集中体现了严景耀的个人观念和集体观念，表达了他对集体生活的态度和价值取向。具体论述从以下五个方面入手。

一、生活中的个人与社会中的个人

在严景耀看来，大凡世界，人各有异。在一个国家里面，有圣贤、平庸、愚劣的分别。这种分别，往往被认为是"先天的"区别。例如，白人高举着人种优胜论的大旗，畅言传播文明，"理直气壮"地侵略弱小民族。又如，德国法西斯发现了雅利安人是白人中最优秀的，根据这先天的"超群绝伦"，要在欧洲称雄；日本帝国主义，则发现黄色的大和民族是天神的后裔，正在"替天行道"，要征服中国，独霸东亚。当然也有中国学者指出中国人具有不可救药的"劣根性"，并且一口咬定，认为这种劣根性是先天的，无可挽回的。[①] 严景耀对这种所谓的人种优胜论持反对态度。他认为，外国列强对中国进行侵犯，并不是与中国人种优劣与否有关系，中国人所谓的劣根性实质上是本国特有环境使然，而且也并非是某些学者所宣扬的不可挽回的劣根性。

严景耀提出，生活中的人与社会中的人是有区别的。因为一个人生下来的时候，当然是生物的个人。刚出世的孩子不能自助，他是无知无识的。他在醒的时候，有各种无规律的动作，对于环境的刺激也有简单的反应。后来，受了社会的抚养，他就在生物的基础上，渐渐罩上了一个社会的模型。他的动作，渐渐得到社会的熏陶，便发生了意义。他越长大与社会的关系越复杂，而他的个性、态度、愿望等，也在社会的经验中，渐渐依照社会的意志形成着。[②] 从严景耀上述对于人的社会性的论述，我们不难看出生活中人与社会中人的区别，这实质上也涉及人性善恶的问题。那么，严景耀为什么倾注大量笔墨来区分上述问题呢？其主要原因在于说明他的主旨观点——研究人本身只能到其生活的环境中去，方可解答人之奥秘。实

---

① 严景耀：《论集体生活》，《严景耀论文集》，开明出版社1995年版，第208页。

② 严景耀：《论集体生活》，《严景耀论文集》，开明出版社1995年版，第209页。

际上,这也是对当时鼓吹人种先天优胜论的一种反驳。在这里,严景耀的后天社会决定论的观点就已经显得非常明了了。

严景耀提出了一个怎么认识"我"的看法。他指出,孩子在发现别人的过程中,同时也发现了自己,而"我"的观念,因与人们发生关系越来越多,也跟着有繁杂的发展。他对父母,发现他是儿子;对哥哥,发现他是兄弟;面对兄弟,他就变成了哥哥。后来读书、游戏、交友、结婚、做事等,他又发现各种不同方面的"我",这多方面的"我"的总和,就成为社会的个人。所以,个人是与他人和团体相对而言的,也只能在人与人的关系中,在团体的生活中,去表现个人。没有别人,就没有我;没有团体,就没有个人。所以对于个人生活的定位,不得不从团体着眼。①

二、个人与社会是一个过程的两个方面

严景耀在讲述了生活中的人是如何成为社会中的人之后,他又提出人与社会互动影响的看法,他甚至认为,人的存在本身就是一种影响。这里严景耀通过对集体的生活的探讨来论述个人与社会问题。他指出,集体的生活近似座谈会,在讨论的过程中,各人互相发表意见,互相得到启示而作进一步的讨论。而讨论的结论,是大家公共的,但它绝不是各人意见的总和,它是大于总和,它是集体的意见辩证的总和。② 严景耀进一步指出,团体与我共生,社会与我为一,我是小社会,社会就是大我。他解释道,倘若拿我们自己一天的行动思想来看,便会发现没有一件事不是与社会发生密切关系的。③ 个人与社会所养成的习惯,也就是社会风俗的另一面,个人的是非善恶标准,全从团体中学习来的。因为一切行为的意义,全是团体给他的。然而,同时人们在生活的过程中,为方便起见,在有意无意中也不断地改变旧风俗,不断地在创造新事物。譬如经济制度、教育制度,新的宪法等等。新的制度的建立,就确立了新的生活标准,这就形成了新的生活基础与方向,等到习惯成自然,使各人的生活融合在一起,遇到新的环境,又要改变了,这就是文化的演化。④

由于个人与社会是一个过程的两方面,那么社会中的每个人就都变成

---

① 严景耀:《论集体生活》,《严景耀论文集》,开明出版社 1995 年版,第 210 页。
② 严景耀:《论集体生活》,《严景耀论文集》,开明出版社 1995 年版,第 211—212 页。
③ 严景耀:《论集体生活》,《严景耀论文集》,开明出版社 1995 年版,第 212 页。
④ 严景耀:《论集体生活》,《严景耀论文集》,开明出版社 1995 年版,第 212—213 页。

了文化的所有者和文化的传递者。在一个复杂错综的社会里,没有一个人
能参加社会各方面的生活,所以没有一个人能占有所有社会生活的各方
面。所以各人所代表的文化,只在他生活范围以内而言,方可有意义,他受
社会地位、受所在阶级及其他团体的限制。① 由此,集体生活的意义也就在
于此,因为每个人的身份不同,参与社会的生活的单一性决定了只有多数
人的合力才会使得个人的长处与优势得到最大化发挥。

严景耀把人群的关系比作演戏,而台上戏子倘若扮演好各种角色,尽
力于本职范围内的唱做,穿插起来就是一出好戏。同理,社会上各人按他
的地位,在他本分内做得恰到好处,大家穿插起来就是一个成功有序的社
会。② 他强调指出,越在有悠久历史的稳定的社会里生活,个人的生活范围
被规定得越为严密。例如,封建社会所谓的"君君臣臣父父子子"③。生活
是奋斗的过程,个人在集体中的生活,就是参加这集体的奋斗。如果个人
对于有的团体,关系并不密切,他可以随时脱离。如果个人在集体中失去
了作用与地位,不能再与集体打成一片,就不能独自生活下去,自杀便成了
很自然的事情,这也是严景耀对于自杀问题的一种解释。他以中国旧家庭
中女子的生活为例进一步作了说明,他认为在旧家庭中,女子是依附于男
子的,一旦男子死去,女子既失去依附,也不能再嫁,社会上已规定她为"未
亡人"。家族的团体内,没有她什么地位了。倘若没有后裔的少妇,无人抚
养,前途不堪设想,于是自杀便是很自然的出路。④

严景耀最后指出,个人的生活,虽由集体决定,但有时因为集体很庞
大,变迁得也很快,不能为一部分个人所了解。那么在这种情形之下,为调
整个人与集体的关系,宣传工作与教育工作是非常重要的。对于罪犯,倘
若犯人是个别的,还容易处置。因为他还是团体的一分子,容易受社会制
裁,等到犯人们组织了犯罪集团来侵害社会,不独他们作恶的力量大增,而
且制裁的方法毫无效力。他们越受社会的惩罚,在他们自己的集团中,越
觉得劳苦功高,越有地位,并且他们集体势力大了,反而制裁着社会,使他
们可以横行无忌。⑤

---

① 严景耀:《论集体生活》,《严景耀论文集》,开明出版社 1995 年版,第 213 页。
② 严景耀:《论集体生活》,《严景耀论文集》,开明出版社 1995 年版,第 213 页。
③ 严景耀:《论集体生活》,《严景耀论文集》,开明出版社 1995 年版,第 213—214 页。
④ 严景耀:《论集体生活》,《严景耀论文集》,开明出版社 1995 年版,第 214 页。
⑤ 严景耀:《论集体生活》,《严景耀论文集》,开明出版社 1995 年版,第 215—216 页。

三、中国人本有的"特性"是旧社会的意识形态

我们发现中国人的"特性"或"劣根性",是与西方资本主义社会比较以后,中国在农业文明向工业文明的社会转型过程中反映出来的。严景耀指出,在当时对于"劣根性"这个问题探讨较多,但大都集中在这种特性的存在性上,而并未深入涉及形成这种特性的原因。在严景耀看来,对于这个问题的原因无不与中国农业社会的特性相关——中国人一切所谓的特性全可说是农业社会意识形态的表现。

这种农业社会意识形态根源于中国人没有大团体生活的训练与经验,而家族的势力也没有被打破,国家危急时,需要全国人民一致起来的时候,于是发现中国人像"一盘散沙",组织不起来。严景耀认为,这并不是因为中国人没有组织能力,而是因为过去没有这种大团体组织的需要,也没有这种组织的经验,过去的政治势力对民众组织也是横加阻碍。① 严景耀总结认为,中国人的特性并不是天生的本性,而是中国封建社会农业经济状况下大家庭制度下所形成的意识形态。因此,只要经济基础改变,社会组织改变,这种特性也就随着改变了。

四、集体的努力才能改造社会

在抗日救亡的时代背景下,面对国土沦陷,口岸被封锁,工商业被破坏,教育被摧残的社会局面,严景耀的集体努力才能改造社会的理论应运而生。他提出了要改造中国半殖民地半封建的旧社会,把它建设成为一个三民主义的新中国,不是个人或少数人的努力就能够奏效的,也不是全国人民各自努力能够办得到的。这样伟大而神圣的事业,需要全国人民一致在大集体之下共同努力,才能有成功的希望。特别需要全国四亿五千万民众,团结起来像一个人,组成一个庞大无比的力量,才能有机会把敌人打出国境,才能有机会建设新中国。②

严景耀强调指出,如果个人不与集体打成一片,不管他如何聪明,不管他如何努力,是不能有什么成绩的。因为社会没有一件事可以独自一人办理,即使是极小的事,也得通过或借助他人去办理。然而他人各有自己的

---

① 严景耀:《论集体生活》,《严景耀论文集》,开明出版社 1995 年版,第 215—216 页。
② 严景耀:《论集体生活》,《严景耀论文集》,开明出版社 1995 年版,第 221 页。

计划和努力之方向，倘若个人只管着自己，不从社会团体整体着眼，那么个人的计划，就会互相阻碍、互相冲突，结果是可想而知的。同时，个人的努力，还受着社会可能性的限制。例如，工人的儿子，不管他如何有天才，决不能有机会进学校。退而言之，即使个人已有充分的训练，愿意将自己的技能贡献给社会，但是因为整个社会矛盾百出，他的技能的运用，不一定有益于社会或者反而有害，也说不定。①

严景耀就现在的集体与以前的集体作了比较。他认为，以前中国所有的集体，只是家族的集体、小的集体，其所追求的也不过限于家族的幸福。现在我们要为这伟大的民族谋解放，不得不将全民族组织成一个空前伟大的集体，一致对付强敌，有了这个集体，才能产生伟大的群众的力量。但是组织千万的民众，不是一纸命令或者一番宣传就可以有效的，这就要每个人对于这个大集体有深刻的认识与极大的努力方可成就。②

五、人们在改造社会的过程中同时也改造了自己

严景耀在最后指出，人类改变环境和创造环境，同时环境也改变人类和创造人类，这两方面是交互发展的。当个人本身对外界发生作用的时候，同时在改变着自己的本性，他的各种潜在的能力得以发挥，而这种变化在战争的过程中特别显著。③ 严景耀为了说明这个问题，以描写苏俄革命战争的《铁流》为例进行了说明：关于萨克农民的斗争，在开始行动的时候，可说是乌合之众，是不容易节制的。他们"不了解集体的意思，他们完全只在关心许多小资产阶级的日常生活。郭如鹤是他们的领袖——也是他们的玩具，有的时候，几乎要把他乱枪戳死"。但他们在长征途上，屡次受到全副武装的白军的袭击，屡次爬过峻岭高山，"经过了想都想不到的痛苦，克服了神奇古怪的障碍"，这一群乌合之众，也就锻炼成了不可侵犯的有组织的集体力量。等到达目的地的时候，群众已经完全变成了另一种人，一点也不像原来的样子了。④ 革命过程是一个大熔炉，它把各人的各种过去的不同的背景，全在大熔炉里熔化着，熔化出统一的意志、统一的目的。这也就是集体之于个人的力量的生动写照。

---

① 严景耀：《论集体生活》，《严景耀论文集》，开明出版社 1995 年版，第 221—212 页。
② 严景耀：《论集体生活》，《严景耀论文集》，开明出版社 1995 年版，第 223 页。
③ 严景耀：《论集体生活》，《严景耀论文集》，开明出版社 1995 年版，第 225 页。
④ 严景耀：《论集体生活》，《严景耀论文集》，开明出版社 1995 年版，第 225 页。

第五节 论自由

作为一名杰出的民主主义战士,自由问题也是严景耀经常加以深入思考的命题。他所探讨的问题往往涉及跨学科的思维方式,《论自由》一文就是一个典型代表。该文主要探讨涉及法学、政治学、社会学上的一个常谈话题——自由问题。

一、什么是自由

关于自由的定义,历来说法不一,存在很大争议。针对当时大量曲解自由的混乱局面,严景耀提出了自己的看法,他认为,自由的概念是错综复杂的,它本身是一个空洞的概念,要了解自由问题,不得不从社会的具体环境中去研究。[①]

个人的思想与行动自由与自身的社会、经济、政治结构密切相关。人们在某种经济政治的关系中,就有某方面与某种程度的自由。离开了社会的实际环境,就不能悬空谈自由。因为经济的限制,生活方面的自由随之受影响。由此,严景耀认为,自由的概念是相对的,而非绝对的,因为自由的程度是随着环境变化的,在特定环境中,对于某种行动来说是自由的,而同样的行动,在另一个环境里便成为了自由的障碍。正如托克维尔在《论美国的民主》中所述:"自由与专制不同,它通常诞生于暴风骤雨之中,在内乱的艰苦中成长,只有在它已经长大成熟的时候,人们才能认识它的好处。"[②]

二、个人的自由是从集体中获得

严景耀针对当时"集体生活,是消灭个人自由,因为要有自由行动,所以不得不离开集体生活"这样的看法提出了反驳意见。他认为,实际上正是相反,在集体生活中,个人才能得到自由,离开了集体的人,是最不自由的。因为我们的意见与行动要通过别人才能实现。[③] 严景耀提出,倘若社会上有许多人,各人都不顾别人而自己要自由行动,结果必互相牵制着、阻

---

① 严景耀:《论自由》,《严景耀论文集》,开明出版社1995年版,第230—231页。

② [法]托克维尔:《论美国的民主》上卷,董果良译,商务印书馆1998年版,第274页。

③ 严景耀:《论自由》,《严景耀论文集》,开明出版社1995年版,第233—234页。

碍着、抵消着，最终一事无成。因此，只有将个人的意见、个人的行动，寓在集体的合作生活中，才能更自由地表现着，更容易达到目的。因为在有组织的集体中，各人可以依赖别人，共同协助，努力实行公共计划，比个人施行起来，要容易得多。①

马克思说："自由的每一种形式都制约着另一种形式，正像身体的这一部分制约着另一部分一样。只要某一种自由成了问题，那么，整个自由都成了问题。"②在严景耀看来，旧的自由观念，仅在于解除限制，而社会主义社会给人民自由，不仅仅是限制的解除，而且是新机会的创造。人民所拥护的国家，因为国家是现在人类最大的集体，它能给国民一切所需的机会与自由，否则人民就要起来革命，重新组织合乎人民需要的国家。但是个人在集体中的自由，不是没有限制的，因为在集体生活中，应当顾到全体的利益，大家互相配合着，才能共同团结合作。个人之所以能遵守自由的限制，不是因为各个人愿意在集体中牺牲自由，乃是因为他知道倘若他尊重集体的意志而牺牲一部分的自由，在另一方面，集体可以给他更大的自由保障。

三、自由是奋斗得来的

卢梭说，人是生而自由的，但却无往不在枷锁之中。③ 严景耀指出，一个民族的自由或一个人的自由，都是自己奋斗得来的，不是别人赐予的。历史上每一个民族，每一个阶级，在得到自由以前，都经过一番激烈的奋斗。④ 对于中华民族本身，只有这次抗战胜利，才能把中国半独立的国家变为独立自由的国家，把被压迫的民族变为独立自由的民族。但是奋斗是要牺牲的，只有全体人民团结起来，愿意牺牲一切，去争取民族自由，最后胜利才是我们的。然而，自由是非常宝贵的，只有通过光明正大的奋斗，才能争取得到真正的自由，用妥协的方式去求自由，其结果只有断送自由。争取自由，虽然不能妥协，但也不能好高骛远，不切实际。

严景耀最后指出，现阶段民众为民族自由而奋斗的最重要的工作，是把自己组织起来，变成一个团结的集体。各地民众，按切身利益与特殊的

---

① 严景耀：《论自由》，《严景耀论文集》，开明出版社 1995 年版，第 234 页。

② ［德］马克思：《马克思恩格斯全集》第 1 卷，中共中央马恩列斯著作编译局译，人民出版社 1995 年版，第 201 页。

③ ［法］卢梭：《社会契约论》，何兆武译，商务印书馆 2003 年修订版，第 4 页。

④ 严景耀：《论自由》，《严景耀论文集》，开明出版社 1995 年版，第 239 页。

需要,自动组织,然后统一联合,形成各党派统一战线的基础。而群众有了组织,才可开始负起这争取民族自由的伟大的使命,而各个人也才能在集体中自由发挥他的奋斗的力量。各阶层、各集团的民众在全民族的大集体中,仍须保持自己在经济上、政治上、思想上、组织上的相对独立性。①

严景耀在文末指出,此次民族解放战争,是长期的斗争。民众本着这个大前提,一步一步地向前迈进,他们得运用一切人力、物力与智力,才能发挥伟大的力量,同时还要自力更生,生产各种新的力量。而这种力量的发挥与产生,应该是自由的,应该受政府保护和援助的。② 这就是严景耀在当时环境下提出的民众应有的自由。在这里我们也看出了严景耀的全民抗战思想,为了团结一切可以团结的力量,严景耀为中华民族的抗日战争事业费尽了苦心,体现了一位知识分子的民族责任感和对国家、人民的深切关怀。

---

① 严景耀:《论自由》,《严景耀论文集》,开明出版社 1995 年版,第 242 页。
② 严景耀:《论自由》,《严景耀论文集》,开明出版社 1995 年版,第 243 页。

第六章　民主政治思想

第一节　彻底的民主与形式的民主

综合审视严景耀的思想体系，我们会发现，严景耀的思想是随着社会变迁的步伐而发展的。可以说，到了 20 世纪 40 年代，严景耀对社会问题关注的焦点已从犯罪问题转移到了民主问题上面。为呼吁民主政治，他发表了一系列关于民主思想的政论文，引起了强烈的社会反响。本章将详细介绍严景耀的民主政治思想体系，从中体会严景耀对于民主及民主与法治、自由、经济、教育等问题的深入思考。

《彻底的民主与形式的民主》一文写成于 1945 年 11 月，时值八年抗战胜利不久，中国在政治、经济、文化等各方面百废待兴。对于建设一个怎样的国家，引发了社会各界的广泛讨论。为了实行民主政治、反对专制独裁，严景耀发表了一系列以民主为主题的文章，表达自己对民主的看法和反思。严景耀对于民主的独特看法对于当时推动反内战，争取和平建国运动起到了思想上的宣传作用，对于新中国的建立也具有重要作用。要建立灿烂辉煌的新中国，首先必须争取实现民主政治。这是严景耀对于构建新中国提出的首要讨论和解决的问题，这也是抗战胜利以来全国上下对于民主建国的一致要求，体现了广大民众的迫切愿望。

一、民主的本质

严景耀认为,民主的本质不是"一人一票,大家平等"的传统民主形式,也不是要求牺牲少数来服从多数的机械式的民主。真正的民主,是各个人在团体中互相影响,相互创造,由矛盾而造成总和的集体。有集体才能有民主,同时也因为有民主才能塑成集体。集体的意见就是民主的意见,集体的意志就是民主的意志,集体的力量就是民主的力量,集体的精神就是民主的精神。集体越团结,民主就越能展开。[①]

二、民主的创造性

明确了民主的本质后,严景耀进一步指出,民主不是别人授予的,而是人民在集体生活中自己创造的。为了说明这个问题,严景耀以委员会作为例子阐述了对这个问题的看法。

(一)委员会的意见

严景耀认为,劳师动众组织委员会的目的就是要寻求出共同的意见,发挥每个成员的创造性和互动性,进而形成一种经过大家认可或者经过多数人考验或论证过的意见,这样的意见或看法才是最可靠或者是相对可靠的结论。商讨的目的是得出一个集体意见,这个集体意见不但要比个人的意见好,思考得成熟,方法成熟,切实可行,而且还要大于各个人意见的总和。原因在于集体意见的提出过程中,每个人都有自己的一份贡献,大家所做的除了提出自己的观点、想法以外,还从集体的讨论中得到启发从而提出新的观点和看法,以不断地去完善个人的想法,发展集体的意见。与此同时,个人的观点和想法也给其他人启发,就是在这样一个相互启发、相互包容的过程中形成了一个为集体所共同酝酿而产生的集体的观念,因而集体中的每一个人都对其有着强烈的认同感和清晰的理解。对于这样一个集体的意见,我们无法说出哪一部分是哪个人提出的,因为它是每个人都参与的,是集体的智慧,这才是民主的意见,而不是像那种少数服从多数一样。[②]

---

① 严景耀:《彻底的民主与形式的民主》,《严景耀论文集》,开明出版社 1995 年版,第 285—286 页。

② 严景耀:《彻底的民主与形式的民主》,《严景耀论文集》,开明出版社 1995 年版,第 286 页。

（二）集体讨论中的人的主动性

严景耀指出，在集体的讨论中，每个人都应该尽职尽责，绝不能抱有可以规避责任或认为其他人的想法比自己的好而产生主观懈怠的心理。即使我们知道团体中各个人的意见会比某个人的意见高明，但这也不能成为其不参与讨论发言的原因。因为毕竟各人的知识背景和研究领域以及对问题的理解程度是有差异的，民主讨论本质不在于各人学识的比较，而在于集体讨论时，我们能尽量发挥自己的聪明才智，发表自己对问题的看法。这也许能改变个人在讨论前认为自己对这个集体没有什么贡献的看法，因为个人的想法极有可能启发其他人的想法，即使不是这样，其他人的想法也会对你有所帮助，这不仅是一个在讨论中成熟的做法，更是一条在思想交锋中进步的捷径。

（三）集体的意见与集体通过的意见

集体的意见与集体通过的意见是不同的。严景耀认为，集体的意见可以说是民主的意见，而集体通过的意见却不一定是集体的意见。集体通过的意见可能是由集体讨论通过的集体意见，这是民主意见。但是集体通过的意见也有可能是在集体的讨论中，由大家表决，最后由少数服从多数而通过的意见，这样集体通过的意见，我们不认为其是民主的意见。[①] 严景耀解释道，主要原因在于：其一，它的得出没有采用民主的方法。其二，它不能代表多数人的共同智慧，只是代表了其中大部分人的想法和智慧。试想五个人讨论一个意见，当有三个人同意了这个意见，那么这个意见就可以通过了，但是这并没有反映其余两个人的意见，只是代表了大部分人的意见。进一步讲，如果五个人都同意了，但是有两个人不愿意参加讨论，只是等大家都商讨完毕，在表决的时候投赞成票，这也不能称之为民主意见。故此，严景耀提出，只有那些所有人都主动而不是被动，相互交流，充分讨论出来的才能称之为集体意见。在讨论中将各人不同的意见交织、综合与统一，成为一个整体的意见，这不是一个多种意见的拼凑体，而是一个整合一致的整体意见。这种对立统一，不是相互调和让步的妥协的统一，而是

---

① 严景耀：《彻底的民主与形式的民主》，《严景耀论文集》，开明出版社 1995 年版，第287 页。

相互争取,是新的集体的创造,是真正的民主的表现。①

(四)不同意见与民主意见

不同意见在讨论中的重要作用是不言而喻的。严景耀指出,真正的民主讨论,就是重在欢迎分歧的意见。因为各人意见分歧,才能有个人的贡献,才能在大前提下,交融成一个更加丰富、全面、科学的统一意见,从而达到殊途同归的目的。严景耀强调,不同意见的作用:"通常情况下,我们对问题的认识只是局限在它的一个或者几个方面,但是不同的意见会给我们提供这一问题的新的方面,同时也许还会因为它的启发让我们联想到其他的方面,这样越讨论,越使问题丰富。"②有不同的对立,才能创造出更大的统一。集体的意见不是个人意见的总和,在集体中已生出新的力量,要比个别意见总和大得多,而且不是数量所能表达出来的,因为在讨论中,已经发生了质的变化,而参加的个人,在集体中已有进一步的表现,这种集体的意见就是民主意见。

(五)集体意志与集体精神

在讨论中,严景耀指出,人与人之间的关系会逐步拉近,实现意见与意志的统一,进一步有可能产生集体的情感——集体精神。如部队里的士气,抗日战争的同仇敌忾,同舟共济。③

集体意志和集体精神的发挥,是集体的力量的表现,也就是所谓"群策群力"。这种力量,先要将全国人民变成一个大集体,大家联合起来,才能打通政府和人民的意志,集中政府和人民的力量,实现真正的民主。④

虽然严景耀先生离我们远去多年,但是他留给我们的思考还在继续,真正的民主到底是什么? 他给出了民主的经典定义:民主不是一种格式,不是一种一成不变的制度,而是一种方法、一个过程、一个实现人民当家作

---

① 严景耀:《彻底的民主与形式的民主》,《严景耀论文集》,开明出版社 1995 年版,第287 页。

② 严景耀:《彻底的民主与形式的民主》,《严景耀论文集》,开明出版社 1995 年版,第287 页。

③ 严景耀:《彻底的民主与形式的民主》,《严景耀论文集》,开明出版社 1995 年版,第289 页。

④ 严景耀:《彻底的民主与形式的民主》,《严景耀论文集》,开明出版社 1995 年版,第286 页。

主的手段。① 而民主政治，不仅是政权的分散，由寡头政治分散为全民政治，它又是一个集中的过程，它是全国人民团结为一个大集体，使个人的意志和力量变成一个集体的总力量和总意志。② 由此我们可以看出严景耀民主思想中的民主不仅仅是所取得民主的效果，更多的是实现民主这一效果的过程。同时，严景耀呼吁，民主不是政治家、民主战士喊出来的，而是不断地去实践、培养出来的。对一个民族、一个国家来说，民主不是与生俱来的，而是通过人民的聪明才智和不断斗争所创造出来的。

我们不应该忘记严景耀先生当时所处的时代，八年的抗日战争刚刚结束，中国面临着两条建设新中国路线的选择：一是以中国共产党和各民族党派为代表的组建联合政府的民主建国思想；二是以国民党为首的企图推行一党专制的建国思想。此时，民主思想的提出，无疑为建设新中国政权提供了宝贵的参考建议。

除了文中对其民主思想的介绍以外，严景耀也发表了他对时局的关心和忧虑。

第一，有这样的民主过程，才能解决许多人在社会上与政治上无聊的私人党派斗争。这说明严景耀十分反对党派之间无休止的争斗，向往和平民主建国。第二，会议的功用不仅是听取不同的个别意见，而是去融会贯通各种不同意见，在共同的目标之下，去创造一个统一的意见，严景耀正视不同意见的提出，同时更希望各政党能够加强协商，走民主建国之路。第三，在谈到集体精神的时候，严景耀不禁为当时普通民众的觉悟不高而感到痛心和忧虑，他深刻揭示了国民政治觉悟不高、参与度低的情况，希望更多的人早日觉醒，这样才能早日实现真正意义上的民主。

从对彻底的民主与形式的民主的批判性认识中，我们不难发现，严景耀为未来的中国勾画了一幅壮丽的民主蓝图，但是在我国当时的国情之下，并没有充分实施的机会和条件。但是这一民主本质却可以作为我们不断努力奋斗的目标，实现由形式民主到彻底民主的转变。

---

① 严景耀：《彻底的民主与形式的民主》，《严景耀论文集》，开明出版社 1995 年版，第 290 页。

② 严景耀：《彻底的民主与形式的民主》，《严景耀论文集》，开明出版社 1995 年版，第 290 页。

第二节　欧美的民主政治是怎样展开的

1945 年 4 月 23 日,中国共产党第七次全国代表大会在延安开幕,毛泽东在党的七大上所作的政治报告《论联合政府》得到了全国进步民主人士的热烈拥护。与此同时国民党也召开了六中全会,因为蒋介石的独裁,即使在国民党内部也有很多人对此表示不满。而中国共产党和平、民主、团结的建国主张,却深得人心。同年 8 月 15 日,日本正式宣布无条件投降。此后国共两党经历重庆谈判,双十协定的签署,选择民主建国还是继续国民党的一党专制问题引发社会各界的广泛讨论。在这样的背景之下,严景耀在民主问题上,把目光转移到了欧美国家的民主政治,其目的就是通过对欧美的民主制度的思考,希望能够给我们发展民主制度提供一些启示。

历史的发展规律告诉我们,民主政治是推翻封建制度并取而代之的一种制度,是社会的进步。严景耀指出,不可忽视的是,无论哪个时期民主制度都与其当时的社会有着密切的联系,经济在社会中起到了重要作用。马克思主义认为,经济基础决定上层建筑,民主制度作为上层建筑中的重要部分,当然也会随着经济基础的变动而发生深刻的变革。严景耀从以下几个方面对社会中经济制度的变迁对民主政治产生变革的合理性进行了论证。

一、15 世纪开始的大分流

严景耀指出,15 世纪以前的欧洲封建主义的经济组织与同一时期的中国是相似的,两者所呈现出的共同特点是以农业经济的自给自足为原则,生产和消费都仅限于地方性的,流动性、跨区域性不强。这样的制度是维护封建地方领主统治的有利基础。[①] 但是,随着进入了 15 世纪,欧美走上了与中国不同的发展道路,历史开始出现分流现象。"十五世纪以后,手工业与商业渐渐发展,到后来货币资本起到了很大的作用,生产及交换的关系,逐渐扩大为全国性,于是破坏了土地资本的经济组织,而封建政治也渐

---

① 严景耀:《欧美的民主政治是怎样展开的》,《严景耀论文集》,开明出版社 1995 年版,第 291 页。

渐不能控制全国性的经济组织与这新兴的资产阶级。"①在这样的情况之下,已经有了一定的发展的资本主义生产方式和逐渐强大起来的资产阶级,顺应了历史发展的潮流,在新兴的资本主义的经济关系下,提出新的政治组织要求,并且着手组织新的政治机关。伴随着当时欧洲的圈地运动、奴隶贸易,欧洲逐渐完成了其资本的原始积累,第一次工业革命后,资产阶级的力量逐渐成熟,一场革命的风暴随之到来。

(一)由革命看发展

在欧美的几场典型的资本主义革命中,严景耀特意选择了具有代表性的三个国家,它们分别是英国、美国和法国。

英国在 17 世纪初就开始了王室与议会的斗争,当时就提出"王与议会究竟谁是支配者的问题",新兴的资产阶级随着资本主义经济的发展,在政治上开展了激烈的斗争,但是历史告诉我们,正如严景耀所说的那样"国王贵族终究压不住日益强大的资产阶级"。到了 17 世纪末,英国国王查理一世同意了由议会所起草的《权利宣言》,欧洲的民主和世界的民主政治都从那一刻开始。② 美国的独立革命,宣传了人人平等、不自由毋宁死的民主主张,是一场反对本国英王政府所采用的重商主义经济政策,压迫美洲殖民地而起的革命。北美人民通过革命的方式获得了独立生存而不被剥削的权利。③ 法国的民主革命斗争,比较两国更为剧烈,斗争时间也较长。法国的革命从美国和英国吸取了很多宝贵的经验,法国不光在夺取政权时采用了美国的战术,同时还不忘记理论上的宣传,高歌天赋人权,国会还发表了《人权宣言》,主张"人类的权利天生平等,而且永远平等",充分做好了理论准备的革命虽然屡遭重创,但是结果还是以革命的胜利而圆满告终的。④

---

① 严景耀:《欧美的民主政治是怎样展开的》,《严景耀论文集》,开明出版社 1995 年版,第 291 页。

② 严景耀:《欧美的民主政治是怎样展开的》,《严景耀论文集》,开明出版社 1995 年版,第 291—292 页。

③ 严景耀:《欧美的民主政治是怎样展开的》,《严景耀论文集》,开明出版社 1995 年版,第 292 页。

④ 严景耀:《欧美的民主政治是怎样展开的》,《严景耀论文集》,开明出版社 1995 年版,第 292 页。

(二)资产阶级的民主与彻底的民主

此外,欧美其他各国也相继走上了民主政治的大道,但当时各国所建立的民主政治,可以说是资产阶级的民主政治,其实彻底的民主制度,在资本主义的阶级社会中,本是不可能的。严景耀一针见血地指出,虽然民主革命所标榜的是全民的自由平等与博爱,但是那是当时仅凭自己的力量不足以推翻封建统治的资产阶级为了壮大自己的实力而提出的暂时蛊惑民心的口号,是号召性的政治诱饵,而非可以实质性兑换的支票。[①] 革命之后的状况就可看出,政权的享有者不是广大人民群众,而是人数仅占极少部分的资产阶级。他们在革命前向人民所抛出的承诺如选举权、言论自由的权利也在一定程度上无法切实兑现。"劳动大众之所以拥护资产阶级的革命,是因为在封建制度崩溃的时候,能够取而代之的制度,在历史的条件之下,只有资本主义,而资本主义初期发展的时候,资产阶级是具有进步性的,他们当时的呼声尚合大众的需要,而劳苦大众也因之渐渐脱离了农奴的束缚,而转变为较为自由的工人。"[②]因为这样的原因劳动大众选择了去支持资产阶级,但是革命成功后,掌握着生产工具的资产阶级实际上把广大人民群众变为了其生产利润的对象。严景耀强调,资产阶级的民主虽然表面上具有全面民主的形式,但是细究其根本,早已把民众当作了榨取的工具,无论是国家政策的提出还是政府的选举,都不具备彻底民主的特征了。

二、战争与广泛的民主运动

(一)初期的稳定

在欧美初期的民主政治制度之下,劳动大众所受的压迫还没有像后来那样严重,他们还是可以在某种程度上,根据法律组织政党,参加选举,为改善自己的生活而奋斗,而资产阶级也一直在用"社会改良政策"尽量去缓和社会的矛盾,在这样的社会中,形式上的民主还是做得比较到位的。

---

① 严景耀:《欧美的民主政治是怎样展开的》,《严景耀论文集》,开明出版社 1995 年版,第292 页。

② 严景耀:《欧美的民主政治是怎样展开的》,《严景耀论文集》,开明出版社 1995 年版,第292—293 页。

（二）资本主义民主的本质

随着资本主义世界自由竞争的不断发展，资本逐渐开始集中，后来就出现了资本主义后期的垄断制度，产生了卡特尔、辛迪加、托拉斯等经济组织，产生了一系列的财政巨头，而同时也产生了更为严重的经济危机与更为尖锐的阶级斗争。严景耀指出："在这种情形之下，国会的民主政治，渐渐不能做资产阶级压榨的工具了，因为对资产阶级来说，一派政权为金融巨头所操纵，有了座谈会式的国会反而不便，而对于大众过去的改良政策已远远不够，他们的代表已渐渐走入国会，运用资产阶级本有的民主政治工具，作为武器做剧烈的斗争。"[①]为了使原有的平衡不被打破，资产阶级不被自己制定的制度原则所限制，他们开始逐渐地取消本有的民主政治的机构，如授权给几个人，如内阁等，这样就逐渐地使议会形同虚设，逐渐地架空议会的权力。更有少数极端国家如德国和意大利，直接就实行了法西斯的专制统治。

（三）战争与革命

众所周知，第二次世界大战是由法西斯所挑起的，这是人类历史上的一次灾难。同时我们也应该看到，它给资本主义民主的进步带来的契机，为民主的进步创造了一个时代的条件。由于法西斯国家内部矛盾加深，不得不继续对外加强侵略，掀起了第二次世界大战，这对英、法、苏联等国家，造成了巨大的威胁，由此他们联合起来，共同反抗法西斯主义。"这样的情况产生了两种结果：第一，资产阶级独裁的民主政治不堪维持局面，不得不有所改革，而为人民大众所欢迎的各进步政党，相继而起。第二，从法西斯侵害中解放出来的许多民族，大多已在更广泛的民主基础上建立新国家。这样的结果在整个民主运动上，有了进一步的发展。"[②]例如，法国战前的普选与战后的普选在民主政治上有着根本不同的表现。战前所谓的"二百家族"是真正的统治者。等到法国沦陷后他们为了保护自己的利益向侵略者投降，出卖自己的祖国，暴露了自身的本性。等到法西斯被打倒之后，代表

---

①　严景耀：《欧美的民主政治是怎样展开的》，《严景耀论文集》，开明出版社 1995 年版，第293 页。

②　严景耀：《欧美的民主政治是怎样展开的》，《严景耀论文集》，开明出版社 1995 年版，第294 页。

其利益的赫礼欧和达拉第的政党在选举中一败涂地,而为人民奋斗的三个进步政党,即共产党、社会主义党、人民共和党受到了广泛的拥护。严景耀指出,这是法国人民意志的真正表现,也是法国民主政治的进一步发展。英国和其他在战争中解放出来的国家也都不断地反思其民主制度,不断地使本国的制度更能够反映本国人民的呼声,实现更大的民主。

(四)殖民地与民主的发展

严景耀认为,殖民地民族解放运动,与欧洲广泛的民主运动是分不开的,应当配合着一同展开,才能达到真正广泛的民主。[①] 在当时的国际环境中,许多地区仍然处在欧洲国家的殖民统治之下,例如亚洲的英属印度、法属越南、荷属印度等。严景耀认为,他们好像被隔绝在世界民主潮流之外了,大西洋宪章和三巨头会议的民主自主原则,以及联合国的宣言都不适用于他们,因为他们不具有国家主权,他们始终是在别国的殖民统治之下,他们的民主是缥缈的,为了实现民主,他们必将实行民族自主运动,为了实现广泛的民主,全世界也应该必须支持他们的独立。

然而,对于那些曾经在法西斯庇护和援助下发展起来的国家,他们在战后已失去了强大的靠山,对于他们的民主的发展,我们应该认识到:"只要各民主国在铲除法西斯根源的共同目标下,再能继续努力合作,这种已失去原动力的反民主小逆流恐也不难肃清,但联合国非做进一步的努力不可。"[②]

(五)斗争与合作

各国进步党的宗派性已经没有以前那样浓厚,使各党易于合作,其实这也是广泛民主运动中必要的条件。严景耀以法国的共产党和社会主义党为例,讲述了他们一边反对资本主义,一边又相互攻击,结果把人民的力量分散了。法西斯的力量日益猖獗,直到法西斯大军压境,法国遭受惨痛教训后才意识到合作的重要性。正如中国在抗日战争时期实行的国共合作,在那个时期,民族的利益要高于阶级的利益,要想取得战争的胜利就必

---

① 严景耀:《欧美的民主政治是怎样展开的》,《严景耀论文集》,开明出版社 1995 年版,第296 页。

② 严景耀:《欧美的民主政治是怎样展开的》,《严景耀论文集》,开明出版社 1995 年版,第296 页。

须团结起来。在战争结束之后，各政党也应该发扬团结的风范，保障民主的实施。

随着欧洲民主政治跌宕起伏地发展，我们不难理解严景耀的那句话——民主政治是一个历史过程，绝不是一成不变的，它是随着历史的演变而演变的，凡是阻碍民主大潮的人，结果终被汹涌澎湃的大潮无情地冲毁和消灭。同时民主政治也不是到时候就会自然出现的，必须人民大众自己起来争取才能实现。只有人民大众团结一致争取，才能减轻与消灭各种反动势力的阻挠和打击，才能使民主政治发扬光大。[①]

第三节　苏联民主政治的实施与成效

作为当时开辟世界历史新纪元的苏联，实行着与欧美资本主义国家不同的社会制度——社会主义制度。与此同时，苏联这个自从其建立起就一直对中国产生着深远影响的社会主义国家，它是怎样发挥民主的精神与力量，对于正在努力开展民主的 20 世纪 40 年代的中国，是颇具吸引力的。因此严景耀在总结了欧美的民主制度后，又将其研究的目光转向了苏联的民主政治的思想上。

严景耀认为，中苏之间的革命友情正如孙科所说：中苏都是受过革命洗礼的两个东方民主共和国。两国所揭示的革命程序和方法虽不无差别，但是两国的建国精神和主义并没有根本的不同。两国革命的目标都是如此，所以事实上我们对于苏联的社会主义革命，苏联与我们的国民革命始终是彼此同情的、相互援助的。

严景耀指出，从苏联的历史上我们不难看出，苏联的民主政治也是在艰苦的环境中逐渐创制出来的。它有着与西方资本主义民主所不同的内涵和表现形式，苏联刚刚实行社会主义民主制度的时候并不为西方资本主义国家所承认，被认为是"独裁"的代名词。不可否认的是，如果按照西方资产阶级的标准来看，凡是不符合他们标准的都是专制和独裁，而符合他们标准的也就只有他们现行的制度了。其实在苏联，民主有着其另一层含

---

① 严景耀：《欧美的民主政治是怎样展开的》，《严景耀论文集》，开明出版社 1995 年版，第297 页。

义,苏联的民主政治,对资产阶级是用无产阶级独裁的姿态表现出来的,而对于绝大多数的无产阶级则实施民主政治。十几年后,在苏联的资产阶级及残余已渐被消灭,于是苏联的民主政治,就变为全民的民主政治了。

一、由政治的形式看民主

(一)不断完善的选举制度

在苏联宪政刚开始施行的初期,只有地方的苏维埃的人民代表是人民直接选举的,而高级苏维埃的代表是间接选举的。直接选举是通过职业团体或半职业团体而实行。严景耀指出,这样的优点在于:一是排除游手好闲的残余资产阶级分子和富农们;二是每个人都具有选举与被选举的权利,不论是身处何方,从事何种工作,只要符合条件就有充分的权利。他们在选举前,通过开会讨论,充分考虑本团体切身利益和特殊需求,从而形成方案,最后由代表上交苏维埃。

新宪法实施之后,选举方式发生了改变。以地域为单位代替原来的以职业与半职业的团体为单位的选举方式。其充分考虑到两个时期的不同国情,"因为以前还有阶级存在,不得不用职业式的团体,来保证无产阶级的利益。现在因为残余的资产阶级已不存在,职业团体只能代表职业的利益,而无法代表人民的全部生活,所以要发生改变"①。上级苏维埃也变为选举制。农民的选举与工人的选举站在了同等地位。

(二)人民的权利与义务

苏联新宪法中对人民的权利和义务作了更为详细的规定和说明。如工作权利、老年安全的权利、受教育权、民族平等的权利、言论自由、集会结社自由、公民住宅不可侵犯、通信秘密受法律保护等。在义务方面,实行法令,遵守劳动纪律,忠实地实践公共义务,保护公共财产,保卫祖国等。

以上所讲的仅仅是苏联民主的外在表现形式中的几个代表,严景耀指出,要想真正地感受了解苏联的民主仅从民主政治的形式上去考察是远远不够的,要认识苏联的民主性,还得从人民的实际生活中去考察。

---

① 严景耀:《苏联民主政治的实施与成效》,《严景耀论文集》,开明出版社 1995 年版,第299 页。

二、民主与生活

(一)人民与苏维埃

严景耀认为,苏联人民的民主生活的实现,是由人民不断地斗争才取得的。"他们有许多不同的意见,有许多冲突,但他们却能在不断的争取过程中,去寻出集体的一致。"①由此我们不难看出,在严景耀眼中,苏联的社会主义民主制度正是他所主张的彻底的民主。对于人民与苏维埃的关系,斯大林有过一个精彩的论断——你们所说的现在无产阶级专政下的工农们的意见冲突问题,我已经说过了,意见冲突,依然存在,而且将来还要存在,因为没有这一层,就没有了进步。但是目前在工人中的意见冲突,不是推倒苏维埃制度的问题,而是集中在改进苏维埃、矫正苏维埃机关的错误,以及最后团结苏维埃统治的种种实际问题上。

(二)人民与政府

严景耀指出,苏联政府的行政方针的制定,不是由几个"巨头"决定的,而是由工厂的工人与集体农庄的农民以及地方团体决定的。最典型的例子就是苏联的五年计划的制订。除了制订计划以外,生产机关的工作人员还积极主动开会商讨提高生产的方法,并在此期间产生了许多宝贵的发明,这种政治上的民主带动了工人们生产上的民主和热情。②"人民对政府的这样大的兴趣与情感,就是因为他们已在全国团结起来,成为一个大集体,已体会到自己与国家的关系,以及在国家中的地位。"③严景耀通过所举的工人讨论生产、犯人请愿保卫国家的例子,意在说明当时的苏联全国上下,人民都具有高度的主人翁意识和奉献精神。

---

① 严景耀:《苏联民主政治的实施与成效》,《严景耀论文集》,开明出版社 1995 年版,第300 页。

② 严景耀:《苏联民主政治的实施与成效》,《严景耀论文集》,开明出版社 1995 年版,第300 页。

③ 严景耀:《苏联民主政治的实施与成效》,《严景耀论文集》,开明出版社 1995 年版,第300 页。

（三）人民与政党

苏联的苏维埃政党在领导人民进行革命的过程中，不断地鼓励支持人民根据自己的意愿行使自己的权利。严景耀用两个最典型的实例予以说明这个问题：一是苏维埃政党热烈欢迎和鼓励女性参与政权的组织和国家的管理。二是反对一党独大的不良作风，尊重人民自己的意志，赞赏人民否决党员而选择了他们认为可信的人作为代表的行为。严景耀指出，苏联党员们的工作，并不是统治人民、干涉人民，他们的主要工作，是帮助落后的民众，如何自己组织起来，共同自己解决自己的问题。同时在党内主张"倘若党员不是处处为人民谋福利努力，就会被人民抛弃，就没有资格做党员"，时刻强调党员的公仆身份和忧患意识，对外也欢迎群众的监督和批评，正确处理好党员和人民的关系。①

（四）人民与官员

严景耀指出，苏联十分重视政府官员与群众的关系。工人与官吏之间有一种密切的联系方法，就是他们所谓的"社会服务工作"。例如一个织布女工，在工作之暇或许在托儿所服务，算是她的社会服务工作。一个汽车工人在工会里做收费的社会服务工作，因为理财有方，而被雇用到税务局工作。同时一个政府的官员，也得利用他的闲暇时间去做社会服务工作，如在夜校教书，或组织民众，或在工厂协助生产。这并不代表提升或降低了他们的地位和工资，通过这种手段，只是要把人民与政府打成一片，从而避免工人不参政、公务人员脱离群众、官僚主义作风兴起的状况。

严景耀强调，腐败永远都是每一个政权所无法回避和必须面对的问题。在当时的环境下，严景耀对比中苏两国的国情，认为苏联情况要远好于中国，其中很大的一个原因就是因为，苏联当时实行的是民主制度，而中国则不然。所以苏联的官员可以受到很多的监督，中国的官员由于缺乏合理完善的监督惩戒制度和手段，导致腐败现象屡见不鲜，因此要想消除贪污腐败，早日实现民主政治迫在眉睫。

---

① 严景耀：《苏联民主政治的实施与成效》，《严景耀论文集》，开明出版社 1995 年版，第 301 页。

三、战后的苏联与中国

第二次世界大战中,4 年的苏德血战对苏联的民主政治是一个严峻的考验,苏联无数的房屋被毁,农场被掠夺,人民被杀害或奴役,都没有使苏联人民屈服,他们在以后的两年中,将强敌驱逐出境,直捣柏林。虽然在后期战争中苏联得到了一些援助,但是人民与军队的给养始终充足,军队的战斗力越战越旺,这个伟大的事实,证明了苏联民主政治的成功。① 在严景耀看来,当时的中国与最初的苏联有着相似的情况,两个国家又保持着密切的联系,苏联的民主建设经验是值得我们借鉴或者从中找到启发的。

第四节　中国民主运动的经验

由于中国几千年来,一直实行封建君主专制制度,所以严景耀指出,要谈民主,只能从外国资本主义入侵开始谈起。外国资本主义侵入中国,不仅攫取在华经济与政治的特权,还向中国大量倾销商品,破坏中国原有的经济结构。这使背负巨额赔款的清政府加紧了对人民的搜刮,由此而引发的农民起义也拉开了中国的民主运动的帷幕,从此以后中国的各阶级先后开始了在中国探索民主的道路。

一、农民起义与民主序幕

严景耀指出,农民起义运动的一个典型代表就是太平天国运动。"这十几年大规模的农民运动,是中国民主运动的序幕,它是受着外来基督教的影响,因此吸取了教义中的自由、平等、博爱等笼统的观念,而要想在农民运动中发挥出来。"②但是农民阶级最终还是因自身的局限性没能领导成功革命,严景耀指出,这并不能磨灭太平天国是中国民主运动的序幕,同时也不能否认几千年来单纯的农民运动的历史贡献。严景耀强调,我们还应了解农民运动失败的原因所在,"因为封建时代的农民,是被束缚在土地上

---

①　严景耀:《苏联民主政治的实施与成效》,《严景耀论文集》,开明出版社 1995 年版,第303 页。

②　严景耀:《苏联民主政治的实施与成效》,《严景耀论文集》,开明出版社 1995 年版,第305 页。

的,他们的思想,行动与组织,都是地方性的,等到一个运动超过了地方性,他们就没有组织的训练与经验,于是各地运动得不到密切的联络,有时独断独行,呼应不灵,往往自己分散了力量。到后来'不到十分之一'的有组织的军队,就能压平与歼灭这些叛变的农民。"①虽然这次农民争取民主的运动失败了,但是它把清朝统治阶级的弱点,全暴露出来了。它暴露了"贪官污吏与苛捐杂税等腐败情形,逼得人民铤而走险,在运动中暴露了政府维持政权的武力——八旗与绿营——简直毫无用处,后来更靠汉人的地主官僚及外国帮凶出来用兵平定这个运动,而外国资本主义也就乘机对中国加紧它的侵略"②。

二、地主阶级与民主追求

等到中日甲午战争中国惨败以后,一部分新官僚已深深地感觉到中国的民族危机,同时憧憬着欧美与日本的政治制度,于是企图以改良主义的方法,自上而下来提倡维新,实行变法,使中国政治走到民主的道路上去。这种自上而下的改良主义观点,在严景耀看来是不现实的。他认为,中国受了几千年的封建压迫,在反动当局的暴力统治之下,再加上外国资本主义的干涉,这些比较开明的少数官僚知识分子,企图在旧的封建制度之下,通过改良推进开明政治,是绝不可能的。③

三、资产阶级的民主运动

严景耀写道:辛亥革命,是中国民主运动的另一条途径,它是以推翻异族压迫的姿态出现的,这是一个极正确的途径。领导这一运动的就是孙中山先生。正如高尔基所言:孙逸仙乃是几万万中国民众在反对奴役自己的斗争中的伟大精神动力。在辛亥革命以前,因为不堪忍受帝国主义的侵略与清朝政府的压迫,许多地方都曾经爆发过规模不一的起义革命,例如华北的义和团、华中的自立军和惠州起义等。④严景耀指出,由于高压手段使

---

①　严景耀:《中国民主运动的经验》,《严景耀论文集》,开明出版社1995年版,第305—306页。

②　严景耀:《中国民主运动的经验》,《严景耀论文集》,开明出版社1995年版,第306页。

③　严景耀:《中国民主运动的经验》,《严景耀论文集》,开明出版社1995年版,第306页。

④　严景耀:《中国民主运动的经验》,《严景耀论文集》,开明出版社1995年版,第306—307页。

反抗力愈加强盛。因此清政府一面运用武力压迫，一面预备立宪的骗局。预备立宪是以前反对变法维新的贵族官僚为百姓精心打造的一座绚丽的民主海市蜃楼，梦再美终将有醒的那一刻，企图以欺骗手段来苟延残喘维持统治，是绝不会有成就的。结果终于爆发了辛亥革命，推翻了清朝政府。辛亥革命在民主运动史上有着很大的意义，它革去了数千年来的帝王政制，为中华民主奠下了稳固的基石。正如孙中山所说：此役为铲除四千余年君主专制之迹，……自经此役，中国民族独立之性质与能力屹然于世界，不可动摇。自经此役，中国民主政治已为国人所公认，此后复辟帝制诸幻想，皆为得罪于国人，而不能存在。我们看见袁氏称帝、张勋复辟，尽管他们当时的势力如何雄厚，但转瞬间即身败名裂。从此以后，谁也不敢再做恢复帝制的梦想。

辛亥革命的成果随后不久就被封建阶级所窃取，严景耀也有自己的看法。其一，这次革命虽然有各阶层民众参加，但群众的力量还是有限。当时资产阶级的力量非常脆弱，没有能力领导这次民主革命，无产阶级的工人还只是新出的幼芽，也还不足以领导革命。而知识分子的革命思想，大多还偏重于推翻异族清朝的民族革命，根本没有切实执行孙中山的三民主义。其二，当时革命的成功，是靠着军事的力量，一时推翻了反革命武力，根本没有进行彻底的反封建的斗争。正因为单纯的军事投机成为辛亥革命的要素，正因为革命势力不能深入到广大群众中去，结果民国成立以后，在形式上，一意模仿欧美各国，有国会，有政党，有的高谈护法，有的主张联邦，大有民主政治的气象。但是国会开会第一次选举总统的时候，就被军阀用威逼利诱的手段操纵着，到后来这种高举"人民代表"招牌的议员们，自己也出卖人格，举行贿选，唯军阀之命是从，唯金钱之利是图。当时为中国最大政党的国民党也被军阀横加摧残，而封建军阀又被帝国主义操纵着，造成混战割据的局面。[①]

四、新文化运动与五四运动

第一次世界大战期间，欧美帝国主义忙于自相残杀，无暇东顾，中国资本主义便一时得到迅速的发展，中国资产阶级也有抬头的机会，而以"民主

---

① 　严景耀：《中国民主运动的经验》，《严景耀论文集》，开明出版社 1995 年版，第 307—308 页。

与科学"为号召的新文化运动,也有了契机。同时日本帝国主义也以反德为借口开始了新一轮的对中国的侵略。"在帝国主义侵略残杀的大战局面中,产生了苏联的社会主义革命,同时随着苏联革命以后,接着就掀起了世界革命的高潮,例如在欧洲爆发了德国、奥地利、芬兰以及匈牙利等革命运动,此外在土耳其有民族资产阶级的革命,在朝鲜有暴动,在印度、埃及也开展了民族独立运动。当时中国已有了新兴资产阶级、无产阶级及其知识分子。"①这些人深受帝国主义与封建势力的压迫,同时又受了苏联革命以及世界革命运动的影响,到巴黎和会中国失败的时候,便爆发了惊天动地的反帝反封建的五四运动。新文化思想,也受五四运动的推动,非常迅速地弥漫到全国。其最主要的特点,就是敢于公开向旧礼教挑战,提倡科学与民主,宣告古文为死文学,提倡白话文,并且接着把科学社会主义的思潮也较有系统地介绍到中国来,号召中国青年去和"吃人的礼教"搏斗,要青年"冲决过去历史的网罗,破坏陈腐学说之囹圄,勿令僵尸枯骨来束缚现在活泼的新青年"②。五四运动在民主运动上主要的成就是奠定工、商、学各界自发的反帝反封建"民族统一战线"的基础。这个运动使全国各阶层广泛地参与到民主运动中来,使官僚资本主义和外国势力有所妥协,但是资产阶级还是非常软弱,在这运动中不能负起领导的责任。等到欧美帝国主义于大战后,又有力量来侵略来压迫中国的时候,软弱的资产阶级又不得不与帝国主义、封建势力妥协了。这里暴露着一件很重要的事实,就是在半殖民地半封建的中国,要想软弱的资产阶级来单独领导和完成资产阶级的民主运动,是不可能的了。③

五四运动引起了中国工人阶级对于政治的觉醒。虽然力量还未雄厚,但已有组织能力,举行罢工来响应五四运动,出现在中国政治舞台了。在五四运动后,中国国内军阀混战,国外列强侵略加剧,孙中山依然为民主做着斗争,"其实也幸而孙总理能以军队来保卫革命根据地,不然就不容易抵御反动军阀官僚的压迫,而汇集全国各阶层民主势力,很快推进大革命的

---

① 严景耀:《中国民主运动的经验》,《严景耀论文集》,开明出版社 1995 年版,第 307—308 页。

② 严景耀:《中国民主运动的经验》,《严景耀论文集》,开明出版社 1995 年版,第 308—309 页。

③ 严景耀:《中国民主运动的经验》,《严景耀论文集》,开明出版社 1995 年版,第 308—309 页。

民主狂潮"①。在此期间,民主运动之所以能加强起来,严景耀指出,还有一个新的重要因素就是中国共产党的兴起、国民党的改组与"联俄联共扶助农工"三大政策的施行。在五四运动中,中国工人运动已在开展,先进的知识分子已接受社会主义的思想,到1920年在各地成立了共产党小组及社会主义青年团组织。随着各地的工人运动,中国共产党逐渐加强了组织,同时也因为共产党的领导,更使工人运动提高觉悟,增加力量,使经济斗争的工人运动转变为政治斗争的工人运动。到1922年中国共产党提出要求与国民党共同建立一个民主主义的联合战线,同封建式的军阀继续战争。同时国民党在中国民主运动中也展示了大革命时代的战斗风格,对中国革命起了极伟大的推动作用。国共合作破裂之后,开始了十年残酷的内战,革命的力量就此分散,民主运动也随着消沉下去,同时招来了空前的民族危机。不过大革命还有一件重大的收获,就是一般知识分子与青年们,在大革命失败以后,不禁痛定思痛,总结过去的经验,以便进一步认识中国的现实。②

五、民族统一战线与民主运动

严景耀指出,伟大的民族抗战是以民族主义为形式的民主革命运动。它要求组织各党各派合作的民族统一战线。在民主运动的意义上,主要的有以下五点:一是民众运动的开展;二是国共及其他各党派的合作;三是在反帝的抗战过程中,同时也尽了反封建的任务;四是部分地施行了民主政治;五是国际民主大潮推动着中国前进,抗日战争是与第二次世界大战分不开的。③

总结几十年来中国民主运动的经验,严景耀认为,最值得我们特别注意与警惕的有以下三点:第一,中国民主运动是在不断地开展着,参加的人民愈来愈多,民主主义也愈来愈深入到下层广大群众中去。当太平天国革命运动的时候,我们只看见大规模的农民暴动,主持戊戌变法与辛亥革命,大多是士大夫与知识分子,五四运动除了大量知识分子以外有大批青年、

---

①　严景耀:《中国民主运动的经验》,《严景耀论文集》,开明出版社1995年版,第310—311页。

②　严景耀:《中国民主运动的经验》,《严景耀论文集》,开明出版社1995年版,第311页。

③　严景耀:《中国民主运动的经验》,《严景耀论文集》,开明出版社1995年版,第311—312页。

工人与资产阶级参加进来了。大革命的民主运动,参加的群众更加广大,至于这次民族抗战,除汉奸奸商以外,全国人民可说没有不参加的了。虽然在民主运动的历史过程中,反动势力常常从中阻挠,但是凡欲逆转历史车轮的,结果必将在其身上染着自己的鲜血。第二,中国民主运动,与世界各种关系是不能分开的。因为中国民主运动是在世界资本主义衰落时期生长的,因为中国在帝国主义压迫之下,中国的资产阶级不能得到健全的发展,于是在民主运动中,也不能发挥领导的力量,结果无产阶级因其革命的坚决性和彻底性,在民主运动中发挥了很大的力量,起了领导的作用。因此,中国民主政治也不能有英美式的民主政治,各阶级联合是推进中国民主运动的必要条件。第三,在中国半殖民地半封建社会上的民主运动,是以反帝反封建的姿态出现的。对外反对帝国主义,争取民族独立;对内反对封建势力,谋求民主自由。从这个历史进程中来看,我们不难发现中国民主运动,一方面需要有准确的理论,没有革命的理论,就没有革命的实践;同时也需要准确把握理论的政党,来领导广大群众长期性的斗争,使全国群众在斗争中去学习去锻炼。正如欧洲革命先进者对群众说:"你们将经过十五年、二十年、五十年内战及国际战争,不但改变外部的环境,而且为求改变你们自己,并使你们自己适于运用政治权力。"①

最后,严景耀提出,若要中国达到真正民主政治,全国各阶层民众,必须联合起来,百折不挠地奋斗,切实实行孙中山先生的遗训——"革命尚未成功,同志仍须努力!"

第五节　民主与法治

与民主思想密切相关的重要问题之一便是法治的问题。在严景耀看来,对于法治的认识是争取民主的另一个基础或者保障,民主并不是一个政治的"空头支票",不是一个没有任何保障的"口头禅",它是需要法律系统的维持与保障的。严景耀说,我们能不能争取到民主,就在于能不能制定一套符合人民意志的法律,这个法律系统直接影响着我们能不能走上民

---

① 严景耀:《中国民主运动的经验》,《严景耀论文集》,开明出版社 1995 年版,第 313—315 页。

主道路以及在民主的道路上走多远。为此,严景耀在 1946 年 1 月,发表《论民主与法治》一文,为时人阐明了民主与法治及其两者之间的关系,对于争取民主、倡导法治,起到了思想上的积极引导和宣传作用。

一、国民代表的重要性

在严景耀看来,中国将要推行民主政治,还是一党专政的独裁政治,关键取决于国民大会是代表全国人民的,还是只代表国民党的。如果国民大会能够名副其实地代表广大人民的意志或意愿,则中国自然就走上民主的大道了,但是如果国民大会"挂羊头卖狗肉",那么实际上就是与民主差之千里的一党独裁了。因此,严景耀清晰地认识到:走民主大道,人民之代表——国民大会合法性和代表性就显得尤为重要,可以说,国民大会的性质直接决定着中国能不能如大众所愿走上民主道路以及在民主的道路上能走多远。如此一来,正如严景耀所说,如果国家没有民主化,则一切政治军事经济与人民自由等问题,都无法解决。所以国民大会的代表问题,在民主立场上,非力争不可。

二、对国民党极力维护的法律系统的批判

国民党员与拥护国民党者,在协商会议中,提出了"法治"的问题,在严景耀看来,其实质就是一个拥护旧代表的"合理理由"。对于法治的认识,有关人士便提出了看法,譬如王世杰就提出"顾到法律"的问题,"所谓顾到法律,即在此过渡时期,不要根本动摇法律的系统"。陈立夫提出"讲民主须顾到法,否则为无法无天"。王云五认为"民主的基础系在法治,倘抹杀法律则此种民主实不可靠"。[①] 严景耀指出,他们的共同点和中心思想都是想说原来国民党在一党专政时期所制定的法律系统,就是我们目前争取民主的基础,国民党的法律是不容废止和置疑的。这样一来,我们所追求的民主实质就是一党独裁,何言民主? 严景耀认为,这就是摆给老百姓的一个迷魂阵,为此,一定要揭穿国民党所谓的法治的真面目,这也是我们追求民主所必须澄清的一个严峻问题。

---

① 严景耀:《论民主与法治》,《严景耀论文集》,开明出版社 1995 年版,第 316 页。

三、国民大会法律系统的实质

严景耀明确指出,所谓的国民大会的法律就是指由国民大会组织法、选举法和"五五宪法草案"组成的一个系统,而这个法律系统是与我们追求民主格格不入的。现在我们拿人民的立场与国民党的法律来比较一下:人民要求的国民大会代表,是要人民自己选举出来的真正代表;但是国民大会组织法规定,大多数代表是国民党"钦定"的。例如里面规定:"中国国民党中央执行委员、中央监察委员及候补执行委员、候补监察委员为国民大会当然代表。"这一下子就是四百六十名当然代表。同时选举法还规定:"国民大会之代表除当然代表外……由国民政府指定二百四十名。"这样自拉自唱,完全变成国民党政府代表大会了。[①] 由此,可以看出,国民党所谓的法律系统实质上就是设法维护旧的专制统治的工具。

四、吸纳自己人的选举法

一般而言,谈及选举便会与选举制度相连,然而,真正的选举制度是一种彻底贯彻"普遍、平等、直接、无记名投票"精神的政治制度。但是严景耀看来,国民党的选举法实质上是与人民所共同期待的选举制度差之千里。因为国民大会选举法则规定:中华民国人民满二十岁,经公民宣誓者,有选举国民大会代表之权。由此看来公民选举权的取得,首先要公民宣誓。"但公民宣誓的资格是非常严格的,手续又非常麻烦,结果,恐怕只有对国民党唯命是听的人们,才有宣誓的资格,才能适合宣誓的手续,否则不管你是怎样的公民,你就别想有选举权。"[②]在选举时,各党各派应当有竞选的均等机会。但是在国民党统治之下,各党各派就没有机会活动,因为那时所有各党各派在法律上是被禁止的,哪里还有竞选的资格与机会。至于"五五宪法草案"里面,对于人民的基本自由,不但不加保障,反而以法律限制。对于政府及总统权力,则极力扩张,造成了人民无法控制的独裁专制制度。这就是国民党一心一意要维护的法律系统。国民党所谓的拥护法治,实质上就是拥护一党独裁,拥护独裁制度,反对真正民主。虽然当局者也指出:"法治之精神,人民应守法,政府亦应守法。政府不能随便否定法律,否则

---

① 严景耀:《论民主与法治》,《严景耀论文集》,开明出版社 1995 年版,第 317—318 页。
② 严景耀:《论民主与法治》,《严景耀论文集》,开明出版社 1995 年版,第 318 页。

与民主立场冲突。"①

五、政府的守法状况

严景耀看到了国民政府的腐朽不堪,以至于发出"无法无天"的感慨,这里的"法"指的是当时社会正在流通的法币。严景耀举例说明,在国民政府中,普通政府人员的每月收入,只能勉强维持生活,但是上级的党军政人员过着穷奢极侈的生活。政府各机关腐败严重,但是因贪污治罪者,少之又少。政府对于人民声明保障的自由,也未见实施。② 在经济方面,严景耀看到了官僚资本日益膨胀,营私舞弊所在皆是。例如,对于农民的二五减租已规定了十年了,但是至今未见实行,足见国民党的法治是专治人民的,对于自己则非常随便,往往否定法律。至于胜利以后,在收复区内,许多党政军人员种种不法行为,才真正是"无法无天"的现象。③ 可见,国民政府虽然有一套移植大陆法系的"六法全书"体系,但在司法上却是非常糟糕的。政府自身在守法问题上令人大失所望,希冀这样的政府创建一个良法而治的法治社会,显然是不现实的。

六、代表应随着社会的变迁而变动

严景耀进一步指出,十年前我们所选的代表具有合法性,但是合法性是基于当时的特定环境所评判的,历时十年之久,尤其经过了八年的长期抗战,中国社会不知已经过了多少的变迁。选举代表的选民,一部分在抗战中牺牲了,一部分寿终正寝了,但是他们的代表,却仍有资格,为他们出席国民大会。④ 同时十年以前无选举权的好几千万青年们,现在已到了参加选举的年龄,而且他们在抗战的艰苦过程中,对于国家有了许多牺牲与贡献,国家对于这数千万的中国新主人,理应念其抗战的贡献给予应有的民权,使其在国家根本大法中,有表现意志之机会。但是在国民大会中,却没有他们的代表,不能把他们对国家社会的意见表达出来。⑤ 严景耀进一步指出,现在经过八年的抗战,中国人民在区域方面、在职业方面,因为战

---

① 严景耀:《论民主与法治》,《严景耀论文集》,开明出版社 1995 年版,第 318—319 页。
② 严景耀:《论民主与法治》,《严景耀论文集》,开明出版社 1995 年版,第 319 页。
③ 严景耀:《论民主与法治》,《严景耀论文集》,开明出版社 1995 年版,第 319 页。
④ 严景耀:《论民主与法治》,《严景耀论文集》,开明出版社 1995 年版,第 319—320 页。
⑤ 严景耀:《论民主与法治》,《严景耀论文集》,开明出版社 1995 年版,第 320 页。

争的要求，都有极大的移动，人民的思想也有了改变，对于政治的要求也就随之不同了。这种种与以前的选举基础已起了根本的变化，可是代表则没有变更，十年如一日。"这十年来，在中国各地，特别是华北及西北各省，共产党建立了不少民主的根据地，实行三三制，我们从各种出版物看到这种根据地，实行民主政治，不是没有成绩的，而经济文化也有了许多变更，国民大会的旧代表，怎么能代表这种特殊的新发展呢？抗战期间，中国妇女既然参加了抗战工作，有了许多贡献，她们对于国事应当有参加之权，但是妇女如何参政，旧的国民大会的法律是没有规定的。"①

严景耀进一步对国民党选举问题展开了批判，认为：倘若国民大会的旧代表，真能代表人民的话，在重选的时候，他们绝不会落选的。倘若这种代表，要靠国民党的势力，用"合法不合法"的大帽子，来维持其地位，则即使有代表性的人们，也变成了国民党的傀儡了。有骨气、有远见、以国家人民为重的人们，决不愿当此傀儡的。② 严景耀拿前东北大学校长王卓然上书主席请辞国大代表候选资格的例子来号召其他代表请辞代表职务。因为他十分赞同王卓然校长的看法：法为人设，原以人民之需求而产生，故法律须切合时代要求与人民心理，方能有效。我国抗战八年，人民和社会，皆有巨大变化……对于此国本民命所系的国民大会与宪法，政府亟应作重新的裁定。值此民族革命胜利之际，一切除旧布新与民更始，在今日象征团结民主之政治协商会议中，宣布取消过时之旧法，请大家公订新的国大组织法与选举法，并修订五五宪章，以示真正天下为公之精神。

在文章的结尾，严景耀提出我们要争取民主，就必须要全国上下一致努力，要废止旧的专制法律，创制新的民主法律，来配合和保障我们现在正在努力追求的彻底的民主。

第六节　民主与自由

《民主与自由》写于 1946 年，当时抗日战争已经结束，民主建国在国内各方的力量角逐中斗争不断。为了让国人认清当时的国情，同时也为了和

---

① 严景耀：《中国民主运动的经验》，《严景耀论文集》，开明出版社 1995 年版，第 320 页。

② 严景耀：《中国民主运动的经验》，《严景耀论文集》，开明出版社 1995 年版，第 321 页。

平民主建国的早日实现,严景耀论述了他对民主与自由的看法。

严景耀说,我们所争取的自由有两方面:一面是对外争取民族自由,另一面是在国内争取人民的基本自由。然而抗战的胜利使我们争取民族自由的目的已经达到,所以现在所努力的目标在于对内争取人民的基本自由,但争取自由的前提是要搞清楚什么是自由或者我们所追求的自由应该是什么样的,明确了自由的内涵后,我们才能探究如何展开争取自由的工作。

一、应从社会环境中考察自由

在严景耀看来,自由的概念是错综复杂的,欲要了解自由问题非从社会具体的环境中去研究不可。因为个人思想行动的自由,与他所处社会的经济政治结构有很密切的联系。人们在某种经济政治的关系中,就有某些方面与某种程度的自由。离开了社会的实际环境,就不能讲悬空的自由。

二、自由的争取

严景耀从历史的角度认为,在奴隶社会里奴隶毫无自由可言;在封建社会里,农民较奴隶稍为自由,但大地主与封建主真正地享受着自由权利;资本主义初期,工人有着一定的自由;资本主义后期,资产集中,所有的生产工具例如生产舆论的工具,全为资本家所控制,而思想的自由发表,又非通过这种工具不可,这个时候的言论自由早已变了性质。等到法西斯主义专政以后,人民的基本自由全被剥夺了。但是社会主义国家则与之相反。[①]在社会主义的国家,因为生产工具是公有的,取消了人对人的剥削制度,人们不能再靠着财产来施行特权,而自由范围也随着变更。劳动大众都可享受各种自由,他们有余暇的时间来接受教育及其他文化的享乐,他们不独有言论自由,而且可以自由运用无线电台、印刷所、电影,使他们的意见可以传达到全国。生病了,国家有医生免费医治,老了有养老金,不论哪种工人,每年都有假期,可以自由旅行与休息。中国人的"积谷防饥,养子防老"的名言,他们觉得毫无意义了。储蓄对于欧美与中国人是美德,因为这可使他有备无患,以防不测,但在苏联变成"小资产阶级的恶习"了。因为只有在苏联,个人可以今天有钱今天自由享受,所有个人的"不测"与"患难",

---

① 严景耀:《论民主与自由》,《严景耀论文集》,开明出版社 1995 年版,第 323 页。

都有国家代他们担当着，自己不必顾虑。妇女们大多已脱离了厨房的奴隶生活，出来参加生产，参加国事，处处与男子绝对平等。因为生理上的不便，国家又给以特别保护，使她们在工作方面、享乐方面，没有一处不与男子一样自由。[①] 严景耀指出，苏联社会的人民，之所以有更大的自由，就因为他们有社会主义的基础，因为在斯大林看来只有等到剥削的制度消灭掉，没有了人压迫人的存在，没有失业与贫穷，每人不致有失掉工作、家庭与食物的恐慌，到了那种境地，才有真正的自由。由此，我们也可以看出，严景耀所谈论的更大的自由是要有社会主义的制度作为基础的，是要通过人们的艰苦奋斗才能够争取得来的。

三、自由的开展

（一）个人自由与集体的关系

严景耀认为，首先，个人的自由，是从集体中获得的。集体生活，是不会消灭个人自由的。相反，在集体生活中，我们的意见与行动，通过别人，得到了很好的实现，这样个人才能得到自由。其次，只有将个人的意见、个人的行动，寓在集体的合作生活中，才能更自由地表现自己，更容易达到目的。在有组织的集体中，成员之间可以相互配合，这样更好地完成工作。[②] 严景耀举例说明，例如同样是与资本家谈判，单个的工人所取得效果就远比不上工会谈判的效果，集体要求，就有极大的力量，有罢工的武器，而各人的个别要求，在集体行动中，就可更自由地达到目的了。

（二）国家中的个人关系

但是一个国家，并不一定就是一个大集体，要使全国人民团结一致，组成一个大集体，其先决条件就是民主，在民主政治之下，国家的一切设施，就是全国人民的要求与主张，人民就自然而然地联合起来一致努力了。所以，政治越民主化，人民越团结起来，也就越集体化，越有发挥伟大力量的自由。[③] 严景耀在文章中这样写道：一党专政，排除了全国绝大多数的异党与非党分子，于是政府与人民对立了。人民要"团结一致"，政府要"分而治

---

① 严景耀：《论民主与自由》，《严景耀论文集》，开明出版社 1995 年版，第 323—324 页。
② 严景耀：《论民主与自由》，《严景耀论文集》，开明出版社 1995 年版，第 324 页。
③ 严景耀：《论民主与自由》，《严景耀论文集》，开明出版社 1995 年版，第 325 页。

之"，人民千方百计要求自由，政府便千方百计限制自由。使本应统一的国家大集体反而造成了各种敌对的党派团体，互相牵制着，阻碍着，倾轧着，摩擦着，冲突着，造成了十余年的内战。① 在抗战中，之所以遭遇到这样的困难，就是因为全国人民不是一个大集体，不能发挥抗战的力量与自由。

（三）民主与自由

民主与自由，是一个现代国家的两个方面，没有民主政治，人民绝对得不到自由；同样，人民没有自由，也绝不会有民主政治的。严景耀认为，人民在国家集体中的自由，也是应该有限制的。他用英国著名作家韦勃夫妇在《苏维埃联邦共产主义》一书来说明："无论在什么地方，在什么时候，只有一部分的机会，开放给集体中的人们。无论何人，倘若他越出了他自己分内应得的机会以外，不仅仅抢夺了别人应当享受的一部分的机会，并且发生了不平等，而显然要减少在团体中各个人的总自由。列宁也曾说过，是的，自由是宝贵的，因为如此宝贵，所以一定要有限制。"②

（四）机会与自由的分配

严景耀指出，集体倘若不将机会在各个人方面平均分配，便要发生矛盾，而团结就因之发生问题。团体中摩擦、冲突、斗争等最主要的原因，就在于这机会与自由的分配问题。但在和谐的集体中，各个人仍不能完全自由，仍要以大局为前提，限制着各个人的行动，使他不出本分的范围。各个人之所以能遵守自由的限制，不是因为各个人愿意在集体中牺牲自由，乃是因为他知道尊重集体的意志而牺牲一部分的自由；在另一方面，集体可以给他更大的自由的保障，所以才肯牺牲。③ 严景耀举例说明，譬如在抗战阶段上，各阶层各团体的人们，为了整个民族的利益，不得不限制一点自己的部分的利益，来服从抗战。因为抗战成功了，他们就可以得到更大的自由，而且有独立自由的国家给他们保障。

（五）纪律与民主自由

在纪律与民主自由的关系上，严景耀认为：如果个人不服从集体，少数

---

① 严景耀：《论民主与自由》，《严景耀论文集》，开明出版社1995年版，第325页。
② 严景耀：《论民主与自由》，《严景耀论文集》，开明出版社1995年版，第325页。
③ 严景耀：《论民主与自由》，《严景耀论文集》，开明出版社1995年版，第326页。

不服从多数,全体不服从干部的领导,则组织必趋松懈,集体生活便无法进行了。如果把集体生活比作音乐合奏,集体的纪律就是负责除掉这不合拍的声调的。这样一来,干部领导的失策,对个人自由不必要的干涉与剥夺甚或贪污而鱼肉人民,唯一补救的方法,就是民主。即要有真正能代表民意的机关。而民意机关一面来决定整个国家为人民谋福利的纲领,一面选拔干部督促干部,同时运用铁的纪律,扫除不能执行集体意志的干部。纪律越严明,生活制度越民主化,则个人在集体中,越能发展积极性,越能团结在干部领导之下,发挥集体的力量,去执行集体的意志。而且,严景耀更进一步地论述了纪律与民主自由的辩证关系:"纪律与民主,绝不是对立的,而且反是相成的,越民主化越有纪律。没有民主而有纪律,不是集体的纪律。民众是不肯为这种纪律奴役的,结果只有反抗与分化。倘若是民主的纪律,那便是集体自己的意志,越可制裁个人,越可团结。因为制裁少数违反集体意志的人,就是对于全体民众自由的保障。"①

三、自由与建国

严景耀指出,现阶段民众为建国而奋斗的最重要的工作,就是把自己组织起来,变成一个团结的集体。各地民众,按着切身的利益与特殊的需要,自动组织,然后统一着,联合着,造成举国一致的基础。而群众有了组织,才可开始负起建国的伟大使命,而各个人也才能在集体中自由发挥他的奋斗的力量。同时,各阶层各集团的民众在全国的大集体中,仍须保持自己在经济上、政治上、思想上与组织上的相对的独立性。一面可以满足各阶层各团体本身的特殊需要,一面来服从举国的一致性,使各团体在国家整个大机构中,各自站在建国的岗位上,尽量自由发挥岗位上的功用,与整个国家在行动上配合着,变成有机的建国总力量。②

组织没有独立性是违反民主的,不能发展各阶层各团体本有的力量,倘若独立性不服从统一性,则力量不能集中,只有民主集中制,才可一面充分保护各阶层各团体的自己利益,以免过于被倾轧而失去自由;一面变成全民族分不开的一个机构,去适合团结建国的总要求。③ 民众本着建立民主自由而富强的新中国的大前提,团结起来,一步一步地向前迈进,他们得

---

① 严景耀:《论民主与自由》,《严景耀论文集》,开明出版社 1995 年版,第 327 页。
② 严景耀:《论民主与自由》,《严景耀论文集》,开明出版社 1995 年版,第 327—328 页。
③ 严景耀:《论民主与自由》,《严景耀论文集》,开明出版社 1995 年版,第 328 页。

运用所有的一切人力物力与知识，才能发挥伟大的力量，同时还要不断地自力更生，去产生各种新的力量。这种力量的发挥与产生，应该是自由的，应该受政府保护援助的。因为国家是为人民而存在的，人民不是为国家而存在的。倘若只有义务，没有权利，民众绝不会踊跃参加的。

当然，自由也不是绝对的，"现阶段民众要求的自由，并不是极无限制的绝对的自由。民众所要求的自由，是按着具体环境所允许的各种必不可少的基本自由，现在中国正在要摆脱官僚政治的封建残余的阶段，同时中国也没有进到社会主义的阶段，民众应有的自由，是民主共和国国民应该享受的自由，最重要的就是身体、居住、信仰、言论、出版、集会、结社等自由。"①在这艰巨的建国阶段上，为了扩大人力物力与知识的动员，民众的自由，有进一层的迫切要求，同时也是提高政治效力的基本条件。其实尊重人民基本自由的问题，政府已经决定实行办法了。但是国民党政府的言行不一的行径着实让人民心痛。社会一直认为如果特务不能取消，一切政府对于人民自由的诺言和保障，全是假的。严景耀一针见血地指出，特务组织的存在是对自由的最大挑战与讽刺。"如果一国政权要靠特务来维持，则这种政权的基础本身，也未免太危险了。现在世界是人民的自由世界了。清朝不因有立宪的骗局而苟延残喘，法西斯国家不因有特务而继续存在。人民在现阶段上有享受自由的权利，并且假如有任何阻力，妨害人民的自由，剥夺人民的自由，人民就有努力为自由而奋斗的义务。"②

第七节　民主与经济

抗日战争胜利后，没有了外部的侵略，国家内部的各项事业都处于百废待兴的阶段，经济作为国民生活的重中之重，却处在一团糟的状态。此时严景耀已经深刻地认识到民主的追求和争取除了法治的保障之外，还脱离不了民主赖以存在的经济基础。为此，他专门对民主与经济的问题作了探讨与研究。

---

① 严景耀：《论民主与自由》，《严景耀论文集》，开明出版社 1995 年版，第 329 页。
② 严景耀：《论民主与自由》，《严景耀论文集》，开明出版社 1995 年版，第 330 页。

一、民主是经济的前提

严景耀认为,民主政治是现阶段经济建设的前提。没有民主政治,绝不会有民主化的经济,也就不会有健全的经济建设。由此,我们可以看出民主政治对于民主经济的影响意义。严景耀进一步指出,经济专政主要表现为大批官僚,正预备在胜利的时候,混水捞鱼,借着"统制""管理"和"接收"等冠冕堂皇的名义,实行搜刮垄断,扩充官僚资本,而民族资本就此无情地被摧残了。① 这使得中国经济的发展"误入歧途"。严景耀进一步例证:抗战过程中,西迁内地的沿海民族工业,在抗战中政府予以巨大的支持,但是在抗战胜利后,并没有得到更好的发展,反而有很多企业相继破产,与此同时几大家族的官僚资本却在利用政治手段,迅速发展。同时,政府在胜利以后,又组织了独占性的托拉斯性的"中国纺织建设公司""中国蚕丝公司"等,将这种应该民营的轻工业,又放在少数官僚的手里。对于中国纺织建设公司这样的公司,它们大部分是接收了敌伪工厂公司后联合组建的,可以说在没有付出任何成本的情况下,拥有了先进的设备和政府优惠的政策,其与在极不利环境下挣扎的民营纺织业竞争,这是对民族资本的残酷扼杀。而且从中国工业的发展史来看,官僚所办的企业,绝没有企业的精神,公司等于衙门,办实业等于做官,把官僚的腐败情形,都搬到企业公司里去,结果没有不失败的。② 严景耀极力批判这种经济的专政,并为此扼腕叹息:目前的"国营事业",不过是少数官僚的把持,造成官僚企业,发展官僚资本而已,这是经济的专政。这种用官僚资本来打击民族资本的举动,简直是经济内战。严景耀指出,在这样的专政经济下,民主将会失去经济基础,这对于争取民主是极为不利的。因此,他强调,要想争取民主,必须要打好保障民主的经济基础。专政经济的畸形发展,自从抗战以来造成了通货恶性膨胀,社会财富更加集中在少数人手中,而全国绝大多数人民,都沦为"无产阶级"了。严景耀指出,这种专政经济导致了贫富差距拉大的情况,如不加根本改善,发生社会革命,这不是共产党煽动的问题,而是整个国家的现实问题。

---

① 严景耀:《论民主与经济》,《严景耀论文集》,开明出版社 1995 年版,第 332 页。
② 严景耀:《论民主与经济》,《严景耀论文集》,开明出版社 1995 年版,第 332 页。

二、推翻经济专政

抗战以前,中国受着帝国主义的压迫,沦为半殖民地;胜利以后,日本帝国主义被打倒了,但是廉价的洋货立刻倾销进来,使幼稚落后的民族工业,频经摧残。廉价洋货倾销的威胁,又要变成致命打击了,所兴起的,不是民族资本而是买办资本了。① 综观目前经济政策的趋势,是官僚、买办、外资的合流独占。要使中国经济走上公营私营及合作经营,共同发展的道路,严景耀认为,一定要打倒经济专政,消弭经济内战;要反对国内官僚资本,铲除封建势力,并防止外国独占资本之操纵国民生计。但是其先决条件,只有实行民主政治,用全国上下一致的力量,来推翻官僚政治;严禁官吏利用其权势地位从事投机垄断、逃税走私、挪用公款与非法使用交通工具等活动。②

三、经济是民主政治的保障

(一)经济地位与权利保障

严景耀指出,民主政治是经济的前提,经济是民主政治的保障。只有政治民主而没有经济建设,即人人在法律上地位虽然平等,但因为经济地位的不平等,就无法享受政治法律的平等与自由了。③ 严景耀拿劳苦大众与资本家的关系为例说明这个问题。他认为,因为经济的压迫,在其他生活方面的自由平等,也受到了限制。例如婚姻的权利,中国富翁可以三妻四妾,现在法律上虽然不准纳妾,但是可以通过离婚再娶的方式来达到目的。在美国,穷人和妇女由于经济地位低,承担不起高昂的离婚费用,所以很少离婚。教育与就业的权利,经济地位低的人是没有机会享受的。再例如,在法律方面,穷人因为无钱请律师辩护,只好任人支配,而富人则可请许多大律师为他们设法避免法律上的责任。穷人往往为生计所迫,不得不铤而走险,犯法入狱,而有权有钱的人,绝不会做小偷的,他们犯的是贿赂、投机、搜刮等大罪恶,但因为地位的关系,法律不能制裁他们。试看犯贪污的官吏们,有多少实际上受法律制裁的。所以萧伯纳说:"小偷进监狱,大

①　严景耀:《论民主与经济》,《严景耀论文集》,开明出版社 1995 年版,第 333 页。
②　严景耀:《论民主与经济》,《严景耀论文集》,开明出版社 1995 年版,第 333 页。
③　严景耀:《论民主与经济》,《严景耀论文集》,开明出版社 1995 年版,第 334 页。

盗入国会。"这和中国所谓"窃钩者诛,窃国者侯"的道理是一样的。在这种不平等情形之下,高谈"人人在法律上有平等地位"的民主,显然是虚伪的,绝不是全国人民所需要的民主。① 正如美国前总统罗斯福在 1944 年 1 月向国会提出的咨文中说的:"如果没有经济的安全与独立,个人自由绝难存在,贫穷的人绝不是自由人,饥寒失业的民众,是独裁制度所产生的渊薮。"由此,可以看出,严景耀对于经济与权利的关系的分析是符合当时社会实际的。

(二)中国的经济自由

严景耀写道:"中国民众的最迫切的经济自由,是吃饭自由。全国工农,平时就在饥饿线上挣扎着,而且时有感到失业与灾祸的威胁,无法谋生,因而死亡的,每年不知有多少,这是国家很大的损失,人民很大的灾难。"严景耀强调,我国经济向来处处落后,在遭遇三座大山压迫下的民族资本的恢复成为了重中之重,而人民大众能有富足而安定的经济生活,这才是保障正在开展的民主政治的基础。②

(三)全国工业化的实施

严景耀针对当时经济上的不自由和落后的局面,以及为保障民主政治的顺利进行,提出了发展全国工业化的思路。然而在工业化的过程中,他强调最重要的是人才与资本。但是严景耀也指出,在中国专门人才缺失、党派分裂、政治包办的现实面前,聘请国外专家只能是起到一个专业技术人才的作用,而决策权还是要掌握在全体中国人的手中。③ 因此,严景耀又提出,应当召开举国一致的经济会议,吸收对发展经济有关各方面代表人士参加,决定经济方针,制订计划,在人才训练与应用方面,用民主的力量来打破党派主义与官僚主义以及亲戚主义,养成大公无私的企业精神,这种企业精神是资本主义社会的产物,在工业化的过程中,是非常需要的。④ 严景耀的经济发展思路在当时具有一定的创新意义,在今天看来,他的经济治理对策,对于我们现今的经济发展仍然具有指导意义,尤其对促进企

---

① 严景耀:《论民主与经济》,《严景耀论文集》,开明出版社 1995 年版,第 335 页。
② 严景耀:《论民主与经济》,《严景耀论文集》,开明出版社 1995 年版,第 335 页。
③ 严景耀:《论民主与经济》,《严景耀论文集》,开明出版社 1995 年版,第 335 页。
④ 严景耀:《论民主与经济》,《严景耀论文集》,开明出版社 1995 年版,第 335—336 页。

业的改革与创新具有相当的启发意义。

严景耀对于自己主张的全国工业化,从资本经营和农业方面提出了具体的对策。

第一,在资本经营方面,要废止现行统制政策,实行经济民主与企业自由,确立国营与民营种类。① 严景耀十分同意孙中山先生实业计划上说的:中国实业之开发,应分两路进行:一是个人企业;二是国家经营。大凡事业之可以委诸个人或其较国家经营为适宜者,应任个人为之,由国家奖励而以法律保护之。② 因此,严景耀强调,战后经济建设要尽量发展国家资本,同时民族资本也要尽量发展,并且要由国家奖励且给予法律保护。

严景耀进一步指出:"我们知道欧美民主政治的开展是由于民族资本的发展,所以发展民族资本也是开展中国民主政治的必要条件。"③由此,严景耀的民主与经济的关系在这里显得极为突出。严景耀还大胆地提出,我们要借助外资,但同时强调绝不能依靠外资,要保持独立,这样才不至于在经济上受制于别人,我们才能在经济上保持主动地位。

第二,在农业方面,严景耀提出,切实实行"平均地权",使"耕者有其田",扶助占全国人口百分之八十的农民,使他们组织起来,推行全国减租,严禁高利盘剥。同时他也指出了农业的发展目标——农业工业化,乡村都市化,使落后的农民也能享受城市人民所能享受的一切教育文化等权利。如果真的能够实行这样的经济民主,那么民主政治就有了保障,"因为民主化的经济建设,能使人民不但在政治法律上享有平等自由,而事实上物质条件上,也有了平等自由的保证"④。同时,严景耀指出,经济建设的开展,不仅可以保障民主政治,而且还可更进一层来推进民主政治。

严景耀最后总结道:一个国家,人民能享受到更大的平等与自由的权利,那这个国家当然更民主化了。我们目前在中国要取得建国成功,政治经济一定都要民主化。而民主政治是经济建设的前提,同时经济建设又是民主政治的保障,并且还可推进民主政治。⑤

---

① 严景耀:《论民主与经济》,《严景耀论文集》,开明出版社 1995 年版,第 336 页。
② 严景耀:《论民主与经济》,《严景耀论文集》,开明出版社 1995 年版,第 336 页。
③ 严景耀:《论民主与经济》,《严景耀论文集》,开明出版社 1995 年版,第 336 页。
④ 严景耀:《论民主与经济》,《严景耀论文集》,开明出版社 1995 年版,第 337 页。
⑤ 严景耀:《论民主与经济》,《严景耀论文集》,开明出版社 1995 年版,第 338 页。

第八节　民主与教育

在严景耀看来，民主是一个系统工程，它的争取和建设是与众多因素紧密相连的，其中教育问题是不容忽视的，它关系着民主的程度和进度问题。严景耀对这个问题展开了深入论述，并提出了一些独特看法。

一、低教育程度与民主的实施

严景耀认为，实行民主政治已经是民众一致赞成和拥护的事情，但是当下民众的受教育程度太低，难免会影响到民主政治的步伐。因此，在当时有许多人对这个问题提出了种种看法。一种看法认为，若要推进民主政治，就得先奠定法治精神的广大基础，然后民主政治的推进才会顺利。倘若欲求民主政治的实现，则纪律生活的养成是一种最根本的办法。另一种看法认为，在中国实行民主以前，应当先推行公民教育，训练全国的公民，使每个人深明民主的意义，不然则大多数的同胞仍是"文盲"，对于政治便是"政盲"。在这种情形之下，去实行民主，其结果必是"盲人骑瞎马"，或是盲从，或为少数政客及腐化分子所操纵所利用，真正民主政治，绝没有希望实现的。①

二、教育程度低的原因

针对上述看法，严景耀提出了针锋相对的意见：中国人民大众教育程度太低，就是因为没有民主政治的结果。这样的观点，无疑是一种独具洞察力的看法，这种看法也在一定程度上影响着中国民主的进程。严景耀进一步解释道："只有先实行民主政治，然后才能养成纪律的生活，然后才能迅速推进公民训练，才能使大多数人民，不致老是文盲，不致为少数政客及腐化分子所操纵所利用。"严景耀之所以提出这样的看法，是因为他看到了当时专制政治的愚民政策的实质——灌输有利于支配阶级的学说，实际上就是一种愚民教育。因为在专制政治之下的政策就是愚民政策——民可使由之，不可使知之。人民只要能纳税付租，供给劳役，唯官方之命是听，

---

①　严景耀：《论民主与教育》，《严景耀论文集》，开明出版社1995年版，第339页。

就是尽了子民的天职，而且不许组织团体，唯恐图谋不轨。在这种控制之下，人民都被训练成奴隶了。而这种状况恰恰是国民党所希望达到的，只有这样才能维持其在中国的专制统治。① 严景耀批评道：在这种奴化教育制度之下，即使人人都识了字，不做"文盲"，但仍旧是"政盲"，对于民主政治，是无补于事的。那么如何打破这种愚民教育？ 在严景耀看来，就是要加强民主政治的教育。民主政治教育也是一种教育，这种教育和一般意义上的教育是有区别的，以一种新的民主政治教育来对抗这种控制民众之工具的奴化教育。严景耀极力批判这种奴化教育的危害：对于世界大势，社会现实的真情实理，绝不允许有自由研究的机会。教员与学生倘若提出异议，不是警告训诫，就是开除下狱，或者"失踪"。于是所"培植"的人才，也只有合乎统治者可以御用的清一色的人才了。同时，这种教育也只是富贵子弟所能享受的特权，因为求学费用浩大，绝不是大多数贫寒子弟可以有能力去负担的。而有的御用教育家更是与官僚政治打成一片，利用纯洁天真的爱国青年，借着各种青年容易接受的名义，用威逼利诱的方法，使学生罢课，游行捣乱，作为政治斗争的武器。以读书研究作为求学青年次要的目标，于是甘心愿意被统治者所利用的青年，虽不读书，便可飞黄腾达，而不愿附和的洁身自好的青年，不管学习成绩如何优秀，永无发展的希望。②

严景耀极力批判这种奴化教育，不仅是对"受教育者"思想的毒害，而且使中国的民主趋向畸形，进而与人民意志背道而驰，严重阻挡了民主的进程。从历史的实践层面来看，锁定国民党的训政时期，不难发现其目的本在于训练民众，使有自治的能力，以便实施宪政。但是事实上，20 年来的党化政策与党化教育，在扶助人民自治方面讲，不能不说是完全失败了。严景耀认为，这里最明显的例子就是当时负责训政的国民党的领袖们。抗战一爆发，有的认贼作父，出卖祖国，极力破坏全国团结，组织伪政府，甘愿为虎作伥，例如周佛海、陈公博等人。然而他们是知识分子而非文盲，但是却干出了文盲都未必会干得出来的事情。严景耀认为，这就是国民党时期所谓的教育成果，而这种教育完全是失败的。

当然，在严景耀看来，文盲未必不懂民主政治。例如，"从教育界方面来看，中国许多教育机关的行政人员与教授们，在教育程度方面来说，他们

---

① 严景耀：《论民主与经济》，《严景耀论文集》，开明出版社 1995 年版，第 339—340 页。

② 严景耀：《论民主与教育》，《严景耀论文集》，开明出版社 1995 年版，第 340 页。

都是博学多能的,但是在行政方面,这许多得天独厚的教育家们,不一定都会实行民主,而且往往也极其专制无理,以致发生无数纠纷。足见就是受了教育的人们,对于实行民主主义,也不一定能有与众不同的成绩"。①

严景耀进一步指出,"在政治经济不民主化的国家中,即使个人已有充分的训练,愿意将自己的学问技能贡献给国家社会,但是因为整个社会国家矛盾百出,他的学问技能的运用,不一定能有益于社会国家,或者反而有害,也说不定。"②因此,政治经济不民主化,即使有教育有训练的人们,也不能对于国家有多少贡献。不在民主政治之下,教育是没有出路的。反之,没有教育的"文盲",不一定不能实行民主。③ 因为,"人民大众是对政治的最好的裁判者,他们虽然未必懂政治,但是他们知道哪些官员是为民做主的,哪些政策是为他们而制定的,他们在乎的不是官员的文章写得好不好,而是在乎官员能否为民办实事,办好事。"④然而恰好相反,从另一方面来看,乡间没有读过书的民众,自己办地方福利事业的时候,例如守青苗、修桥、铺路、救火、防土匪、迎神出会等,都是自动地办着,而且井井有条。对于抗租抗税的各种自动的组织,也非常能干的。在乡村里,只要是对大家有利的事,公共议决以后,大家就能实行,不管出钱或出力,绝不会偷懒作弊的,要偷懒作弊,就有大众出来制裁了。他们这种组织,明明是很民主的,而且也很有纪律,这证明人民虽不读书,而实行民主自治,不是不可能的。⑤

三、教育的形式

严景耀认为,教育有两面性,一面是狭义的、正式的,特指教室内的教育;另一面是广义的,非正式的民间教育。然而当一个社会没有了基本矛盾,国家走上了民主的道路,政府与人民是一致的时候,狭义的正式的限于教室内的教育,也就和广义的非正式的民间教育趋向同一。显然,在严景耀眼里,现阶段的教育就是民众的教育,也即民间的教育。严景耀认为,这种教育是与民主政治密切相关的。民主政治的实施,首先要组织民众,使

---

① 严景耀:《论民主与教育》,《严景耀论文集》,开明出版社 1995 年版,第 341 页。
② 严景耀:《论民主与教育》,《严景耀论文集》,开明出版社 1995 年版,第 341 页。
③ 严景耀:《论民主与教育》,《严景耀论文集》,开明出版社 1995 年版,第 341—342 页。
④ 严景耀:《论民主与教育》,《严景耀论文集》,开明出版社 1995 年版,第 341—342 页。
⑤ 严景耀:《论民主与教育》,《严景耀论文集》,开明出版社 1995 年版,第 342 页。

民众能为自己的利益与特殊需要的工作而组织起来,让他们自己办理,使他们自己从现实工作中去锻炼,从行动中去学习,让他们在工作中去贯彻民主精神,发挥民主的力量。然后使他们的组织范围渐渐扩大,团结的程度也渐渐加强,而他们对于民主自治的经验,也就自然增加,民主自治的能力也就自然提高了。所以由下而上的民众组织,就是民众教育。① 所以,严景耀指出,民主政治的实行对于人民大众就是一种宝贵的教育,而这种教育恰恰与国民党所谓的"教育"是对立的。

严景耀指出,拒绝民众组织的产生,企图自上而下地命令民主是绝对行不通的。他提出,只有在集体的工作中才能培养出民主意识和民主的氛围,但是在这过程中成长的未必都是一些知识分子。八年的抗战和苏联的经验都告诉了我们,文盲是一样可以实现民主的。原因很明显,在苏联民主政治之下,因为有了政治的自由与经济的自由,使本来没受教育的人民大众,就有了特别学习的机会与发挥潜在能力的机会,同时也就有了领导工作的机会,这种由文盲而一跃成为社会领袖的例子是很普遍的。所以民主的组织,对于人民大众是很可宝贵的教育,使民众在组织的过程中学习着,使民众尽量贡献着集体知识和经验,使集体的智慧不断地累积着,集体的力量也不断地生长着、发挥着。各个人只有通过了民主的集体,才能把自己的最优秀的力量,自由发挥出来,来应付集体对他的要求。集体越扩大越民主,各人的力量越有自由发挥的机会,集体的知识与经验也随着扩大增加。② 然而严景耀指出:"这种教育,只有在民主政治之下,才可以得到。现行的文化统制政策与民主化的文化政策,是绝对不同的。前者是使人民思想倒退,后者是使思想前进;前者缺乏科学精神,后者提倡科学精神;前者不使学术研究发展,后者则推动学术思想的发展;前者对于讲学、写作学习均加束缚,后者鼓励自由讲学、写作与学习;前者使舆论萎靡不振,出版事业破产,人民对于政府的措施失去信心,以至感到绝望,而后者推动舆论,扶助出版事业,使人民对于自己政府的措施极力拥护。"③

最后严景耀指出:文化统制政策是把人民永远抛弃于文化圈外,造成愚昧黑暗的中国;而民主化的文化政策是要普遍提高人民的文化水准,使

---

① 严景耀:《论民主与教育》,《严景耀论文集》,开明出版社 1995 年版,第 343 页。

② 严景耀:《论民主与教育》,《严景耀论文集》,开明出版社 1995 年版,第 345 页。

③ 严景耀:《论民主与教育》,《严景耀论文集》,开明出版社 1995 年版,第 345 页。

人民能共同发挥力量,来积极参加建设富强康乐的新中国。① 当时的教育完全是在国民党的指导之下,没有了教育自由,排斥各派学说,将政治与教育混为一谈,更有甚者将学生当作了政治斗争的工具。相比较,"民主化的教育,主张教育自由,根本废止党化教育,不准党团把持学校,禁止豢养特务的政策,扫除反动的帮闲的专为专制政治做尾巴的教育,而使教育变为前进的,新生的,革命的,民主政治的先锋,而教育家的努力,也可借民主政治的力量而事半功倍。然后再进一步使教育普及化,而且与民间教育统一着配合着,使全国人民大众,都有享受正式教育的机会,使正式教育,作为提高全国人民大众文化水准的总枢纽。"②总之,严景耀总结认为,政治的自由,是人民生存的保障;经济的自由,是人民物质生活的凭借;文化教育的自由,是人民精神生活的源泉。只有给人民以充分自由,使人民与政府在实际生活上打成一片,才能造成真正统一的国家。这样,民主政治不独是民主化经济的前提,也是民主化教育的前提,同时民主化的教育也更能推进与发挥民主政治。

第九节　民主与民众组织

一、受压迫的根本原因

中国是当时世界人口最多的国家,但是为何却屡遭列强侵略,沦为半殖民地？在勉强取得抗战胜利后,仍然处于内战之中,出现这种现象的原因是什么？严景耀对这个问题给予了深入的解答。他认为,最为根本的问题在于人民没有组织起来,没有机会发挥力量,没有把四亿五千万人口的合力贡献给国家。"中国的人力一直被分散着,被虚耗着,被作践着,根本没有被充分地利用过。倘若能把四亿五千万人民的力量,集中起来变为国力,我们早已走上工业化现代化的大道。可惜我们的人力,受内战虚耗了,作践了,聪明才智的民众领袖们也由于种种原因不能起到作用。"③因此,严景耀提出,要使全国人力不致任意被分散、虚耗与作践,而能团结起来发挥

---

① 严景耀:《论民主与教育》,《严景耀论文集》,开明出版社 1995 年版,第 346 页。

② 严景耀:《论民主与民众组织》,《严景耀论文集》,开明出版社 1995 年版,第 346 页。

③ 严景耀:《论民主与民众组织》,《严景耀论文集》,开明出版社 1995 年版,第 348 页。

力量用在建国事业上,只有把全国民众组织起来,组织就是力量。

二、民众组织存在的合理性

严景耀讲道:"个人是没有力量的,只有集体才能发挥力量。"他指出,集体生活是消灭个人的自由的看法是很不恰当的。他强调说:恰好相反,集体生活恰是为自由提供了远大于没有集体生活的自由空间。因为,"在集体生活中,各人才能自由发挥力量,倘若社会上各人都不顾别人而各自努力,不与集体打成一片,不管他如何聪明,不管他如何努力,也不能有什么成绩的。因为社会没有一件事可以独自一人办理,即使是极小的事,也得通过或借助别人去办理,而别人也有他自己的计划,自己努力的方向,如果各人尽顾着自己,不从社会大处着目,那么各人的计划,互相阻碍着,互相冲突着,结果不得不互相取消了,弄得一事无成。"①由此看来,严景耀不仅道出了集体生活与自由关系的看法,而且也表明了合作的重要性。严景耀很明确地告诉我们,任何事情都可能涉及合作的问题,因此合作是我们做人做事必须懂得和运用的法宝。

严景耀特别指出,民众组织起来所形成的集体力量,已不是个人力量的总和,而往往起了质的变化,超过了个人力量的总和。为了说明这个问题,他举了农民合作经营的例子,认为苏联的农业集体化充分显示出民众组织起来后的集体力量,大于个人力量的总和,而且民众组织起来后的集体力量,大于个人力量的总和,不仅仅在经济生产上是这样的,而且在社会政治文化等工作中,也是一个道理。所以,民众组织的重要性便是不言自明的了。

三、民众组织的必要性

"中国一向不能善用人民的力量,来培养国力,就因为全国人民像一盘散沙,没有组织起来的缘故。"②严景耀在其文章中这样写道。他指出,以前中国所有的组织,只有家族与行会。这都是小集体,是封建农村社会产物,而现在我们应该建立一个中国的大集体。以前家族与行会的集体,是在长期生活中不自觉地形成的,然而现在民众组织的发展情形,则完全不同了。

---

① 严景耀:《论民主与民众组织》,《严景耀论文集》,开明出版社 1995 年版,第 348 页。

② 严景耀:《论民主与民众组织》,《严景耀论文集》,开明出版社 1995 年版,第 350 页。

严景耀解释道，我们的民族经历了从自在民族到自觉民族再到现在的自为民族的大转变，而这种转变是伴随着历史的变迁而逐渐过渡的。严景耀具体分析认为，近百年来，我们一直深受帝国主义的欺压，而这种被别人欺负且摆布的岁月逐渐给民众输入了民族觉醒的"营养"，促使他们由自在实现了自觉的思想的转变。然而，经过了艰苦卓绝的长期抗战，使自觉的民族，要进一步变成有组织的自为的民族。抗战抵御强敌，也要民众组织，胜利后，建立新中国更为艰巨，更需要民众组织。最后，严景耀呼吁，现在时机迫切，没有长时间，可以从容等待民众自然地形成组织，一定要迅速组织起来，迅速发挥力量，才能有济于事。

四、民众组织是民主政治的先决条件、民主政治的基础

民主不会从天而降，也从来不是他人赐予的，而是民众靠自己的力量争取来的。严景耀发出这样的呼声：只有老百姓自己有主张，自己有力量，才能把自己的主张交政府实行。但是人民要有力量，先得把自己组织起来。"一盘散沙"的民众，不能产生集体意志，更不能发挥集体力量。即使政府极力提倡民主，而民众毫不参加，充其量也不过是名义上的表面的假民主，绝不是人民大众自己作主的民主政治。① 所以严景耀断然得出这样的结论：民众组织是民主政治的先决条件，是民主政治的基础。

严景耀进一步指出："人民争取民主，必得同时把自己组织起来，而政府要实行真正的民主政治，一定要努力放手组织民众，发动民众运动。中国抗战虽已胜利，而人民解放事业，尚未完成，且相距很远。国内还有顽固分子与反动派，仍旧想把中国推入内战独裁分裂的黑暗深渊中去，以便混水摸鱼。"②中国人民要走上和平民主团结统一的大道就应该组织起来推翻国民党当局的统治。

五、民众组织的作用

其实从上文里我们可以明显地感受到严景耀对民主组织的重要性的认识，严景耀在接下来的行文中进一步对民众组织的作用进行了一个系统的总结。他认为，有民众力量构成的组织，在政治、经济和教育方面就表现

---

① 严景耀：《论民主与民众组织》，《严景耀论文集》，开明出版社 1995 年版，第 351 页。

② 严景耀：《论民主与民众组织》，《严景耀论文集》，开明出版社 1995 年版，第 352 页。

出个人难以比拟的力量。

第一,在政治方面,民众可以拿自己的主张,来澄清吏治,惩治贪污土豪劣绅,铲除汉奸特务,杜绝内战的危机。

第二,在经济方面,有了民众组织,就可发展群众运动,努力各方面的生产运动,肃清官僚资本,发展民族资本,减少失业,改善大众生活。

第三,在文化教育方面,就可用民众的力量,来消灭文化的统治,来普遍地提高人民大众的文化水准。

民众组织作用如此之大,这也是严景耀为何再三强调集体生活、民众组织、大集体等问题原因所在。同时,严景耀也看到,民众组织形成和发展的艰难之处,所以他明确指出要把全国民众组织成有力量的机构,并非一件容易的事情。但是严景耀注意到了中国人民,经过了长期抗战,在组织方面已有了不少的实践训练,并形成了只要政府人员与各党派领袖以及社会贤达能放手发动领导,则组织全国民众的工作便容易多了这样的看法。严景耀的这些观点即使在现在看来,无疑也是恰当的。

六、党派与民众组织的关系

严景耀批判了党派对民众组织的破坏:党政人员对于其他民众组织,有的采用包办制度,强奸民意,而人民则无发言余地,或者包而不办,根本不许人民组织。倘若人民自己有了组织,有的顽固分子就要想尽方法来破坏,或者以不合法为理由,而不许活动,或者用特务捣乱,或者从中阻挠,或者加以罪名,逮捕积极分子,或者自己另行组织。这种作风,绝不是领导民众组织,简直是破坏民众组织,希望民众永远组织不起来,永远不能发挥力量。① 严景耀提出了相应的对策,即唯一办法就是赶快加强自己组织力量,以民主的组织力量,肃清反动势力。

七、民众组织的领导者

事实上民众组织必然离不开得力的领袖来领导,然而严景耀认为,组织的领导人物必须是真正民众组织的领导者,应脚踏实地,从民众当前最迫切要求出发,耐心克服民众的各种疑虑与顾忌,应注意到如何可以改善他们的生活,满足他们切身需要,使他们理会到他们许多愿望,只有在组织

---

① 严景耀:《论民主与民众组织》,《严景耀论文集》,开明出版社 1995 年版,第 353 页。

中可达到满足,使他们生活渐渐由单调而变为丰富,使他们的态度由消极转为积极。[①] 但是,要将无组织经验的民众组织起来积极参加,一致努力,在严景耀看来的确不是一件容易的事。因此他提出,做民众工作的人,必须要深入民众,虚心地在民众中学习并且与民众打成一片,具体了解他们的问题,发挥他们的潜在力量,培养他们的积极分子,通过民主方式,成立和巩固民众自己的组织,用民众力量,来解决民众自己的问题,有计划有步骤地开展民众运动。[②] 民众是否积极发动起来,要看他们在解决自己问题的过程中,争取切身利益的过程中,是否已产生主人翁的自觉,是否相信自己组织的力量,是否产生大批积极分子和民众自己的领袖。

在严景耀看来,民众组织的领袖,一定要是经过民众们自己选拔出来的。因为这样的领袖,才能深入了解民众急切要求,而且可以最大化地执行民众的意志。所谓执行民众的意志,严景耀认为,并不是事无大小,都得先请民众讨论了付诸表决后,才去执行,而是执行民众所需要的总路线。能做到这一层,就是有民众基础的民主的领袖。

严景耀最后呼吁:建立民主自由富强的新中国,是全国人民的使命,决非一个协定几项诺言与几个党派领袖的会议斗争可达到的。在这少数顽固分子与反动派正在尽力挑拨离间,企图国家不能团结,内战继续发生的严峻关头,我们必须放手组织民众,提高民众政治警觉性,用更广大的更根深蒂固的全国人民力量,贯彻正在开展的民主政治。

---

① 严景耀:《论民主与民众组织》,《严景耀论文集》,开明出版社 1995 年版,第 354 页。
② 严景耀:《论民主与民众组织》,《严景耀论文集》,开明出版社 1995 年版,第 354 页。

第七章　投身新中国法学建设

第一节　重返教坛

1947 年,严景耀从上海回到母校燕京大学,回到了他魂牵梦萦的大学讲台,继续他的教学和学术活动。当时,严景耀担任了燕京大学政治系主任,后来还担任了该校法学院代理院长,并且兼任北京大学法学院法律学系教授,在学术领域里,他于 1951 年写下了《新中国怎样改造犯人》一文。

1952 年,恰逢全国高等学校院系调整,燕京大学主体并入北京大学,严景耀夫妇则随燕京大学社会学系一道来到筹建中的北京政法学院,并且夫妇二人受命参与筹建北京政法学院(现今的中国政法大学)。无论是学校硬件设施和内部学科专业设置,还是教师的选定,他们都倾注了很多的精力和心血。北京政法学院创建工作完成后,严景耀因其在学术界的影响力担任了该院校务委员会委员、国家法教研室主任,主要讲授"苏联国家法""资产阶级国家法""中华人民共和国宪法"和"世界概论"等课程。他本着为教育事业献身的精神,辛勤耕耘,为新中国培养了大批急需的政法类应用人才,为新中国法学的建设与发展以及法制的完善、推动建国初期国家的法治建设作出了不可磨灭的贡献。然而,1957 年反右运动开始后,新中国的法学建设急转直下,全国高等院校的法学专业被撤销,法学院系遭到调整,法学专业的教学和科研人员也纷纷被调到别的院系工作。严景耀也不得不暂停自己终生为之奋斗的法学事业。

新中国成立后,在做好自己本职工作的同时,严景耀积极参政议政。1954 年以来,严景耀连续当选第一、二、三届全国人大代表,参与了中华人民共和国初期国家机构制度,尤其是法律制度的建设工作。在这段时间里,严景耀在《政法研究》等杂志上还相继发表了《资产阶级宪法的虚构性与危机》《我国宪法中的国家机构》等文章,同时还参与了各国宪法的翻译工作,为新中国的法制建设和外交工作贡献了自己的力量。1957 年 5 月,严景耀以全国人大代表的身份,视察了上海提篮桥监狱和位于浦东高桥镇的上海少年犯管教所。他仔细观看了狱内的监舍、工场和有关设施,并同工作人员进行座谈。回到北京后,他很有感触地写下了颇有影响的《中国新监狱制度》一文,发表在当年的英文版《中国建设》上,对新中国监狱制度的建设提出了十分宝贵的意见。

1966 年,"文化大革命"浩劫开始,严景耀夫妻二人受到了极大的冲击,身心受到迫害。他们还被送到安徽等地去"劳动改造"。1973 年,严景耀被调任北京大学国际政治系教授,开始研究国际问题,在新的工作岗位上,他不仅对我国国际关系学科的发展给予了支持,而且为新中国外交事业发展起到了积极的推动作用。1976 年 1 月 12 日,严景耀因突发脑溢血,抢救无效不幸与世长辞,享年 71 岁。严景耀的夫人雷洁琼悲痛万分,把所有的伤心和追念写在了六首悼念严景耀的短诗里,其中有:"哭了总理又哭你,悲痛心碎哭无泪。'你讲,我懂'成永别,梦中相见两无言。""三十五载同甘苦,志同道合跟党走。无情血溢夺你命,留下单身失羊群。"

第二节　对资产阶级宪法的批判

中华人民共和国成立后,百废待兴,在国家的总章程上,急需一部宪法对国家生活的各个方面作出明确的规定。因此,宪政问题便成为严景耀十分关注的视点。作为一名杰出的法学和社会学学者,这种关注并不只停留在他的脑海里,他把思考付诸笔端,发表了好几篇宪政主题的论文,从而为促进新中国的宪政建设,提供了理论上的论证。

实际上,严景耀对于新中国的宪政问题的研究,是从对西方资产阶级宪法的比较研究开始的。他认识到了西方国家宪法的虚伪性,写下了《资

产阶级宪法的虚构性与危机》一文。该文围绕着如何清楚地认识资产阶级
宪法的虚构性,来构筑新中国自己的社会主义性质的宪法。

一、何为宪法

严景耀首先提出的问题就是什么是宪法。在他的宪政思想里我们不
难发现他的马克思主义宪法观:宪法为一国的基本大法,乃是阶级斗争的
一种形式,它是用来表现和巩固统治阶级的专政,表现巩固有利于统治阶
级的社会制度和国家制度的基础。由此,严景耀进一步指出,根据列宁对
宪法的本质的看法:一般国家的根本法以及有关选举代议机关的权限等方
面的法律,都是表现阶级斗争中实际力量的对比关系的。他认为,法的本
质就是反映阶级斗争中的阶级力量的实际对比关系,宪法是阶级斗争的总
和与结果,它是由取得胜利而掌握政权的阶级所制定的。因此,宪法的主
要使命是巩固统治阶级的社会秩序与国家秩序,它所表现的就是以统治阶
级的意志为内容的具体社会关系。这是严景耀对于宪法本质的认识,因此
宪法的性质与社会的根本性质是直接相关的。

二、资产阶级宪法的本质

严景耀指出,资产阶级宪法虽然在形式上五花八门,但从阶级本质上
来看,都表现了资产阶级专政的需求,也都是为了巩固资产阶级的统治,都
是剥削者国家的根本法。为了说明这个问题,严景耀进行了论证:在资本
主义奠定时期,产生了第一批资产阶级宪法或宪法性文件,如 1787 年的美
国宪法和 1789 年的法国《人权宣言》等。这些宪法或宪法性文件是资产阶
级革命的结果,是以特殊的法律形式,确定了资产阶级的胜利。它们反映
了资产阶级反对专制政体的革命斗争的胜利。当时资产阶级高唱自由主
义,大力宣扬资产阶级的民主和自由,维护民族的权利和独立,把民族的权
利和独立放在"高于一切"的地位上,从而在人民中间为它自己树立了威
望。从反对封建专制制度来说,当时的宪法是有进步性的。但是当资产阶
级确立了自己的阶级统治以后,这些民主、自由、民族独立的原则,都渐渐
变成了用来掩盖其对劳动人民实际压迫和残酷剥削的有名无实的公式了。
资产阶级革命虽使人民摆脱了封建制度和专制政体的枷锁,但同时又在人
民身上套上了新的枷锁——资产阶级民主制度的锁链。宪法正是这些新
枷锁统治法律的表现,宪法中本有的民主自由的条文与现实脱节,因此宪

法在这方面便是虚构的了。到了帝国主义时代,"建立在新的经济垄断资本主义之上的政治上层建筑……就是由民主制度向政治上的反动的转变。民主制是与自由竞争相适应的,政治上的反动是与垄断组织相适应的"。最后,严景耀总结指出,资产阶级的宪法因为政府更加反动,也就更暴露了它的虚构性与危机。①

三、资产阶级宪法的虚构性

严景耀认为,资产阶级及其代理人通过用煽惑人民的语言——"全民的"词句,模糊阶级本质,掩饰反动的反人民的制度。但是资产阶级宪法是少数剥削者国家的根本法的事实是不会改变的。资产阶级宪法难免有"挂羊头,卖狗肉"的味道在里面。严景耀从五个方面说明了资产阶级宪法的虚构性。

第一,保护私有制。严景耀指出,资产阶级宪法首要的虚构性,当然表现在保护有产者的私有制问题上面。严景耀以一些国家宪法的例子予以具体说明。例如,美国资产阶级把美国宪法伪装成"代表全体人民的"宪法,并在宪法中规定它的目的是"增进全民之福利,并谋今后国家永久享自由之幸福"。但是美国宪法修正案第四条规定个人财产"为不可侵犯之权",这说明宪法只是保护少数有财产的资本家的工具罢了。它是保护剥削者的,绝不是增进全民福利的真正意义上的宪法。又如,法国1789年《人权宣言》就承认个人所有权是自然的不可剥夺的权利,即所谓"不可侵犯的和神圣的权利"。第一次世界大战以后,差不多所有资本主义社会宪法都规定"财产由宪法来保障"。如当时波兰资产阶级宪法认为"一切财产是社会制度及法律秩序的最重要基础之一"。罗马尼亚资产阶级宪法上说"各种财产应受保障"。列宁曾经说过:"所有过去的宪法,直至最共和化的、最民主化的宪法,其精神与基本内容归根到底都是一个私有制。"斯大林说明资产阶级宪法特点时也曾指出:构成这些宪法主要基础的是资本主义的原则,是资本主义的基本柱石:对于土地、森林、工厂以及其他生产资料和生产资料的私有制,人对人的剥削……各资本主义国家的宪法反映着这些柱石,用立法手续把这些柱石固定起来。

---

①　严景耀:《资产阶级宪法的虚构性与危机》,《严景耀论文集》,开明出版社1995年版,第356—357页。

　　第二，代表资产阶级利益。严景耀认为，资产阶级宪法的虚构性的第二个表现就在于宪法的利益代表性问题上。宪法的条文常常说是代表全体人民利益的，而实际上是只代表资产阶级利益的。严景耀用一些具体的数据来对这个问题展开了论证。例如美国宪法在 1787 年通过的时候，参加费城会议的成员全是有产者，包括土地投机家、高利贷者、商人、种植园主和奴隶主等，没有一个农民、手工业者或者工人的代表。美国国会参众两院的议员，一直几乎全部是大财阀的代表，只有极少数人反映了一些中小资产阶级利益的。例如美国 1948 年国会议员的成分：参议院有六十六个律师，十六个资本家，九个农业资本家，其他五人也不是劳动人民的代表。绝大多数律师在美国，是靠替大公司做法律顾问吃饭的，是资本家的智囊人物。这样，参议院九十六个议员中，九十一个是资本家的代表。众议院有二百三十五个律师，八十一个工商业资本家，三十七个农业资本家，二十一个新闻记者，二十个教育工作者，四十一个其他人物。资本主义社会的新闻记者和教育工作者，绝大多数都是为资本家服务的，"其他人物"也同样不完全是人民的代表。所以四百二十五个众议院议员中，至少有四百个是大资本家的代表。可是大资本家占不到国内全部人口的百分之一。而占全部人口百分之七十的工农无产阶级则只有区区一两个代表，而且有时一个代表也没有。[①] 正如斯大林指出，资产阶级宪法是一致依据这样的前提——社会是由彼此对抗阶级，即占有财富的阶级和没有财富的阶级所组成，无论由哪一个党来执政，对于社会的国家领导权（专政），总应当属于资产阶级。宪法之所以需要，是为了把对于有产阶级有利的社会秩序固定起来。

　　第三，民族、种族问题。在宪法的文本上，严景耀指出，民族种族应是完全平等的，但实际情形是完全不平等的。例如《美国宪法修正案》第十五条说："合众国或其任何一州，对于合众国国民之投票权，不得因种族皮色，或以前曾为奴隶之关系，拒绝或剥夺之。"这看起来似乎是非常庄严的问题，但实际上文本的规定与宪法的实施大相径庭。严景耀以美国黑人选举为例说明：有许多州的黑人是不能完全自由参加选举的，因为在这些州内规定选民一定要会读、讲与写英文，有的州规定"准确了解宪法"及其他的

---

　　① 严景耀：《资产阶级宪法的虚构性与危机》，《严景耀论文集》，开明出版社 1995 年版，第 358—359 页。

限制,结果绝大多数黑人的选举权被剥夺了。美国有一千四百万黑人,而能参加选举的不过十万人。黑人占美国人口十分之一,按人口公平比例,美国国会应该有至少五十个黑人代表,但是实际上只有两个。然而我们新中国在民族问题上的规定就大不相同了,严景耀指出,国内的各少数民族占全国人口十四分之一,而我们这次选举全国人民代表大会的代表,规定少数民族的代表名额将占全体代表总数的七分之一。两相对比,更可以充分说明在美国是没有民族种族平等的,毋庸提及殖民地与附属国的人民了。严景耀感叹道:殖民地与附属国的人民是根本没有选举权的。如法国殖民地有六千万殖民地人民,他们的选举权是全部被剥夺的。在英国殖民地本地人民也是如此。斯大林也曾指出,资产阶级宪法是一致依据于下述的前提:各个民族种族彼此不能平等;有享受完备权利的民族,也有一种无完备权利的民族;除此而外,还有第二种民族或种族,例如在殖民地方面,他们所有的权利要比那些无完备权利的民族更少。这就是说,所有这些宪法基本上是民族主义的宪法,即占统治地位民族的宪法。

第四,民主权利问题。一般而言,宪法规定了公民的权利,但是实际上人民是无法享受的。严景耀以美国的"普选"为例:我们中国举行第一次普选的时候,有百分之九十左右的选民参加投票,而美国普选开始的几年中竟有百分之九十以上的选民没有参加投票。就是直到现在,美国每一次选举,能够有百分之五十的有选举权的人投票,就是较好的了。1946年的选举,只有百分之三十八选民投票;1948年的选举,才有百分之五十选民投票。其实,资本主义国家整个选举运动是建立在伪造、暴力、政治歧视与种族歧视之上的。①

第五,对纸面权利的保障问题。严景耀认为,资产阶级宪法的虚构性最后表现在纸面上规定的权利,而对实现这些权利的物质的和实际的保障却毫不注意。"资产阶级在宪法上畅谈公民平等,可是他们忘记了,如果资本家和地主在社会上占有财富和政治威权,而工人和农民却没有财富和政治威权,如果资本家和地主是剥削者,而工人和农民则是被剥削者,那么厂主与工人间,地主与农民间,就不能有真正的平等。又如:他们畅谈言论自由、集会自由、出版自由,可是他们忘记了,如果工人阶级不能拥有适当的

---

① 严景耀:《资产阶级宪法的虚构性与危机》,《严景耀论文集》,开明出版社1995年版,第359—360页。

会场、良好的印厂、充分的印刷纸张等,那么这些权利对于工人阶级来说就会变成空话。"列宁也曾对资产阶级宪法的虚构性作出了批判:试看现代国家的基本法律,试看这些国家的管理体制,试看集会自由或出版自由,试看公民在法律上的平等——那你处处都能看见每个诚实而有觉悟的工人所熟知的资产阶级民主制的虚伪性。[1]

严景耀强烈呼吁,我们要指出资产阶级宪法的虚构性,要揭露资产阶级宪法的阶级本质。资产阶级宪法要用"全民民主"的幌子来欺骗人民,来掩蔽资产阶级的阶级统治和人对人的剥削。我们揭露它的虚构性,来说明资产阶级是为了自己的利益而制定宪法的,用宪法来保护自己的利益,来体现自己作为统治阶级的意志,来巩固资产阶级专政,来压迫与剥削全体劳动人民。

四、现代资产阶级宪法的危机

严景耀认为,资产阶级宪法同整个资本主义体系一样,同样逃脱不了遭遇危机的命运,而这种危机是由现代资本主义基本经济法则作用所造成的。严景耀解释道:"垄断资本家用剥削本国大多数居民并使他们破产和贫困的办法,用奴役和不断掠夺其他国家人民,特别是落后国家人民的办法,以及用旨在保证最高利润的战争和国民经济军事化的办法,来保证最大限度的资本主义利润。为了要达到这个目的,资产阶级反动政府在国内对于无产阶级及其政党和对于和平民主的拥护者,在政治上极力加以镇压,实行用公开的恐怖手段来保持自己的专政。因为反动的资产阶级在资本主义总危机深刻化的条件之下,已不能用国会制定的资产阶级民主制的旧方法来实行统治,所以不得不破坏宪法的资产阶级民主原则,使宪法失去作为国家根本法的意义,使议会制度陷于崩溃,它的立法作用日益降低,使立法活动在实际上日益集中到政府的手中,用暴力行为来确立法西斯专政。而资产阶级宪法的危机又是资本主义总危机进一步加深,是资本主义制度各种矛盾进一步尖锐化,以及帝国主义阵营日益削弱的明证。"[2]

严景耀进一步指出,资产阶级宪法危机的表现,代表着现代资本主义

---

[1]　严景耀:《资产阶级宪法的虚构性与危机》,《严景耀论文集》,开明出版社1995年版,第361页。

[2]　严景耀:《资产阶级宪法的虚构性与危机》,《严景耀论文集》,开明出版社1995年版,第362页。

国家的民主自由已经不存在了,连一点自由主义的影子也没有了。只有资本家才被承认有个人权利,而所有其他公民则被当作只适于供剥削的人的原料。反动统治阶级不断地取消劳动者最起码的权利和自由,不断地对工人阶级和劳动群众发动进攻,镇压民主进步力量。严景耀还用美国政府在第二次世界大战以后,制定的一系列限制美国人民的公民权利和自由的法律规定来说明这个问题。

然而资产阶级宪法的危机另一方面的表现,严景耀认为,是资本主义国家统治阶级出卖国家主权。严景耀从两个方面说明了这个问题:第一,在第二次世界大战期内与大战以后,美帝国主义借此机会要独霸世界,于是就在欧洲资本主义国家内及殖民地与附属国,甚至在它的同盟国内,陆续要求建立军事根据地,同时也就建立了治外法权,侵犯了各国的主权。例如,在那里美军建立了自己的行政、自己的司法与自己的警察,来管理自己军民的案件以及当地居民与美军有关的案件,当地政府就不得过问。美军在基地上有全权控制,不受当地任何法律限制并免除一切税收。美军车辆不用当地车辆执照,可以在各处自由行驶,并且不受当地交通规则的限制。美军有权设立独立的电话系统,当地政府不得干涉。第二,现在美帝国主义在欧洲领导着组织侵略集团感到各资本主义国家的独立主权与美国侵略计划发生了矛盾,因此要求各国修改宪法,把国家主权交由美国所领导的集团处理,许多欧洲资本主义国家的反动统治阶级在美帝国主义者的压力之下,正在背叛自己的民族利益为着出卖国家主权而修改宪法。这就是说美帝国主义领导的欧洲侵略集团就可代替它来决定参加战争与否的问题。正如斯大林指出:从前,资产阶级被当作民族的领袖,它维护民族的权利和独立,把民族的权利和独立看得"高于一切"。现在,连"民族原则"的影子也没有了。现在,资产阶级以出卖民族的权利和独立来换取美元,民族独立和民族主权旗帜已经被抛弃了。①

严景耀把资产阶级宪法经历着深刻危机,总的概括为:资产阶级宪法虚构性与反动性,资产阶级国家的政治制度的法西斯化。由此看来,资产阶级民主自由、民族独立和民族主权的旗帜,已经被资产阶级抛弃了。但是严景耀坚信,资本主义各国人民,在共产党与民主政党领导之下,正日益

---

① 严景耀:《资产阶级宪法的虚构性与危机》,《严景耀论文集》,开明出版社 1995 年版,第364—365 页。

坚决奋起捍卫资产阶级宪法所曾记载的各项民主自由权利、民族独立和民族主权。资本主义国家反动统治与法西斯血腥恐怖是绝对吓不倒劳动人民的。这些劳动人民在自己国内进行着英勇的斗争，席卷了所有资本主义国家的罢工运动正是一个胜利的前兆。

各资本主义国家的人民，在本国的共产党和民主政党领导之下，除了罢工斗争以外，还进行着争取民主自由、和平的斗争，因为只有和平才能谈得到民主自由。严景耀指出，在和平运动中，人民表现了自己的力量，使反动统治不敢毫无顾忌地发动战争。例如法国政府听从美国指挥，企图不顾一切地侵略越南。由于人民的和平力量日益强大，结果，最近在议会中通过了不信任案，使好战政府不得不垮台。又如，意大利人民的民主运动，也有了很大的成绩。意大利反动统治的选举"改革"法，满心以为可以剥夺人民的权利，但是选举的结果，人民获得了伟大胜利，使美国与意大利两个反动政府惊慌失措。甚至反动势力最凶恶的美国，也压不住人民的反抗。例如纽约人民为反对麦卡锡举行了缺席公审法西斯分子麦卡锡大会。人民控诉麦卡锡阴谋伤害压迫和恫吓美国公民，使他们不能自由行使和享受美国宪法和法律所赋予他们的权利。扩大会判定麦卡锡犯有侮辱和恐吓美国公民，剥夺他们合法的宪法权利罪。同时，殖民地解放战争的胜利，也使帝国主义受到沉重的打击。战后资本主义国家强大的罢工运动，是与民主运动及和平运动结合在一起的。经济要求的斗争，与争取民主自由、争取民族独立、争取和平与反对新的世界战争挑拨者的斗争是密不可分的。

苏联共产主义建设的成就，中国以及各人民民主国家社会主义建设的成就，对资本主义各国劳动人民争取自身权利的斗争产生巨大的影响，巩固了他们对本身力量的信心，鼓舞着他们去为和平、民主与社会主义而斗争。最后，严景耀指出，我们新中国的社会主义类型的宪法，乃是伟大人民革命胜利的旗帜，乃是和平民主与民族主权的旗帜。

第三节　新中国宪法中的国家机构

《我国宪法中的国家机构》一文写于1954年新中国第一部宪法颁布后不久，严景耀通过这篇文章，阐述了新中国国家机构的人民民主性质，其根本组织为人民代表大会制度，探讨了这一根本政治制度的运行机制，同时表达了他对我国国家机构设置的合理性和优越性的看法。该文的特点即严景耀从一名学者的角度,为刚刚颁布实施的宪法作了深入解读和广泛宣传。

一、国家机构的性质

严景耀在《我国宪法中的国家机构》一文中,开门见山地指出了我国国家机构的性质,认为我国宪法中的国家机构,就是人民民主的国家机构,它是为生产服务的,它是取决于生产关系的。他还用列宁的看法进一步对这个问题展开了论述,"任何民主制,也和一般任何政治上层建筑一样(这是在没有消灭阶级、没有建立无阶级社会的时候所不可避免的),归根到底,是为生产服务的,归根到底取决于该社会的生产关系"。严景耀继续讲到,民主的性质,是由社会上占统治地位的生产关系来决定的。在社会主义社会中生产关系是以生产资料公有制为基础的,它消灭了人对人的剥削。社会主义生产关系是使民主得以全面发展的经济基础,而这种民主是新型的高级形式的民主。在我们人民民主国家中,生产资料的公有制不断扩大,人剥削人的现象不断减少,因此民主的范围也不断扩大,民主有了真正人民的和普遍的性质。①

我国宪法中的国家机构,是我们的国家政权的组织形式,是由国家政权的性质决定的。严景耀指出,我们的国家机构,是人民民主政权最适宜的组织形式,因为它体现了我们的以工人阶级为领导的工农联盟为基础的人民民主专政的国家政权性质。他用当时的基层普选的结果来说明:"在所有城市与工矿地区,工人阶级在人民代表大会中占了最大的比重,有的占百分之五十以上。在乡村选举农民代表时,有许多共产党员的干部与劳动模范被选为代表,他们是属于工人阶级的先进部队的,但又是农民的代表。"②严景耀也谈到,国家机构的性质也体现了我们的人民民主政权的国家机构,是以建设社会主义为目的的,所以是属于社会主义类型的。他引用了列宁关于社会主义的论断,苏维埃俄国是社会主义的,并不是因为它内部已经实现了社会主义,因为,当时这还是一个将来的任务;说它是社会主义的,是因为苏俄人民已经走上了这条道路,表现了实行过渡到社会主

① 严景耀:《资产阶级宪法的虚构性与危机》,《严景耀论文集》,开明出版社 1995 年版,第368 页。

② 严景耀:《我国宪法中的国家机构》,《严景耀论文集》,开明出版社 1995 年版,第369 页。

义的决心。在严景耀看来,这同样适用于新中国。①

二、我国人民代表大会制是全部国家机构的根本组织

严景耀根据《宪法》第二条第一款"中华人民共和国的一切权力属于人民。人民行使权力的机关是全国人民代表大会和地方各级人民代表大会",指出:社会主义类型的国家有一个普遍的原则,那就是国家的一切权力属于人民,人民通过自己的国家权力机关行使自己的权力。严景耀认为,我们国家的一切权力属于人民,他从以下两个方面来对这个问题予以说明。

第一,人民代表大会是由人民选举产生的,所以人民代表大会的权力,是直接来自人民的。《宪法》第八十六条规定:"中华人民共和国年满十八岁的公民,不分民族、种族、性别、职业、社会出身、宗教信仰、教育程度、财产状况、居住期限,都有选举权与被选举权。但是有精神病的人和依照法律被剥夺选举权和被选举权的人除外。"据此,即除了极少数有精神病的人和依照法律被剥夺选举权利的人,我国年满十八岁的公民都可以参加选举,而且选民的选举权利绝对受到保障,不准有任何压迫或威胁。由此,我们感受到我国公民选举权的普遍性和广泛性。

第二,选民有权按照法律规定的程序随时撤换自己选出的代表。严景耀根据《宪法》第三十八条和六十一条的规定认为,人民代表大会代表受原选举单位和选民的监督,原选举单位和选民有权按照法律规定的程序随时撤换自己选出的代表。他认为,人民代表是人民的勤务员。这一点,严景耀的看法是完全符合民主政治本意的。

严景耀进一步强调,我国人民代表大会是国家权力机关。全部国家权力都集中在人民代表大会手中。而人民代表大会的权力有如下表现:

第一,制定法律。严景耀指出,我们的法律是表现以工人阶级为首的劳动人民的意志的,且是国家实现基本职能的强大杠杆。它在管理国家的事务上,在实现我们国家机关的经济组织工作和文化教育工作的职能中,起着积极作用。同时法律是我国一切行政机关、一切人民法院与人民检察院执行职务的根据。而"全国人民代表大会是行使国家立法权的唯一机关"。

---

① 严景耀:《我国宪法中的国家机构》,《严景耀论文集》,开明出版社1995年版,第369页。

第二,产生国家主要的基本的机关。全国人民代表大会选举中华人民共和国主席、副主席,决定国务院总理人选、国务院组成人员的人选以及国防委员会主席和委员的人选,选举最高人民法院院长以及最高人民检察院检察长,并且有权罢免他们。

第三,决定国家生活中的重大事件。如决定国民经济计划,审查和批准国家的预算和决算,决定大赦,决定战争和和平的问题,以及"全国人民代表大会认为应当由它行使的其他职权"。严景耀认为,全国人民代表大会的权力在所有的国家机关中是最大的,因为它是代表掌握着一切人民权力的,所以才有这样大的权力;而它的权力是在最广泛的群众基础上集中起来的,所以它是最有威信的。严景耀对于人民代表大会权力的说法是符合实际的。严景耀进一步指出:全国人民代表大会既是议事的机关,也是工作的机关。它是立法机关,同时又是行政机关。它把国家的立法权和行政权统一起来,实现国家权力的高度集中。这一点在现在看来是有出入的,根据我国现行《宪法》规定,人民代表大会制度实行议行分开的模式,全国人民代表大会拥有最高立法权,国家最高行政权由国务院行使。

第四,由于全国人民代表大会每年只举行一次,而有些职权必须经常行使,全国人民代表大会就设立了常务委员会,这是全国人民代表大会的常设机关。严景耀把它的职权分为两类:第一,经常行使的职权。如解释法律,制定法令,监督国务院、最高人民法院和最高人民检察院的工作,决定国务院副总理、各部部长等个别任免,任免最高人民法院副院长与最高人民检察院副检察长,决定条约的批准与废除等。第二,紧急行使的职权。如在一定条件下决定战争状态的宣布,决定全国总动员或者局部动员,决定全国或者部分地区的戒严等。此外还有其他在宪法所规定的与全国人民代表大会所授予的职权。但是全国人民代表大会常务委员会对全国人民代表大会负责并报告工作,而全国人民代表大会有权罢免全国人民代表大会常务委员会的组成人员。

严景耀指出,中华人民共和国国家主席由全国人民代表大会选举产生,其职权主要有以下五个方面:一是公布法律和法令;二是任免重要官吏;三是接受外国使节,派遣和召回驻外全权代表,批准同外国缔结的条约;四是发布大赦令和特赦令;五是统率全国武装力量。除了以上五项职权外,在必要的时候,主席可召开最高国务会议,对于国家重大事务的意见,由主席提交全国人民代表大会、全国人民代表大会常务委员会、国务院或者其他有关部门讨论并作出决定。中华人民共和国主席的职权,都要根据全国人民代表大会或全国人民代表大会常务委员会的决定来行使。因此,当时我们国家的元首是集体的国家元首。

关于地方各级人民代表大会的职权。严景耀根据 1954 年《宪法》的规定对地方各级人民代表大会的职权作了一个梳理:在本行政区域内,保证法律、法令的遵守和执行,规定地方的经济、文化和公共事业建设,审查和批准地方的预算和决算,保护公共财产,维护公共秩序,保障公民权利,保障少数民族的平等权利,选举并有权罢免本级人民委员会的组成人员与本级人民法院院长。

严景耀指出,地方人民代表大会拥有自己的各种机关,在事实上参与国家的一切职能的实行,这便加强了它的权力的真正现实性。民族自治地方的自治机关的形式可以依照实行区域自治的民族大多数人民的意愿规定的。它除了行使《宪法》规定的地方国家机关的职权以外,可以依照宪法和法律规定的权限行使自治权。这些自治权限表现在:依照法律规定的权限管理本地方的财政;依照国家的军事制度组织本地方的公安部队;依照当地民族的政治、经济和文化的特点,制定自治条例和单行条例,报请全国人民代表大会常务委员会批准。这些规定,保证我国各民族更加团结,形成统一的不可摧毁的力量。

关于全国人民代表大会与地方各级人民代表大会的关系,县级以上的人民代表大会有权改变或者撤销下一级人民代表大会的不适当的决议和命令,全国人民代表大会常务委员会有权改变或者撤销省、自治区、直辖市国家权力机关的不适当的决议。严景耀认为,这样就保证了全国与地方各级人民代表大会的利益一致。人民代表大会的伟大作用在于吸引全国广大人民积极地参加国家管理工作,因为它是工人阶级领导的最广泛的群众组织。

三、人民代表大会产生其他国家机构并有权罢免它们的负责人员

严景耀指出,宪法草案规定了所有一切其他国家机构,都由人民代表大会产生。同时人民代表大会有权罢免它们的负责人员与组成人员。严景耀主要从行政机关、人民法院和人民检察院来说明。

第一,国家行政机关。全国人民代表大会所制定的法律、法令和所决定的国民经济计划、国家建设总方针,是全国一切国家机关所必须严格遵

守和执行的。在中央,就由国务院来执行。中华人民共和国国务院,即中央人民政府,是最高国家权力机关的执行机关,是最高国家行政机关。国务院总理及其他组成人员的人选,都由全国人民代表大会决定。国务院执行国家的内政、外交、财政、经济、文化教育各方面的事情。它对全国人民代表大会负责并报告工作。在全国人民代表大会闭会期间,对全国人民代表大会常务委员会负责并报告工作。全国人民代表大会代表有权向国务院或者国务院各部、各委员会提出质问,受质问的机关必须负责答复。在地方,就由各地人民委员会按照法律规定的权限管理本行政区域的行政工作。地方各级人民委员会,即地方各级人民政府,是由地方各级人民代表大会选举出来的执行机关,都是地方国家行政机关。地方各级人民代表大会有权改变或者撤销本级人民委员会的不适当的决议和命令。地方各级人民委员会要受双重领导。它对本级人民代表大会和上级国家行政机关负责并报告工作。同时,全国地方各级人民委员会都是国务院统一领导下的国家行政机关,都服从国务院。我们宪法规定统一领导,是因为要集中全国的力量,使全国在中央领导下形成坚强的统一,可以把我国建设和改造成为伟大的社会主义国家。但是中央集中领导是建立在地方经验上的。宪法适当地规定了地方各级人民委员会的职权,并特别规定了民族自治地方的自治机关的职权,照顾当地民族的政治、经济和文化的特点。这些规定就保证了地方在执行国家任务和计划时能够因地制宜地发挥主动性和首创精神,同时也保证了全国的统一性。

第二,人民法院和人民检察院。严景耀指出,人民法院和人民检察院的巨大作用,是保护人民民主革命的胜利成果和革命的法律秩序,镇压反革命活动,巩固人民民主制度,保卫社会主义建设,以及保证人民的合法权利。人民法院独立进行审判,只服从法律。这说明国家行政机关和国家工作人员不得以行政权力干涉审判,使人民法院在审理诉讼案件时,只有以反映劳动人民意志的法律为依据,这也就是说明人民法院是执行着广大人民的意志。

我国的最高人民检察院检察长是由全国人民代表大会选举的。最高人民检察院的任务是对于国务院所属各部门、地方各级国家机关、国家机关工作人员和公民是否遵守法律,行使检察权。为了顺利执行所负的任务,地方各级人民检察院独立行使职权,不受地方国家机关的干涉。地方各级人民检察院在上级检察院的领导下,并且一律在最高人民检察院的领导下进行工作。而最高人民检察院对全国人民代表大会负责并报告工作；在全国人民代表大会闭会期间，对全国人民代表大会常务委员会负责并报告工作。总之，我国宪法草案所规定的国家机构，反映着我国广大人民政治上的统一。

严景耀说，全部国家机构好像是一整套机器，人民代表大会可以比作发动机，我国人民通过全国人民代表大会和地方各级人民代表大会实现其统治权力，来推动和运用全套的国家机器，来管理国家。为了保证一切国家机关和一切国家机关工作人员的确能做好人民的勤务员，《宪法》规定"一切国家机关必须依靠人民群众，经常保持同群众的密切联系，倾听群众的意见，接受群众的监督"，"一切国家机关工作人员必须效忠人民民主制度，服从宪法和法律，努力为人民服务"。同时，《宪法》还规定"中华人民共和国公民对于任何违法失职的国家机关工作人员，有向各级国家机关提出书面控诉或者口头控诉的权利"。

最后，全国人民代表大会有权罢免中华人民共和国主席、副主席，国务院总理、副总理，各部部长，各委员会主任、秘书长，国防委员会副主席和委员，最高人民法院院长与最高人民检察院检察长。地方各级人民代表大会有权罢免本级人民委员会的组成人员与本级人民法院院长。而人民代表大会的代表则服从选民和选举单位的意志，否则就可按照法律规定的程序随时被撤换。

四、我国国家机构的优越性

1954 年《宪法》第二条第二款规定："全国人民代表大会、地方各级人民代表大会和其他国家机关，一律实行民主集中制。"据此，严景耀指出，我们的国家机构具有无比的优越性和强大的生命力。因为以人民代表大会为基础的国家机构，贯彻着一切权力属于人民的原则，也就是体现了民主集中制的原则。在《宪法》中，民主集中制原则得到了最大化的体现。严景耀把它总结为如下三点：

第一，我国国家权力机关是由人民选举产生的，并受选民或选举单位的监督，选民或选举单位依照法律有权随时撤换自己的代表。严景耀指出，资产阶级国家的一切权力是属于少数资本家的，这和我们是不一样的。

第二，我国国家行政机关和人民法院及人民检察院都是由国家权力机关产生的，向国家权力机关负责和报告工作并接受国家权力机关的监督；

严景耀同时也对资产阶级国家的"三权分立""互相平衡和制约"制度提出了批评。严景耀指出,表面上看来,在资本主义国家的三权分立制度下谁也不能独断独行,实际上立法权与行政权的分立使行政高于一切,实行极少数人的官僚统治,使国会成了装饰门面的附属品。国会通过的法律和决议,行政方面可以用各种方法来否决,使国会变成没有权力的"清谈馆"了。

第三,中央的统一与地方的积极性创造性相结合,下级服从上级、地方服从中央的原则。严景耀指出,这样就能保证全体人民在政治上的统一,集中力量,为建设社会主义发挥巨大作用。

严景耀特别强调,资产阶级国家管理原则的官僚集中制与我国的民主集中制是根本不同的。因为官僚主义集中制的特点,是在国家管理严格集中的前提下,去压制劳动人民的积极性,轻视地方主动性和首创精神;议会机关、国家行政机关以及法院与检察机关,都与人民群众脱离,都变为剥削与压迫人民的工具。而我们实行的民主集中制,在民主方面,使我们的国家机关能够有最广泛的群众基础,这样就最便利于广大人民群众参加国家的管理和建设事业,最便利于发挥人民群众的智慧和创造能力。在集中方面,使我们的国家机关在最广泛的群众基础上,有最高的威信,最大的号召力量和组织力量,来发挥全体人民的革命意志,集中领导,排除万难,向社会主义前进。严景耀的这一观点与孟德斯鸠关于法与政体的一段论述是相契合的。孟德斯鸠在《论法的精神》一书中写道:"法律应该同已建立或将要建立的政体的性质和原则有关系;不论这些法律是组成政体的政治法规,或是维持政体的民事法规。"①正是基于这样的认识和理解,严景耀从作为新中国最主要的政治法即宪法中,解读出了其社会主义的国家性质及其优越性。

第四节　选举权与被选举权

选举权是公民依法享有的选举国家代表机关代表或某些国家机关领导人的权利,是公民的基本政治权利之一,内容包括选民对候选人的了解权、对选举事务的监督权、对候选人的自由选举权、对违法行为提出选举诉

---

① ［法］孟德斯鸠:《论法的精神》上册,张雁深译,商务印书馆1961年版,第6—7页。

讼权等。孟德斯鸠说:"只有通过选举,人民才能当君主,因为选举表现了人民的意志。"①因此,选举权问题是宪政建设的最核心的问题之一,最能体现人民民主专政的国家性质。在《什么人有选举权与被选举权》一文中,严景耀认为,我们的选举权在目前情势之下是最普遍最平等的,因为我们的选举法是合乎我国现在的历史条件和实际情况来制定的,是真正民主的选举制度。为了说明民众选举权的普遍性,他以当时的《选举法》第四条展开了什么人具有选举权与被选举权问题的讨论。

一、选举权的普遍性、平等性

《选举法》规定凡年满 18 周岁之中华人民共和国公民,不分民族和种族、性别、职业、社会出身、宗教信仰、教育程度、财产状况和居住期限,均有选举权和被选举权;妇女有与男子同等的选举权与被选举权。此外对于少数民族、武装部队与国外华侨,都明确规定他们的选举权与被选举权,并保证他们代表的名额。严景耀指出,我们的选举制度的普遍性与资本主义国家虚伪的、欺骗的选举制度是根本不同的。因为我们废除了在资本主义国家选举中所有的各种限制与歧视。

二、青年公民的选举权

我国宪法为什么赋予青年,也就是 18 岁的公民选举权与被选举权的原因,严景耀作了较为独到的解释。他认为,年轻人富于革命朝气,因为全国 3 年多来涌现出来的成千成万的战斗英雄与劳动模范,大多数是青年。他们又勇于批评自我,勇于揭发坏人坏事,在土改、镇反、三反五反运动中涌现出来的大批积极分子,又大多数是青年。他们是我们的将来,是我们的希望。我们的选举权一定要普遍到我们的优秀青年们。②

三、妇女的选举权

严景耀指出,妇女在新中国是一个伟大的力量,因为她们不仅占据我国人口的一半,而且首先在于 3 年多来在各种岗位上已涌现出许多能干的优秀干部,担任起领导职务了。同时,中央选举委员会关于基层选举工作

---

① 　[法]孟德斯鸠:《论法的精神》上册,张雁深译,商务印书馆 1961 年版,第 8 页。
② 　严景耀:《什么人有选举权和被选举权?》,《严景耀论文集》,开明出版社 1995 年版,第 382 页。

的指示,规定基层单位的选举委员会"要有妇女参加",借以保证妇女在选举运动中,能起着应有的作用。①

四、武装部队、海外华侨的选举权

严景耀指出,在资本主义国家与在旧中国反动统治之下,武装部队的选举权与被选举权是一直被剥夺的,表面的"理由"是"军人不问政治",严景耀一句道破:"其实是怕控制不住。"严景耀解释道,我们新中国的人民武装部队,是和平安全与国家建设的保卫者,因此,他们应该具有选举权与被选举权,而且要有法律的规定,并在各级人民代表大会中保证他们的名额。

严景耀进一步讲到,选举权利还应扩充到海外华侨,"因为他们虽然侨居国外,但他们绝大多数都是勤劳勇敢的,热爱祖国,拥护我们人民民主专政的国家制度,关怀着新中国的发展,对祖国有很多贡献"②。

五、限制部分人的选举权

严景耀指出:"虽然在目前情况下,我们对于一小部分的依法尚未改变成分的地主阶级分子,与依法被剥夺政治权利的反革命分子,还是不得不限制他们的选举权利;否则就是敌我不分,无法发扬民主了。"③由此,可以看出这些尚未改变成分的地主阶级分子和依法被剥夺政治权利的反革命分子,其选举权是受限的,但是,这只是暂时或者权宜之计,严景耀指出:"等他们改造以后,经过法定手续,即可改变成分,恢复公民权利。"④除了上述的这些人的选举权受限外,严景耀也指出了依法被剥夺政治权利者和精神病患者,也没有选举权利,但间歇性精神病患者,是有选举权与被选举权的。严景耀的这种看法,用现在的选举权理论来说似乎并不恰当,特别是精神病人的选举权利,一般而言,精神病人是有选举权利的,但是因为精神病人自身的因素使其不能行使选举权,因此,精神病人的权利就受到了限制。

---

① 严景耀:《什么人有选举权和被选举权?》,《严景耀论文集》,开明出版社1995年版,第382—383页。

② 严景耀:《什么人有选举权和被选举权?》,《严景耀论文集》,开明出版社1995年版,第383页。

③ 严景耀:《什么人有选举权和被选举权?》,《严景耀论文集》,开明出版社1995年版,第383页。

④ 严景耀:《什么人有选举权和被选举权?》,《严景耀论文集》,开明出版社1995年版,第383页。

六、选举权的保障

严景耀强调指出,普遍的选举权利不仅仅是法律文本上的"白纸黑字",选举权利的落实与实现还是需要各种办法或者制度来予以保障的。"例如基层单位进行选举时,一定要有大批干部进行宣传解释工作,并协助选举技术工作。同时规定在农村选举必须结合生产,保证不违农时,城市厂矿、机关、学校的选举活动,亦应注意讲求便利选民的方法,以期不误生产、工作和学习。划分选举区,须照顾路程的远近。这样,使人民参加选举得到种种方便。"①同时,《选举法》上还明确规定一切选举经费,由国库开支。这就使选民进行选举,绝不受任何经济的限制了。这与资本主义国家完全不同。《选举法》还规定了代表的名额,以人口为基础,同时适当地照顾到地区和单位,使城市和农村、工业区与农业区,有不同的比例。《选举法》又贯彻了民族平等的原则。严景耀指出:"我们全国少数民族,共计占全国人口十四分之一,他们分散在各地,如按一般选举,他们的代表就不容易选出来。因此,对于少数民族的选举,除了第三章规定全国少数民族应选一百五十名代表参加全国人民代表大会(约占全体代表七分之一)外,又有专章详细规定,保证少数民族各单位在全国与各级人民代表大会中具有真正充分的代表性。所以我们的《选举法》是巩固全国各民族大团结的选举法。为了保证选民的意志得到正确真实的表现,选举法对破坏选举的制裁有专章规定。凡有违反与破坏《选举法》的都应交由人民法院审判。"②

---

①　严景耀:《什么人有选举权和被选举权?》,《严景耀论文集》,开明出版社1995年版,第384页。

②　严景耀:《什么人有选举权和被选举权?》,《严景耀论文集》,开明出版社1995年版,第385—386页。

结　　论

　　我国近现代著名的犯罪学家、社会学家、杰出的民主主义斗士严景耀先生,虽然离开我们将近40年了,但他给我们后世留下了意义非凡的人生经历、博大精深的学术思想以及伟大的民主主义思想。翻开严景耀的人生史册,我们无不为这位学术大家的非凡经历所敬佩;无不为他的学术水平和民主思想而赞叹;无不为他献身国家、心系天下苍生的高尚情操和奉献精神所深深折服。为此,有必要对严景耀的非凡人生与思想作一个系统的总结,以期从先生身上找出其优秀品质,缅怀先生,以飨后辈学人。

勇于探索——犯罪社会学的先驱

　　从开创中国犯罪学科的角度来讲,严景耀称得上是一位理论联系实际的学人标杆。在大学读书期间,他就作为一名志愿"犯人",利用暑假深入京师第一监狱与犯人同吃、同住、同干活,亲尝铁窗生活,取得第一手的研究资料,写出了颇有建树的《北京犯罪之社会分析》一文。在研究生学习期间,血气方刚的他率领学生队伍,开赴河北、山西、河南、湖北、江西、安徽、江苏、浙江等省份所属20个城市的监狱展开实地调研。他与学生一起收集个案资料,绘制统计表,积累了300余件个案的资料和大量图表,并抄录了民国时期多数省份监狱的有关资料。他通过实地调查,广泛深入各地走访犯人,阅读了大量的中外文献,对当时中国的社会有了更加深刻的认识和了解。他收集的大量的实证资料,再加上自己切身的体会和透彻的思考,为以后众多研究成果的问世打下了坚实的基础,并为日后中国近现代涉足犯罪社会学的第一篇博士论文《中国犯罪问题与社会变迁的关系》的写作提供了翔实的第一手资料支持。

为进一步深入学习和研究,严景耀漂洋过海,远赴美国芝加哥大学攻读博士学位,但他仍坚守对中国犯罪问题的研究,关注中国犯罪问题与社会变迁的关系,全面开创了中国犯罪问题的研究先河,建立了中国犯罪学理论体系,可以称为当之无愧的中国犯罪学第一人。这是他对中国犯罪学学科的杰出贡献,也体现了他矢志不渝、开拓创新的学术精神。

"犯罪者就是乱民,他们身上存在生理或心理的缺陷。"针对当时备受西方社会学、犯罪学和国民党法律影响的这一流行观点,严景耀予以驳斥。他坚持独立思考,突破旧理论框架、观念模式和研究方法,采用社会人类学实地调查的方法,将社会问题、文化环境与犯罪现实联系起来考察,提出了社会的剧烈变革和动荡,是犯罪的根本原因的观点。他将当时中国的犯罪问题归结为:(1)社会变迁引起新、旧法律观点与道德规范的矛盾,很多人在急剧的社会变化中失去方向,不辨是非,不谙法律而犯法;(2)人们失去了谋生的出路,被迫犯法;(3)社会制约失效和社会解体所引起的必然结果。这一观点是经得起历史检验的,即使在今天看来也是非常正确的。

在开创犯罪学的同时,严景耀也十分关注中国监狱问题,当时中国监狱存在的问题在他的《中国监狱问题》一文中得以概括和体现,这篇文章对于当时监狱问题的治理提供了切实有效的对策。文中严景耀提出了许多独到的见解,至今看来仍然不过时。新中国成立后,他曾以全国人大代表的身份到上海提篮桥监狱和上海少年犯管教所调查,仔细观看狱内的监舍、工场和有关设施,同工作人员进行座谈,思考新中国监狱制度的构建。

严景耀先生不拘一格、打破常规,采用独特的社会学研究方法,揭示了中国犯罪问题的真正根源,开创了中国特色的犯罪学学科体系,成为犯罪学研究领域的开拓者。这种敢于创新、勇于探索的学术品质和精神必将进一步鼓舞和启迪后人。

忧国忧民——抗日救亡运动的宣传者

一二·九运动爆发后,具有高度社会责任感和历史使命感的严景耀再也难以在象牙塔里继续平静。当时正是南京国民政府计划于1935年12月9日在北平成立"冀察政务委员会",实行所谓"华北特殊化"。对此举措,中国共产党随即作出决定,在北京发动一次抗日救国游行示威。这时燕京大学的进步学生把这一决定传达给了他们尊敬的严景耀先生。严景耀很快将这个消息告诉了雷洁琼,雷洁琼旋即参加由燕京大学学生组织的游行队伍。严景耀对于学生的抗日救亡运动给予了积极的鼓励和支持,他自己则参加了华北文化界抗日救国会,不遗余力地号召和发动民众进行抗日救国活动。1936年夏,白色恐怖笼罩北平,严景耀被迫离开了大学讲台,来到上海凭学识出任公共租界工部局西牢助理典狱长,成为该监狱华籍人员中任职最高的一位。虽然任职于上海公共租界,但严景耀却时刻不忘抗日救国的历史使命。

1938年,上海公共租界沦为孤岛,为唤起民众的觉醒,宣传抗日救亡思想,中国共产党人胡愈之和王任叔(巴人)发起创办了社会科学讲习所,培训进步青年参加抗日救亡工作。在社会科学讲习所讲课的都是思想爱国、知识渊博的专家学者,严景耀也赫然受聘其中。他在社会科学讲习所开设的课程有"中外革命运动史""国际共产主义运动史"等,受到了青年学生的热烈欢迎,并给予他们深刻的历史启迪和战斗的思想。

1938年除夕,社会科学讲习所七位学生被捕,时称"新七君子事件",情况十分紧急,严景耀闻讯后立即与上海的党组织取得联系,又充分利用自己的上海公共租界工部局西牢助理典狱长的身份和影响,全力营救这七位爱国进步学生,最终取得成功,七位学生获得释放。

在中国共产党的领导下,上海一些爱国进步人士成立了抗日救亡组织,严景耀先后参加了"星期二聚餐会"和"复社"活动,参加"星期二聚餐会"的主要是文化界人士,核心人物有陈巳生、林汉达、冯宾符、郑振铎、许广平、赵朴初等,实际上这是一个中国共产党领导的统一战线的外围进步政治组织。在"复社"活动中,严景耀参与翻译了《资本论》和《列宁选集》,还参加了《鲁迅全集》的出版工作。他废寝忘食,夜以继日,为马克思主义在中国的传播、为弘扬鲁迅精神作出了卓越的贡献。后来，严景耀又参加了在新新公司经理萧宗俊家里举行的"星期六聚餐会"。这个聚餐会范围较小，参加的都是进步人士，如胡愈之、周建人、许广平等，这些有识之士聚在一起，共同探讨抗日救亡的形势和出路。

严景耀在上海工作期间，除担任公共租界工部局西牢助理典狱长、做兼职教授以及参加社会活动之外，还写下了许多以抗日救亡为主题的精辟政论文。这些政论文大多发表在王任叔主编的《公论丛书》上，有《领袖论》《持久战与民众运动》《城市陷落对民族经济的影响》《论妇女》《论自由》《中国统一论》《论集体生活》等。这些政论文的主要思想是当时抗日救亡运动环境下的产物，从中国的胜利离不开伟大领袖的领导，到支持抗日持久战，再到呼吁妇女的解放及争取民众自由，最后到中国的统一和集体的努力，为抗战运动提供了精神上的鼓舞和方向上的指引。严景耀在抗战时期所表现出的关心国家、心系人民的精神，体现了一位学者忧国忧民的伟大的爱国主义情怀。

敢于批判——解放战争时期的民主斗士

抗日战争胜利后，国内外形势又发生了急剧的变化，反对内战、争取和平成为了中华民族前途和命运的主题。在白色恐怖笼罩下，严景耀不畏艰险，为实现民主主义而不懈奋斗。1945 年年底严景耀参加中国科学社召开的第一次会员大会，参与创建中国民主促进会，以民主党派成员的身份响应民主主义。为了实行民主政治，反对专制独裁，严景耀执笔斗争，先后发表了一系列民主主义思想的政论文，呼吁民主政治，反对专制独裁。

严景耀的《彻底的民主与形式的民主》一文指出，民主本质为真正的民主，不是"一人一票大家平等"的传统民主形式，也不是要求牺牲少数来服从多数的机械式的民主。真正的民主，是各个人在团体中互相影响，相互创造，由矛盾而造成总和的集体。[①] 民主不是别人授予的，而是人民在集体生活中自己创造的。民主不是政治家、民主战士喊出来的，而是不断地去

① 严景耀：《彻底的民主与形式的民主》，《严景耀论文集》，开明出版社 1995 年版，第 285—286 页。

实践、培养出来的。

严景耀在批判了当时国民政府所谓的民主之后，又通过对欧美民主政治进行的考察，指出欧美的资产阶级民主实质上具有虚伪性，这对当时我们争取无产阶级民主、真正的民主给予了科学的指导。同时，严景耀高度肯定苏联的民主政治。他认为，苏联的民主政治是在艰苦卓绝的环境中逐渐创制出来的，有着与西方资本主义民主所不同的内涵和表现形式。例如，苏联具有不断完善的选举制度，人民的权利有了充分的保障，民主渗透到生产和生活之中等。这些都是实质民主的表现，因此，在当时严景耀就倡导向苏联取经学习民主政治。

严景耀也看到了民主与法治的关系，在《论民主与法治》一文中，他提出，法治是争取民主的保障，民主并不是一个政治的"空头支票"，也不是没有任何保障的"口头禅"，它是需要法律系统的维持与保障的。然而，当时的国民政府以其已有的法律系统鼓吹民主是有保障的，对此严景耀毫不留情，针锋相对地揭示了国民党所谓法治的虚伪性。他认为，国民党极力维护的法律系统，其实质就是一个拥护旧代表的"合理理由"，也是一个摆给老百姓的迷魂阵。故此，严景耀通过分析，一针见血地刺穿了国民党所谓法治的真面目。

在《论民主与自由》一文中，严景耀也为国内争取人民基本自由的问题提出了看法。他明确提出，我们所争取的自由有两方面：一面是对外争取民族自由，另一面是在国内争取人民的基本自由。抗战的胜利使我们争取民族自由的目的已经达到，所以当下的最大任务就是在国内争取自由的问题。严景耀进一步指出，争取自由的前提是要搞清楚什么是自由或者我们所追求的自由应该是什么样的，明确了自由的内涵后，我们才能探究如何展开争取自由的工作。通过论证，严景耀提出自由的考察应立足于社会环境，离开了社会的实际环境，就不能讲悬空的自由。自由是众人争取之结果，且与集体生活息息相关。

此外，严景耀也注意到了民主与经济的关系，他深刻地认识到民主的追求和争取除了法治的保障之外，还脱离不了民主赖以存在的经济基础。他提出民主政治是经济建设的前提。没有民主政治，绝不会有民主化的经济，也就不会有健全的经济建设。严景耀强烈呼吁推翻国民党的经济专政，进而为争取民主政治提供经济基础。

在严景耀看来，民主是一个系统，它的争取和建设是和众多因素紧密相连的,在民主的争取与建设中,教育问题是不容忽视的。它关系着民主的程度和进度问题。严景耀在其《论民主与教育》一文中提出,实行民主政治已经是民众一致赞成和拥护的事情,但是当下民众受教育的程度太低,难免会影响到民主政治的步伐。其原因在于没有民主政治。故而严景耀提出:"只有先实行民主政治,然后才能养成纪律的生活,然后才能迅速推进公民训练,才能使大多数人民,不致老是文盲,不致为少数政客及腐化分子所操纵所利用。"①这其实也是对当时愚民政策的一种公开批判。

最后,严景耀在其《论民主与民众组织》一文中反思:中国是当时世界人口最多的国家,但是为何却屡遭列强侵略,沦为半殖民地。在勉强取得抗战胜利后,仍然处于内战之中,出现这种现象的原因是什么? 他认为,最为根本的问题在于人民没有组织起来,没有机会发挥力量,没有把四亿五千万人口的合力贡献给国家。因此,严景耀极力呼吁只有把全国民众组织起来,杜绝全国人力被任意分散和虚耗,才能团结起来形成合力用在建国事业上。

关心国事——新中国宪政学说的宣传者

1954 年后,严景耀连续当选为第一、二、三届全国人大代表,参与了中华人民共和国成立初期国家机构创立,尤其是法律制度的建设工作。其间,严景耀在《政法研究》等杂志上发表了《资产阶级宪法的虚构性与危机》《我国宪法中的国家机构》等文章,同时还参与了各国宪法的翻译工作,以一名学者的角度,为新中国的法制建设贡献了自己的力量。

严景耀在《资产阶级宪法的虚构性与危机》一文中指出了西方资本主义国家宪法的虚伪性,而他的研究正是围绕着如何清楚地认识到资产阶级宪法的虚构性,来构筑新中国自己的社会主义宪法而展开的。严景耀从何为宪法开始,论述了他的马克思主义宪法观,认为宪法是一国基本大法,乃是阶级斗争的一种形式,它是用来表现和巩固统治阶级的专政,表现巩固有利于统治阶级的社会制度和国家制度的基础。其本质就是反映阶级斗争中的阶级力量的实际对比关系,宪法是阶级斗争的总和和结果,它是由

---

① 　严景耀:《论民主与教育》,《严景耀论文集》,开明出版社 1995 年版,第 339 页。

取得胜利而掌握政权的阶级所制定的。严景耀指出,资产阶级宪法在形式上虽然五花八门,但是从阶级本质上来看,都表现了资产阶级专政,都是为了巩固资产阶级的统治,都是剥削阶级国家的根本法,资产阶级宪法具有虚构性。然而,现代资产阶级宪法同整个资本主义体系一样,也在遭遇深刻的危机,而这种危机是由于现代资本主义基本经济法则作用所造成的。这些都是严景耀对资产阶级宪法虚构性与危机的揭示,在一定程度上警示或指导着我国宪政的建设。

严景耀对我国宪法中的国家机构的合理性也进行了论证。他在《我国宪法中的国家机构》一文中,开门见山地指出了我国国家机构的性质,认为我国宪法中的国家机构,就是人民民主的国家机构,它是为生产服务的,它是决定于生产关系的。我国人民代表大会制是全部国家机构的根本组织。严景耀指出,我们的国家机构具有无比的优越性和强大的生命力。因为以人民代表大会为核心的国家机构设置,贯彻着一切权力属于人民的原则,也就是体现了民主集中制的原则。在我国宪法中,民主集中制原则得到了最大化的体现。

严景耀也对选举权的问题进行了关注,他曾以《什么人具有选举权与被选举权?》一文对这个问题进行了专门的研究。他认为,我们的选举权在目前情势之下是最普遍最平等的,因为我们的选举法是合乎我国现在的历史条件和实际情况来制定的,是真正民主的选举制度。我们的选举权具有普遍性和平等性。严景耀为保障选举权提出了一些宝贵的建议,例如,"基层单位进行选举时,一定要有大批干部进行宣传解释工作,并协助选举技术工作。同时规定在农村选举必须结合生产,保证不违农时,城市厂矿、机关、学校的选举活动,亦应注意讲求便利选民的方法,以期不误生产、工作和学习。划分选举区,须照顾路程的远近。这样,使人民参加选举得到种种方便"等等。①

献身教育——新中国法学建设者

严景耀先生是一位隐而不显的学问中人,因为抗日战争和解放战争特

---

① 严景耀:《什么人有选举权和被选举权?》,《严景耀论文集》,开明出版社1995年版,第384页。

殊的时代,使他走出象牙塔,实践自己的思想和学术。中华人民共和国成立前后,严景耀又回到了母校燕京大学,再次开始了他的教学和学术活动,并担任燕京大学政治系主任,后来还出任法学院代理院长,并且兼任北京大学法学院法律学系教授。1952年,严景耀、雷洁琼夫妻二人受命参与筹建北京政法学院。从学校硬件设施到内部学科专业设置、教师的选定,他们花费了很多的心血。北京政法学院创建成立后,他任校务委员会委员、国家法教研室主任,兼任校务委员会委员,主要讲授"苏联国家法""资产阶级国家法""中华人民共和国宪法"和"世界概论"等课程,为新中国培养了大批政法人才。1973年,严景耀被调往北京大学国际政治系担任教授,开始研究国际问题,一直到1976年因脑溢血不幸去世,体现了一名人民教育工作者生命不息、战斗不止的献身精神。

　　综上所述,严景耀先生一生的经历是丰富多彩的,他谱写了一位变迁时代学人成功的人生路径。在不同时代环境中,严景耀先生紧紧围绕时代主题,精彩地完成了时代赋予的光荣使命,给后人留下了弥足珍贵的精神遗产。那就是:先生作为犯罪学研究先驱,体现了其勇于探索的精神;先生作为抗日救亡运动的宣传者,体现了其忧国忧民的精神;先生作为解放战争时期的民主斗士,体现了其敢于批判的精神;先生作为新中国宪政的奠基者,体现了其关心国事的精神;先生作为新中国法学建设者,体现了其献身国家教育的精神。

参考文献

[1] [德]马克思.马克思恩格斯全集(第1卷).中共中央马恩列斯著作编译局译.北京:人民出版社,1995.

[2] [法]福柯.规训与惩罚.刘北成,杨远婴译.北京:生活·读书·新知三联书店,2007.

[3] [法]卢梭.社会契约论.何兆武译.北京:商务印书馆,2003.

[4] [法]孟德斯鸠.论法的精神(上册).张雁深译.北京:商务印书馆,1961.

[5] [法]托克维尔.论美国的民主(上卷).董果良译.北京:商务印书馆,1998.

[6] [日]平野正.中国的知识分子与民主主义思想.北京:研文出版社,1987.

[7] [意]贝卡利亚.论犯罪与刑罚.黄风译.北京:中国大百科全书出版社,1993.

[8] [意]菲利.实证派犯罪学.郭建安译.北京:中国人民公安大学出版社,2004.

[9] [意]龙勃罗梭.犯罪人论.黄风译.北京:中国法制出版社,2005.

[10] 陈夏红.为学当如严景耀.政法往事:你可能不知道的人与事.北京:北京大学出版社,2011.

[11] 褚银.中国犯罪学研究的先驱严景耀.中华儿女,2000(1).

[12] 龚烈沸.严景耀:中国现代犯罪学的开拓者.纵横,1998(6).

[13] 康树华.犯罪学——历史·现状·未来.北京:群众出版社,1998.

［14］李家振.桃李不言 下自成蹊——严景耀教授逝世 20 周年祭.春秋，
　　　1996(3).

［15］林纪东.监狱学.台北:台湾三民书局,1977.

［16］民进中央宣传部编.雷洁琼文集(上、下册).北京:开明出版社,1994.

［17］民进中央宣传部编.严景耀论文集.北京:开明出版社,1995.

［18］孙雄.犯罪学研究.北京:北京大学出版社,2008.

［19］王永杰,等.文化群星——近现代宁波籍文化精英.北京:中国文史出
　　　版社,1998.

［20］徐家俊.旧提篮桥监狱典狱长小传.犯罪与改造研究,2000(7).

［21］徐家俊.远东第一监狱的首位华籍典狱长.世纪,2000(5).

［22］许嘉璐.缅怀严景耀先生.民主,2005(2).

［23］严景耀.中国的犯罪问题与社会变迁的关系.吴桢译.北京:北京大学
　　　出版社,1986.

［24］阎明.严景耀早期犯罪学研究片段.中国社会导刊.2008(2).

［25］孔小红.社会变迁与社会衡平的失落——读《中国的犯罪问题与社会
　　　变迁的关系》.读书,1988(2).

［26］杨雅彬.近代中国社会学.北京:中国社会科学出版社,2001.

后　记

　　严景耀先生是中国近现代著名的犯罪学家、社会学家和民主主义战士,严景耀一生的经历和思想,紧紧地和近现代中国的社会变迁联系在一起。他从研究犯罪学起家,成长为杰出的民主斗士,是近现代中国社会变迁的历史环境下许多学者的路径写照。难能可贵的是,历经社会变迁,他始终保持学者本色:在象牙塔内,他注重调查研究,潜心学术研究;在象牙塔外,他积极奔走呼吁,努力实践自己的学术思想,他的学术思想来源于社会实践,他的学术研究应用于社会实践。在时代的主题下,他的思想从学术走向政治,上升为伟大的民主主义思想。他的人生经历、学术思想以及民主主义思想无不令人由衷赞叹,因此,严景耀是值得高度关注和研究的人物。

　　关于严景耀的研究,从20世纪80年代开始,逐渐受到国内外一些学者的关注,陆续出现了一些前期的研究成果。但前期研究的状况与严景耀的学术地位和社会活动应当引起关注的程度是不相称的,与此同时也存在一些值得注意的问题和薄弱之处,只有克服了这些问题之后,严景耀的研究才能更上一个层次。本书在前人研究的基础上,充分利用《严景耀论文集》《雷洁琼文集》和严景耀的博士学位论文《中国的犯罪问题与社会变迁的关系》等资料,对严景耀先生的人生经历、学术思想与民主思想作出了全面系统的考察。

　　本书的写作,前期可供分析参考的研究成果相对较少,笔者在辛勤搜罗爬梳的基础上,力求能够反映严景耀先生真实的学术理论与思想体系,在若干问题的表述上,尊重严景耀先生自己的论述思维,并在文中一一注明出处。书中参考引用许嘉璐、龚烈沸、褚银等学界前辈和专家的研究成果,在此表示诚挚的谢意!

本书最后能顺利完稿付梓出版,首先要感谢浙江省宁波市社会科学联合会,使本研究项目获得宁波市文化研究工程项目资助;其次要感谢浙江大学出版社,吴伟伟等编辑严肃认真的工作使本书增色不少;同时感谢各位师友和同仁的帮助,我的学生周鹏龙(宁波大学法学院硕士研究生)从资料的搜集和梳理、本书完稿后的校对工作等方面给予了我较大的帮助,在此谨向他们表示诚挚的谢意!

陈 策

2013 年 1 月 21 日

图书在版编目(CIP)数据

从犯罪学先驱到民主斗士:严景耀研究 / 陈策著.
—杭州:浙江大学出版社,2013.8
ISBN 978-7-308-11420-2

Ⅰ.①从… Ⅱ.①陈… Ⅲ.①严景耀(1905～1976)
—人物研究 Ⅳ.①K825.1

中国版本图书馆 CIP 数据核字(2013)第 092909 号

从犯罪学先驱到民主斗士——严景耀研究

陈　策　著

责任编辑	吴伟伟 weiweiwu@zju.edu.cn
封面设计	俞亚彤
出版发行	浙江大学出版社
	(杭州市天目山路 148 号　邮政编码 310007)
	(网址:http://www.zjupress.com)
排　　版	浙江时代出版服务有限公司
印　　刷	杭州日报报业集团盛元印务有限公司
开　　本	710mm×1000mm　1/16
印　　张	14.5
字　　数	245 千
版 印 次	2013 年 8 月第 1 版　2013 年 8 月第 1 次印刷
书　　号	ISBN 978-7-308-11420-2
定　　价	42.00 元